20世纪80年代初“万元户”的时髦家用电器

20世纪八九十年代，进入小康生活的顺德群众住宅区（拍摄者：黎尔宽）

顺德首家“三来一补”企业——大进制衣厂（拍摄者：黎尔宽）

1993年11月22日，第一批市属企业转制签字仪式(拍摄者：黎尔宽)

1997年6月，顺德人民把自己的改革成果带到首都北京，3 000多件名优产品亮相京城（拍摄者:黎尔宽）

2017年，顺德打造百场文化活动进村居等文化品牌活动

顺德是龙舟之乡，每年都举办各式各样的龙舟竞渡活动。图为龙舟文化节

西山庙，省级文物保护单位（拍摄者：何彩英）

香云纱染整技艺，国家级非物质文化遗产（拍摄者：何彩英）

粤绣，又称广绣，省级非物质文化遗产（来源：《图看顺德》）

2014年10月25日，顺德青少儿粤剧曲艺培训成果展演

顺德是中国武术之乡，是李小龙的故乡

陈村镇仙涌村

勒流街道龙眼村

2009年8月的龙江，经过整治的鱼塘规格整齐，在夕阳照射下金光灿灿（拍摄者：杨赞民）

陈村花卉世界

外延农业，顺德农民在高明租地养鱼（拍摄者：黎尔宽）

105国道顺德段从北到南贯穿顺德全境，是重要的交通大动脉

2011年5月，和谐号动车进入城轨顺德站（拍摄者：杨赞民）

顺德新城区

碧桂园集团1992年成立于顺德，是中国最大的新型城镇化住宅开发商，中国房地产十强企业（来源：《图看顺德》）

广东工业设计城（拍摄者：叶伟涛）

世界500强企业美的集团总部大楼（拍摄者：戴嘉信）

顺德职业技术学院（拍摄者：何彩英）

顺德德胜广场，始建于2001年1月，2002年3月全部工程落成使用

广东潭洲国际会展中心（拍摄者：戴嘉信）

顺德区行政服务中心
（拍摄者： 杨赞民）

位于顺德新城区西北部太平山麓的顺峰山公园入选“2017年佛山十大最美公园”

清晖园，广东四大名园之一，佛山新八景之一，全国文物
保护单位，国家4A级旅游景区（拍摄者：何彩英）

明远桥，位于杏坛镇逢简乡，修建于宋代，省级文物保护单位

顺德光影文化展（摄影者：叶伟涛）

顺德德胜河“一河两岸”夜景，图为容桂街道渔人码头（摄影者：戴嘉信）

顺德实践

▲

中国县域发展范本

郑永年
张培发
▲
著

中信出版集团 | 北京

图书在版编目（CIP）数据

顺德实践：中国县域发展范本 / 郑永年，张培发著
. -- 北京：中信出版社，2019.9
ISBN 978-7-5217-0935-3

Ⅰ. ①顺… Ⅱ. ①郑… ②张… Ⅲ. ①区域经济发展—顺德区 Ⅳ. ① F127.654

中国版本图书馆 CIP 数据核字（2019）第 168080 号

顺德实践——中国县域发展范本

著　　者：郑永年　张培发
出版发行：中信出版集团股份有限公司
（北京市朝阳区惠新东街甲 4 号富盛大厦 2 座　邮编　100029）
承 印 者：北京楠萍印刷有限公司

开　　本：880mm × 1230mm　1/32　　彩　　插：16 页
印　　张：12　　字　　数：288 千字
版　　次：2019 年 9 月第 1 版　　印　　次：2019 年 9 月第 1 次印刷
广告经营许可证：京朝工商广字第 8087 号
书　　号：ISBN 978-7-5217-0935-3
定　　价：52.00 元

目　录

第三章
市场经济

第四章
城市进化

第五章
民生服务

第六章
农村家园

第七章
人文生活

序

郑永年

一

我长期在城市国家新加坡工作，总是感叹这个城市国家的国际魅力。新加坡人自称为地图上的“小红点”，但其在国际上的影响力远远超越了它的国土面积和人口规模，被很多人称“小国大外交”。不过，很显然，新加坡之所以能够在国际舞台上发挥大外交作用，主要是因为其内部发展模式的巨大成就。没有这样的成就，哪里会有大外交的基础呢？世界上小国并不少，但有几个能够像新加坡这样具有国际影响力呢？

顺德是我多年来研究中国的一个观察点。在做顺德研究时，我总想把新加坡和顺德两地做些比较，尽管前者是一个国家，后者只是中国的一个县域。这么做主要有三个原因。第一，同新加坡一样，顺德这个小地方在中国乃至世界上所产生的影响力也超越了其地域限制。在中国广袤的土地上，顺德其实是一个很不起眼的地方，但是，顺德在中国改革开放的历程中所扮演的角色、所释放出来的影响力和其行政级别是不相称的。中国改革开放已经走过了40多个年头，往回看，人们会发现，在国家改革开放的每一个关键阶段，顺德都留下了深刻的印记。国家很多方面的改革开放政策都是从顺德开始的，或者为顺德人首创，或者是国家把改革开放政策首先放在顺德实践，然后再推广开来。第二，在过去的40年间，顺德的改革是在开放状态下的改革。顺德人很能干，但不是蛮干，而是谦虚地向其他国家和地区学习，再大胆而谨慎地把他人的经验通过“再创造的过程”应用于顺德，转化成为顺德自己的东西。顺德人向美国、欧洲国家、日本学习，也向香港地区和新加坡学习，总能找到他人的长处来弥补自己的短处。这里必须强调一下顺德向新加坡学习的过程。这些年来，顺德不知道派送了多少官员到新加坡考察，学习新加坡的方方面面。我自己就接待过很多顺德代表团，他们的好学精神给我留下了深刻的印象。第三，正是因为顺德的改革是在开放状态下进行的，顺德的地方改革就具有了“国际性”。如果把顺德的经验和新加坡的经验做一比较，人们会惊讶地发现，两者具有很多相似之处；如果再把顺德经验提升到概念或者理论层面，那么，人们也会发现，顺德的经验具有普遍适用性。

二

顺德的成功让很多人认识了这个地方，也是驱使我们写这本有关顺德成功故事的作品的动机。这些年来，“讲中国故事”已经成为国内学界和政策研究界一股不小的潮流。改革开放40年，中国发生了巨变。不管人们对中国的巨变有怎样的评价，但很少有人否认，“中国故事”是世界经济史上的奇迹。然而，如何讲故事，对很多人来说则是一个挑战。有故事是一件事情，把故事讲出来是另一件事情，把故事讲好则更为艰难。一些人讲宏大的中国故事，结果越讲越抽象，故事本身反而消失了；另一些人则讲细小的故事，结果往往陷入琐碎之中，使得故事失去了社会的普遍意义。

我们一直希望通过讲“小故事”来反映“大变局”。“小故事”里面有人、有事，贴近生活的真实，但所有的真实都是发生在“大变局”的背景之下的。这本书里讲的就是顺德的“小故事”，通过顺德这一“小故事”来反映和理解中国这40年的“大变局”。如何叙述故事？有关顺德的故事不是小说，容不得任何虚构，本书所说之事也没有任何一件是道听途说得来。我们讲的顺德故事是每位合作者严肃认真研究的产物，有根有据，基于可以验证的经验材料。在叙述方面，我们力求学术研究和朴实表达的平衡。故事是讲给人听的，必须让人听得懂。

三

本书从中国的40年看顺德的发展，从顺德的40年看中国的发展，或者说，本书既是中国发展的顺德画卷，也是顺德发展的中国画卷。我们力求探索顺德实践逻辑和中国实践逻辑之间的关联。国家的很多改革政策都是在顺德先行一步，先试一步。无论是顺德人创始的政策还是国家推动的政策，顺德的“先行一步”本身就是中国经验的一部分。和很多前社会主义国家尤其是苏联和东欧国家的“大爆炸”改革方式不同，中国的改革是一个自下而上和自上而下相结合的过程。在很多领域，国家容许和鼓励地方发挥自己的能动性，试行自己的地方性政策。同时，即使是中央层面提出的政策也往往先在一个地方试验，在一个地方试验成功了，再扩展到几个地方；在几个地方成功了，再扩展到整个国家，上升为国家政策。顺德在这个改革逻辑中做得非常成功。一方面，顺德的改革决策不是闭门造车，而是基于实践，也从实践中提升。这种实践性和经验性使得顺德经验具有可复制性。另一方面，一旦上升到国家层面，顺德又需要服从大局，执行中央的政策。这是一个良性的改革循环和提升过程。

那么，具体说来，顺德的改革到底在哪些方面在国家层面具有可复制性，在世界范围内具有普遍适用性呢？正如本书所展示的，至少如下几个关联的方面可供人们思考。这里尤其要强调一下“关联”的重要性。因为顺德是成功的，顺德的故事没有被人忽视。无论在书籍还是文章中，不同的人已经讲述了不少顺德故事。不过，以我所见，迄今为止人们所讲的故事往往是“单向面”的，例如对顺德的故事做一“经济学”的解释，或者“政治学”的解释，或者“社会学”的解释。我认为，尽管从学术上来说，这样讲既不可避免，也是应当的，但这种“单向面”的讲述不仅出现了方法论的问题，更会有“先入为主”的意识或者价值导向，经常把故事讲偏。本书的作者团队来自不同领域，通过集体讨论和再讨论，努力以全景方式再现顺德故事。

如果人们要把顺德的故事概念化和理论化，首先面对的是谁来改革的问题。这个问题极其重要。但回答这个问题时，持有不同意识形态的人可能有不同的答案。对自由主义者来说，在政府权威消失之后，经济社会发展就是自然而然的事情了。因此，在一些人眼里，“发展”与“自由”是可以交换的两个概念。不过，在经验层面，这全然不是。世界上很多国家处于无政府状态，没有多少权威，也没有多少秩序，但没有发展，只有不断丛生和蔓延的暴力。另一个极端是，有了权威也不是一定会有发展，这样的例子同样有很多。无论在历史上还是当代，很多高度集权的国家也同样没有解决好发展问题，即使是一直被视为具有先进民主体制的西方国家也没有解决好这个问题。2008 年全球经济危机以来，西方遇到了很大的危机。人们对危机的根源多有思考，也有好的思想来应对危机，但就是缺少有效的权威来把这些思想转化成实际的政策，以求得问题的解决。

这里，问题的核心便是执政主体及其使命。陷入无政府状态的社会，缺乏执政主体，无法提供发展所需的基本秩序。在这样的情况下，自由主义者所说的“自由”很难转化成发展。另一方面，在高度集权的国家，尽管有执政主体，但这些执政主体的使命并非求得发展。而在今天的民主国家，基于多党制之上的执政主体很难有效，因为反对党往往为了反对而反对。缺乏有效的执政主体，哪怕有很好的思想，也很难转化成现实。

中国近 40 年来的发展就是因为解决了执政主体及其使命问题。中国共产党是执政主体，政治具有主体性，并且这个主体具有使命感，即推动经济社会的发展。中国共产党在改革开放前解决了“国家与革命”的问题，改革开放以来，从革命党向执政党转型，着重解决“国家与发展”的问题。但要解决“国家与发展”的问题，党的建设（党建）是第一位的。执政党不仅要引导改革，而且更需要改革自身来适应因为改革而造成的新环境。从历史角度来看，如果执政党不能适应新环境，那么其不仅不能引导一个国家的发展，更会成为这个国家发展的阻力，最终执政党本身也会被社会所抛弃。

在这个意义上，围绕执政党本身所发生的变化可能是中国最大的政治改革。这一点，从顺德看得非常清楚。因此，我们把党本身的变化放在首要的位置。无论在顺德层面还是在国家层面，理解中国变化的核心便是理解执政主体即中国共产党的变化。

这个改革的主体可以说是中国的特殊性，具有“中国特色”，因为很少有国家能够像中国这样确立一个稳定的政治主体。就这点来说，其他国家很难照搬照抄中国模式。但是，在下一个层面，中国模式则表现为普遍适用性，或者说，在中国所发生的也可以在其他国家发生，在其他国家发生的也可以在中国发生。在这个层面，中国的改革自始至终围绕着政府、市场和社会三者之间的关系，表现为以提高政府效率为目标的行政体制改革、放权给市场的经济体制改革和赋权社会的社会体制改革；再者，这三方面的改革必须协调进行，无论是改革顺利进行还是其中遇到困难，都与这三方面改革的协调性有关。这些充分体现在顺德的改革经验中。

就经济改革而言，这里所需要解决的是政府和市场的关系，两者各自需要扮演什么样的角色。在顺德改革过程中，人们不难看到，要放权市场，首先必须有市场。不过，市场不是从天上掉下来的，政府的回撤并不必然导向市场；相反，市场是政府和社会塑造出来的。不仅政府的回撤需要政府本身的努力，市场的创始和发展更需要政府的助力和推动。在这方面，政府扮演了一系列角色，不仅体现在基础设施的建设、人力资源的培训、新型政商关系的确立等方面，更直接涉及资本积累和应用方面（无论是“请进来”还是“走出去”）。

政府在社会改革方面的作用更为明显。如果经济发展的主体是资本，那么社会发展的主体即是政府。在任何社会，在资本和社会之间，资本总是占据强势地位，如果没有政府的介入，那么资本力量和社会力量之间必然失衡。实际上，总体而言，在今天的世界上，即使有政府的介入，资本和社会之间也是失衡的，即资本占据主导性地位，主要表现为收入分配差异越来越大、社会越来越分化。这也是今日世界政治领域内民粹主义盛行的一个主要原因。就整个国家而言，尽管政府在社会保障、医疗、教育、公共住房等方面做了巨大的努力，但资本和社会之间也存在着失衡现象。与整体相比，顺德在社会建设方面做得很好，更具有人们所说的社会主义特色。在顺德，政府除了在社会保障、医疗、教育和公共住房等社会性很强的领域努力之外，还做了其他更多方面的努力，而这些方面，顺德较其他很多地方做得更好，至少表现在如下几个领域。

第一，城乡一体化。顺德以制造业为先导的工业化在广东和全国其他地方是领先的，工业化带动了快速的城市化。但是，顺德在快速推进城市化的同时并没有忘记农村的现代化和农村现代化的升级。

第二，政府对社会力量的培育。随着经济社会生活的多元化，中国社会利益多元化，社会参与政府治理和社会治理的需求越来越高，社会治理因此也变得越来越复杂。如何对待社会力量？这是一个很不容易回答的问题。一些人对社会力量总是抱有怀疑甚至敌视的态度。在这方面，广东开新风气，很早就提出了“小政府、大社会”的发展目标。政府顺应社会发展的大趋势，不仅容许，而且鼓励社会力量发生和发展，同时政府本身也改变管理社会组织的方式，引导社会组织成为整体社会的“帮手”而非“麻烦”，这使得政府和社会之间处于一种良性的互动状态。这方面，顺德表现得尤其明显。

第三，以社区和文化认同为主体的公共生活。在现代社会，公共生活空间的塑造具有特殊的重要性。在这个领域，社区得以重组，传统得以延续和现代化，生活的意义得以表达。因此，人们会发现，顺德不仅仅是一个高度现代化的地区，而且也是充满传统气息的地区。这种局面可以说是政府和社会共同努力的结果。无论是社区建设、传统建筑的保护，还是环境保护和美丽乡村的建设，都体现了这种努力。这种非经济领域的文化建设往往被人们所忽视，这实在不应该。实际上，无论是经济发展还是社会建设，最终的目标还是人民“安身立命”。人们甚至可以说，安身立命既是改革开放的集体目标，也是每一个人所追求的个体目标。而文化则是“安身立命”的体现。如果仅仅把文化建设视为经济社会发展的副产品，那么就大错特错了。文化的发展具有“本体”意义，即受制于经济社会发展，但又超越于经济社会发展。一个文化得不到发展的地方、一个人们不能安身立命的地方，经济社会无论怎样发展都会显得毫无意义。

第四，顺德内外关联的建设。这表现在几个方面，包括海内外顺德人的关联、国内公司和外国公司的关联、顺德的国际化等。这些关联的建设可以说是顺德空间的无限扩展，更为重要的是，这些关联使得顺德的发展不仅是国家改革开放的一部分，更是全球化的内在部分。这些关联使得顺德和国际社会保持信息和技术的同步沟通和交往，这也是顺德人克服“短见”和避免“坐井观天”的有效方法，是顺德在各方面能够“领先一步”的一个重要原因。

四

顺德的故事是在国家改革开放大背景下书写的人与事。这个成功故事的“书写者”并不容易，当政者一届接着一届，顺德人一代接着一代，没有人见到了成绩就止步不前，也没有人遇到了困难就放弃，这是顺德不断进步、顺德模式不断提升的动力机制。这方面，顺德又非常类似于新加坡。新加坡建国以来，差不多每十年产业就升级一次，社会就进步一个等级。顺德在过去的 40 年里也是这样过来的，每隔一段时间，顺德总会有创新式的发展，每过一段时间，国家也总会把新的政策拿到顺德来先行先试。因此，尽管本书是顺德过去 40 年的历史和经验展现，但顺德的故事永远没有结局。进步是永无止境的，顺德人也永远在路上。

前言

如何读懂顺德？

郡县治，天下安。

在中国的行政区划中，县一级是承上启下的关键环节。如果把国家比喻为一张网，全国近 3 000 个县级行政区就像这张网上的纽结或节点，关系着国家的安危与兴衰。

过去 40 年，中国的改革开放是从农村开始的，然后持续向城市推进。在中国改革开放从农村向城市演进的历史进程中，县域改革与发展是重要的一环。在广东这个改革开放的前沿阵地中，地处珠三角腹地的顺德就是中国县域改革与发展的典型代表。

顺德作为正式的县级建制，可追溯至公元 1452 年，即明景泰三年。当时，朝廷首置顺德县，取“顺天明德”之意。顺德在历史上就是富庶之地，素有“岭南壮县”之称。但在改革开放之初，这个非沿海、非特区的县域，在中国 3 000 多个县中并不特别显眼，面积不大，人口也不多。随后中央开启的改革开放这场伟大变革，彻底改写了顺德的历史。顺德凭借毗邻港澳的地缘优势，发扬敢闯敢试、敢为人先的创新精神，迅速成为广东乃至全国县域改革与发展的“领头羊”。

在这个过程中，为适应改革和发展的需要，顺德的行政建制有两次较大的调整：国家民政部于 1992 年 3 月 26 日批准顺德撤县设县级市，建立顺德市；2002 年底，国务院批复同意广东省调整佛山市行政区划，撤销县级顺德市，设立佛山市顺德区，2003 年 1 月，顺德成为佛山市的市辖区。

在这本书中，我们从党的建设、综合改革、市场经济、城市进化、民生服务、农村家园、人文生活等 7 个方面入手，详细剖析顺德作为中国县域发展范本的实践脉络。

一

“东西南北中，党政军民学，党是领导一切的。”顺德过去 40 年创造出世人瞩目的发展成就，一个根本的经验就是坚持党的领导，让党中央的政策方针率先在顺德大地生根发芽、开花结果。

虽然地处岭南，与北京相距数千公里，但顺德的发展却屡屡引发中央关注。过去 40 年，邓小平、江泽民、胡锦涛、习近平等党和国家领导人都到顺德视察、调研过。每一次党和国家领导人的到来，都给顺德的发展指明了新的方向，激励顺德人继续大胆探索，走在时代前列，引领中国县域发展的潮流。

在中央和上级党委的亲切关怀下，顺德牢牢抓好三支队伍的党建和普通党员的培育，不断增强党的政治领导力、思想引领力、群众组织力、社会号召力。这三支队伍分别是党政干部队伍、企业家队伍和村（社区）“两委”队伍，他们是推动顺德改革与发展最为重要的三支力量。

有学者曾把中国经济高速增长的“秘密”归结为“县域竞争”。

在这个过程中，优秀的党政干部队伍是引领地方发展的第一支撑。这一经验同样适用于顺德。多年来，顺德高度重视党政干部人才建设，不断创新体制机制，打造一支敢想敢干、勇于担当、敢于创新、善于改革的干部队伍，带领顺德群众攻坚克难，大胆探索，在困难与重围之中“杀出一条血路”，取得了世人瞩目的成绩，同时确保顺德的改革与发展沿着中国特色社会主义道路前行。

跟国内许多地方不同的是，顺德在大力发展乡镇企业之后，率先进行企业产权制度改革，培育了一大批优秀的民营企业家。优秀的企业家队伍，是顺德多年来保持高速发展的重要支撑，这已经是一个公认的事实。如何在非公有制企业中搞好党建，这是中国社会主义市场经济发展中的新课题。率先发展的顺德也率先作答，推动党组织在非公企业的有效覆盖。在顺德，不少民营企业家都是优秀共产党员。

基层不稳，地动山摇。没有农村的改革与稳定，就没有城市的繁荣与发展。顺德的改革首先是从农村开始的，农村在顺德发展中一直扮演着极为重要的角色。培养一批村居发展的“带头人”，锻造一支在农民中具有较高威信的干部队伍，不仅为顺德发展提供稳定的环境，也是带领村民致富的重要力量。在建设好这三支队伍的同时，顺德高度重视普通党员的培养，及时吸收社会各界先进分子入党，并通过各种学习、培训和制度建设，确保普通党员走在时代前列，成为时代先锋，为各项事业提供源源不断的有生力量。

二

改革被誉为顺德发展之魂，为顺德的前行提供不竭动力。

顺德人善于搞改革，在全国是出了名的。过去40年，几乎每隔10年，顺德就会有一次大的改革。从1992年的“拆庙搬神”到1999年的率先基本实现现代化试点，从2009年的石破天惊的大部制改革，到2018年的率先建设高质量体制机制改革创新实验区，顺德的改革从没间断，一届接着一届干。

顺德人搞改革，既有上级赋予的使命，也有地方发展的实际需求，是二者良性互动的结果。试点先行，是中国推动改革的有效方法。广东是中国改革开放的先行地，中央经常赋予广东为中国发展探路的使命。每逢这种关键时刻，广东省委省政府都会赋予顺德广东探路先锋的使命。如1992年广东为进一步扩大开放，加快经济发展，就赋予顺德综合改革试点县的任务，先行一步；1999年，中央要求广东率先基本实现现代化，广东又选择顺德作为全省试点；2008年，广东深入学习实践科学发展观活动，再次选择顺德作为全省综合改革试点；2018年，习近平总书记对广东提出“四个走在全国前列”的新要求，广东省委深改组又赋予顺德率先建设广东省高质量发展体制机制改革实验区的新使命。

人们不禁要问，为什么都是顺德？因为顺德有改革的基础，顺德人有改革的基因，更因顺德率先发展，有率先改革的动力。社会主义的本质是解放生产力、发展生产力。过去40年，从大的方面来看，顺德进行两轮综合改革，都是生产力发展到一定程度之后，需要破解与经济基础不相适应的体制机制问题而进行的，都是为了进一步解放生产力。

早在20世纪80年代初期，顺德就凭借毗邻港澳的区位优势，先行一步，大力发展乡镇企业，迅速跻身广东“四小虎”行列。但经济获得迅猛发展之后，传统计划经济体制下政企不分的弊端日益明显，于是顺德在 1992 年率先开展以企业产权制度为核心的综合改革，培育了发达的民营经济和产业集群。2006 年，顺德成为全国首个 GDP（国内生产总值）突破千亿的县区，经济迈入更高发展水平，要求进一步提升政府行政效率、构建服务型政府，于是，顺德在 2009 年启动新一轮综合改革，提出探索“小政府、大社会”的新治理模式，释放市场和社会活力。

跟其他地方多“单兵突进”的改革不一样，顺德每次改革都紧紧抓住制约发展的关键环节，然后综合施策，形成系统效应，具有很强的整体性。如 1992 年以企业产权制度为核心的综合改革，在破解政企不分难题、确立现代企业制度的同时，还综合推进了社保、农村、行政体制等多项改革；在 1999 年率先基本实现现代化试点中，则确立了发展、建设、改革三大战略；在 2009 年开展以落实科学发展观为核心的综合改革中，则统筹推进行政管理体制、行政审批、社会体制、基层治理等多项改革；在 2018 年率先建设广东高质量体制机制改革创新实验区中，则从村级工业园改造、科技顺德、打造一流营商环境等多个方面综合推进。

顺德改革的另一个独特之处，在于各种改革措施具有很强的前瞻性和引领性。1992 年，在姓“资”与姓“社”的巨大争议中，顺德人低调前行，从实际出发，摸到了“企业产权”这一核心关键，率先探索建立权责清晰的现代企业制度，不仅推动了地方的大发展，而且也获得了中央的认可，成为中央推广的一个重要内容。又如 2009 年，顺德没有固守传统行政体制改革的做法，率先进行党政联动的大部制改革，当时被媒体惊呼为“石破天惊”，甚至一度陷入舆论的旋涡。但如今，党的十九大已明确“党政机关探索合并设立或合署办公”的改革方向。这意味着，顺德又做对了。

三

产业被誉为顺德发展之根，是顺德行稳致远的核心。

改革只是一种手段，发展才是硬道理。体量庞大的实体经济，驰名中外的产业集群、企业品牌是顺德多年来与改革并驾齐驱的区域名片，也是顺德40年改革开放成果的一个直观体现。

早在20世纪80年代，得改革开放风气之先的顺德农民，纷纷“洗脚上田”，创造了令人瞩目的乡镇企业经济，推动顺德迅速跻身广东“四小虎”行列。这一阶段，顺德党委政府顺势而为，确立了“工业立县”战略，并一直坚持了几十年。很快，当地就形成了“以集体经济为主、以工业为主、以骨干企业为主”的发展特点，后来被学界总结为“顺德模式”。90年代初，顺德在全国率先开启企业产权制度改革，建立现代企业制度，造就了发达民营经济，成为全省乃至全国民营经济发展最活跃的地区之一。同时，顺德也涌现了多个全国知名的产业集群，培育了一大批享誉海内外的品牌，获得中国家电之都、中国燃气具之都、中国家具材料之都、中国家具商贸之都、中国家具制造重镇、中国涂料之乡等多个称号。跟制造业发展同步，顺德还孕育了发达的专业市场和会展经济。

1992年5月10日，《经济日报》头版《北人南行记》栏目刊发题为《“可怕”的顺德人》的报道，描述了顺德经济高速发展的事实与众多顺德工业产品在全国“横扫千军如卷席”的现象，惊叹顺德人的“可怕”。这是国内媒体首次用“可怕”这个“不太中听”的词语来描述顺德。此后，“可怕的顺德人”被人们不断引用，并广为传播，成为顺德人的一个重要“标签”。

如今，顺德产业正迈入全球化运营的新阶段，美的、伊之密等企业正在进行全球布局，从资本并购到设立研发中心，到品牌运营，沿着全球价值链不断爬升。

顺德产业的辉煌成就，一方面得益于改革所释放的市场经济活力，另一方面更得益于当地政府有效处理政府与市场的关系，及时高效为企业提供各种服务。多年来，顺德的政务环境与政府服务一直被广大企业家所称道。不少人都认为，顺德是国内“有效政府”与“有效市场”良性互动的典范。

四

工业化的下一步是城市化。顺德人较早意识到了城市化对发展的引领作用。在从传统计划经济向市场经济转型的过程中，顺德同步开启城市化新实践，推动从农村到城市的转变。

在改革开放的前30年，顺德的城市化是被工业化推着走的。20世纪80年代初，顺德农民“洗脚上田”，开启了乡村工业化的探索。“村村点火，户户冒烟”，全面开花格局让顺德留下了“城不城，乡不乡”的弊病。进入90年代，顺德在推动中级工业化的同时，开始探索城乡一体化。1999年成为率先基本实现现代化的试点后，顺德将城市化战略摆到一个更加重要的位置，提出建设一个与经济体量相匹配的现代化城市，并开始规划建设新城区。

尽管顺德较早提出城市化战略，但相比之下，工业立县战略的影响更为深远。直到2011年，顺德才对“工业立县”进行大胆“变阵”，提出“城市升级引领转型发展，共建共享幸福顺德”的战略目标，推出美城行动、城市升级计划等系列举措，对半城市化半工业化的现实进行一次“大修复”，力争改变制造业城市的刻板形象。

当然，顺德推动这次转型，从某种程度来说，还是要满足产业转型的需要。伴随着产业高端化，原有的“工厂化”环境已难以吸引到创新发展所需的各种人才和资源，必须重塑一个与转型升级相匹配的城市环境。

城市化首先是基础设施的现代化。无论是工业化时期，还是城市化时代，良好的基础设施都是城市的重要支撑。在传统水运时代，顺德利用密布的河网创造了缫丝产业的辉煌。改革开放后，顺德仍依靠内河港口，成就了发达的外贸经济。在从工业化向城市化转变的进程中，顺德大兴基础设施建设，从公路到高速公路再到高铁、地铁，一步步构建出内通外联的立体交通网，融入珠三角一体化和粤港澳大湾区中。

一个现代化的城市，必须有一个中心集聚区。顺德自明代建县以来，就一直以大良为县治，从未改变。但大良旧城已经难以满足经济快速发展的需要，于是顺德就以德胜新区为核心启动新城区建设，并持续扩容成为顺德新城，成为佛山“2+5”组团[①]中的重要组成部分，打造了一个拥有百万级人口的城市高潮区。近年来，顺德又承接了佛山“强中心”之一的“佛山新城”的管理，形成了顺德新城与佛山新城双核运作模式。

在打造中心城区的同时，顺德还致力于以镇（街道）为主阵地，建设一批魅力小城。跟国内很多地方不一样，顺德拥有发达的镇域经济，每个镇（街道）面积不大，人口却达二三十万，产业相

① “2+5”组团即佛山市规划建设以 2 个（佛山市中心组团、大良容桂组团）100 万人口以上和 5 个（九江龙江组团、西江组团、西南组团、狮山组团、大沥盐步组团）40 万 ~75 万人口为聚集区的佛山市中心城区。

对集聚，规模和体量几乎等同于内地县城。工业化时期，这些镇（街道）形成了发达的专业镇经济，一镇一品；在城市化阶段，顺德开始探索专业镇升级之道，打造城产人文深度融合的魅力小城、特色小镇，并通过网络化连接提升各镇（街道）的整体能级。

总的来看，顺德的城市化与其经济布局是比较一致的，体现为一种“大分散、小集聚”的网络型结构，不追求大城市的高楼大厦，没有各种大城市高度集中后引发的“城市病”，每个镇（街道）都有自己的中心和产业，相互之间能够通过现代化的交通进行便捷联系，居民也可就近享受城市的便利，是一种比较理想的城市发展模式。

五

改革促发展，发展最终是为了改善民生。

正如习近平总书记所指出的，人民对美好生活的向往就是我们的奋斗目标。在推动工业化和城市化大转型的过程中，顺德也一直致力于为人民提供更好的生活保障，满足人民对美好生活的需要。

教育和医疗是每个人都关心的民生事业，关乎每个家庭的未来。改革开放之后，顺德对民生事业的恢复，也是从教育、医疗入手的，并将其一直作为民生事业的重头戏持续加大投入。

顺德教育有三个显著的特点：一是致力于提供优质均衡的基础教育，让每一个孩子都能获得良好的成长机会；二是彰显经济服务功能，建立完善的职教体系，成立顺德职业技术学院，致力于培养优秀的产业工人，近年来又根据产业转型需要，与高校合作共建研究院，为产业创新提供支撑；三是满足不同层次需求，既有与国际接轨的国际学校，也有面向贫困学子的特色学校。

顺德的医疗事业从侨捐助力起步，特点也很突出：一是持续完善城乡医疗服务体系，让市民能就近看病问诊；二是与高校合作，导入高端医疗资源，创新医疗模式，让市民能享受优质医疗服务。

作为市场经济的先行者，顺德较早意识到了社会保障的问题，早在 1984 年就率先进行了社会保障改革，实现对乡镇企业职工的覆盖。之后在每一个重要的历史阶段，顺德都把完善社会保障作为重要的一环，与时俱进推动社会保障体系的完善，及时解决市民个体在市场化改革中的后顾之忧。

除提供基本公共服务之外，顺德还高度关注对社会弱势群体的帮扶。顺德一直有乐善好施的传统。改革开放以来，持续发展的经济更进一步激发了社会各界尤其是企业老板的慈善热情。顺德的慈善早已突破了传统模式：一是借鉴发达地区经验，建立了现代慈善组织和运营方式；二是全民慈善深入开展；三是慈善内涵持续拓宽，从传统扶贫济困向养老、公益等领域延伸。

在致力于服务户籍人口的同时，顺德还十分重视为“新市民”提供均等的公共服务。过去 40 年，顺德一路高歌猛进，除了本地居民的勤劳与智慧，更离不开庞大的外来人口的努力与付出。甚至可以说，没有大量的外来人口，顺德今天的成绩可能会大打折扣。顺德没有忘记他们的贡献，尽力为他们在医疗、社保、子女教育等领域提供各种服务。

作为社会改革的先行者，顺德民生事业的另一大特点，是学习国内外发达城市的经验，大力培育社会组织，致力于为市民提供多元、精准的社会服务，推动社会和谐进入新阶段。

六

推动城乡协调发展，是中国城市化的一个重要课题。在工业化、城市化的进程中，顺德始终没有忘记农村，一直致力于建设一个宜居宜业的岭南水乡。实际上，跟全国一样，顺德的改革也是从农村开始的。改革开放初期，顺德农村以“双包”改革激活农村生产活力，为集体经济大发展奠定基础。正是通过农村改革，顺德率先解决了农民的吃饭问题，才有多余的劳动力和土地转移出来，为工业腾飞提供了基础条件。闻名全国的顺德乡镇企业也是从本地农村社队企业一步步发展而来的。曾几何时，顺德的农村发展也走过不少弯路，面临环境恶化、人口老龄化等诸多挑战。但发展起来的顺德，始终没有忘记其出发的地方。在每一次发展的关键节点，顺德都将农村改革作为重要一环进行部署，持续加大投入，从改善基础设施、整治水环境、下沉公共服务、保护古建筑、导入企业资源等多个维度入手，推动村居整体升级，让农村和农民融入市场化、城市化发展进程。

这里只讲一点。外界很难想象，在工业高度发达的顺德，其农业发展水平也一直在广东稳居前列。从20世纪80年代的“摇头摆尾”[①]，到90年代的“两家一花”[②]，塘鱼、花卉等农业产业一直是顺德重要的支柱。在此基础上，顺德还发展出多种模式的外延农业，将发展触角延伸至周边地区，孕育出多个农业龙头企业。如今，顺德又迎来工业资本“反哺”农业的新阶段，不少工业企业开始用工

---

① “摇头”指风扇，“摆尾”指塘鱼，这是顺德当时的两大产业。

② “两家一花”即家电、家具和花卉产业。

业资本、工业管理及技术推动农业现代化。

七

多年来，顺德多以改革创新著称，敢闯敢试，敢于打破各种束缚。但实际上，顺德也是一个很尊重并注重传承传统的地方。时至今日，顺德不仅完整地保留了各种传统民俗，还将其与现代生活融为一体。

历史上，顺德被誉为“岭南壮县”，是富饶之地，但这种成就并不是天生的，而是在残酷的生产斗争中取得的。地处珠江三角洲平原核心腹地是顺德的优势，但临近珠江入海口，让顺德成为与大海“斗争”的前沿，不少土地都是“围海”围出来的。长期与大海的交往与斗争，孕育了顺德人敢于冒险、勇吃螃蟹的精神风貌。水网交织的现实，让顺德人十分推崇龙舟运动。每年，一到端午节，每处村庄，几乎都以社庙为单位，举行龙舟竞渡活动，锻造出顺德人奋勇争先的意识。

有观察者指出，作为鱼米之乡，顺德传统农业十分发达。但跟很多鱼米之乡不一样，顺德人更擅长种植经济作物，而经济作物的一大特点，就是要与市场进行交换，根据市场行情调整生产，因此这个地方的民众，在较早时候就接受了商品经济的熏陶，锻炼出了敏锐的市场意识。因为注重经济作物种植，顺德在近代就已获得“南国丝都”的美誉，成为中国民族工业的重要发源地之一，形成了“实业兴邦”的传统。

不仅如此，“食在广州，厨出凤城”，作为粤菜的发源地，顺德有非常发达的饮食文化，也是专业厨师的重要产出地。海内外不少高档餐厅，皆以聘请顺德大厨当担主厨作为招揽客源的噱头。顺德人对美食的追求已经达到了极致，尤其在鱼的做法上体现得淋漓尽致。据说，顺德人吃鱼的方法已经超过200种，一条普通的鱼到了顺德厨师手里就会有着万般美味的变化。顺德人这种精益求精的精神，以及对美食品质的极致追求，已经全面融入当地日常生活和做事做人中。

除了传统的本土文化，侨乡文化也是顺德发展过程中不可忽视的另一个文化力量。作为著名侨乡，顺德人侨居外国的历史比顺德建县的历史还要长。目前，顺德有50多万华侨华人和港澳乡亲，遍布世界五大洲56个国家和地区，其中30多万人为港澳乡亲。这些乡亲在过去40年一直以各种方式支持顺德的建设与发展，捐资助学、助医助困、开办工厂、发展建议等无所不包。如果没有这些乡亲的热心参与，顺德在过去40年中的发展恐怕会逊色不少。

第一章 党的建设

“东西南北中，党政军民学，党是领导一切的。”习近平总书记在十九大报告中指出，中国特色社会主义最本质的特征是中国共产党领导，中国特色社会主义制度的最大优势是中国共产党领导，党是最高政治领导力量。

这是顺德改革发展的第一经验。多年来，顺德始终坚定不移坚持党的领导，始终不折不扣地贯彻中央、省、市各级党委的决定，确保改革开放和经济社会发展沿着正确的方向前进。

多年来，顺德始终高度重视党员和干部队伍建设，始终注意夯实党的基层组织，始终坚持发扬党员先锋队作用，大力吸收和培育社会各界人才，强化对一般党员的管理和教育，通过培育忠诚可靠的农村带头人、企业带头人，打造担当有为的干部队伍，筑牢了改革发展的坚实基础，厚植了党的执政基础，推动经济社会发展驶上快车道，连续多年领跑全国县区。

来自中南海的关注

改革开放，是决定当代中国命运的关键一招，也是实现“两个一百年”奋斗目标、实现中华民族伟大复兴的关键一招。

但改革绝非一帆风顺。中国与苏联及东欧社会主义国家同于20世纪七八十年代开展改革，但40年过后，改革开放是中国的鲜明旗帜，苏联、东欧共产党却先后丧失政权，其中原因不能不引人深思。

观察近年来世界改革历史，在新的世界政治经济格局下，不管是市场的发育还是社会力量的培育，都难以再单独依靠自发力量，这就要求那些希望通过改革走向现代化的广大发展中国家必须以强大的政党政治力量为核心，以党和政府的主体性力量主动推进，分步骤有序培育改革所需的诸元素。

正因如此，中国共产党领导成为中国成功走出改革开放道路的根本保障。1978年，党的十一届三中全会胜利召开，揭开了中国改革开放的新篇章，也改写了顺德这个面积仅有806平方公里的县域的命运。

回顾顺德多年来的发展实践，最为重要的一条经验是始终坚定不移坚持党的领导。长期以来，中央和各级党委高度关注顺德改革实践，邓小平、江泽民、胡锦涛、习近平等党和国家领导人多次亲临顺德视察，激励顺德坚定不移推进改革开放，奋力推进改革开放和现代化建设取得新进展、实现新突破、迈上新台阶。

一代又一代顺德人，以“敢为天下先”的实干精神，出色地完成了党中央、省委交予顺德的历史任务，为中国县域发展“杀出一条血路”。

在实践中大胆地试，大胆地闯

1984 年 1 月 29 日下午，改革开放总设计师邓小平第一次来到广东视察改革情况。在顺德大良清晖园，他逗留了 20 分钟。听完汇报后，邓小平在现场给顺德出主意："顺德养鱼业很发达，塘鱼产量高，值钱啊。……靠山吃山，靠水吃水，山和水能解决大问题，全国对山的利用比较好，但对水的利用比较少，（顺德）要充分利用起来！"①

伟人指路，给顺德送来加速发展的契机。1984 年，顺德县委提出，今后 5 年以经济建设为中心，以发展商品生产为重点，农、工、副、商一起上，国营、集体、个人一起上。在农业生产方面，向商品化、专业化、现代化方向发展，什么经济效益高，就种植什么、养殖什么，不要再被计划面积、单产、总产等框框束缚。此后 5 年，顺德的水果、塘鱼、花卉等农产品产量大幅度增长，形成了"陈村花卉"等知名农业品牌。

但顺德并未满足于农业发展，而是果断采取五大措施，大力发展区、乡工业，从根本上调整产业布局和产品结构，进一步把经济全面搞活，逐步建立多渠道、少环节、信息灵、周转快的开放型商品流通体制，发挥毗邻港澳的优势，扩大对外经济贸易，大力发展"三来一补"业态和科学技术，迅速建成一个包括 20 多个行业的现代工业体系。1990 年，顺德的工农业总产值和国民生产总值分别达到 100.21 亿元和 35.05 亿元。②

---

① 欧阳少伟，《一个顺德人的光影记录》，载于《南方都市报》，2014 年 8 月 22 日。

② 顺德区委党史研究室，《中国共产党顺德历史第三卷（1979—2002）》（征求意见稿）。

在改革开放释放的巨大生产力面前，也有的地方改革的步伐迟疑了。是故步自封还是继续深化改革？1992年春天，邓小平再次来到广东，在这里讲出了他的心里话："改革开放胆子要大一些，敢于试验……大胆地试，大胆地闯。""革命是解放生产力，改革也是解放生产力……不坚持社会主义，不改革开放，不发展经济，不改善人民生活，只能是死路一条。"①

当时，顺德已成长为改革开放的标杆之一。再次来到顺德，邓小平看得很多，也说得很多。他说："顺德的改革开放和经济发展，说明了改革开放的成功，所以改革开放一定要坚持下去。"② 这是为改革者加油鼓劲。

"小平同志的到来真是一场及时雨啊，为我们这些基层工作者洗刷了心中的疑惑与疙瘩，扫清了思想上的障碍。"③ 事实上，当时顺德人对发展前景并不乐观，有人形容顺德政企合一发展模式是"无钱就借债，有钱就死晒（分光），还钱就下一届"。④ 然而，邓小平的到来，犹如催生万物的春风吹遍顺德大地，再一次唤起了改革的大潮。

1992年，在珠江冰箱厂，邓小平反复问道："是乡镇企业？这个企业是什么级别？"随行的省委办公室有关负责人回答说："如果按照行政级别套，它连股级都不到，但是从实力和影响

---

① 《邓小平文选》第三卷，人民出版社，1993年。

② 林德荣，《可怕的顺德：一个县域的中国价值》，机械工业出版社，2009年。

③ 妙斌华、王基国，《顺德：一份特殊的怀念》，人民网，2004年8月25日，http://www.people.com.cn/GB/shizheng/ 14562/2736277.html。

④ 张建军，《顺德当年——一个县域经济奇迹的诞生》，载于《经济日报》，2018年2月28日。

看，它相当于集团军。”邓小平又问厂长潘宁：“有没有出口？”“有。”“去年你们厂的出口产值是多少？”“接近700万美元。”“嗯，出口到什么地方呀？”“巴基斯坦、东南亚一些国家和香港地区。”邓小平颇有感触地说：“一个国家，如果没有民族工业，没有自己的拳头产品，这个国家就没有希望。我们国家一定要发展，不发展就会受人欺负，发展才是硬道理。”邓小平滔滔不绝地谈论改革开放、加快发展的重大意义，越讲越兴奋，尽管随行人员催促他、暗示他时间到了，但他还是继续讲下去，原计划只停留20分钟，却延长到了40分钟。

1992年2月24—27日，中共广东省委召开工作会议，传达贯彻邓小平同志视察广东时的重要谈话精神，着重研究如何进一步扩大开放，加快经济发展步伐问题。在这次会议上，省委决定把顺德县作为全省综合改革试点。

这是震撼全国的顺德综合改革试验的开端。顺德决心从行政管理体制改革起步，撤县建市，并对党政机构进行大规模“拆庙减员”。仅用10个月，市一级党政机构由过去的56个减至28个，部门内设机构减少了125个，党政机关的工作人员由原来的1 200多人减至900多人。①

改到深处是产权。1993年底，顺德率先大胆开展企业产权制度改革，一边是“靓女先嫁”②——让效益好、规模大的企业，先

① 顺德市地方志办公室，《顺德市1992—1998年地情资料简编》，2000年3月版。

② “靓女”是顺德人对妙龄女子的一种称呼，在当时顺德企业产权改革时，被用来形容好企业。顺德决策者认为，企业转制好比女儿出嫁，拿效益不好的“丑女”去嫁，肯定“没人要”，而应把“青春靓丽”的靓女先嫁了。

进行部分产权转让，一边是设立公有资产管理委员会，对公有资产实行政企分开，政资分离，逐步建立适应现代管理需要的公有资产分层管理、分工监管的体制；另外，还根据现代企业制度的要求，对公有全资企业、控股企业和参股企业的公司化进行改造，建立股份有限公司及有限责任公司，同时加大对民营经济发展的扶持力度。

通过几年改革，顺德形成以公有制为主体、多种经济成分共同发展的局面，在改革上"杀出一条血路"。顺德的综合改革试验，不仅推动了本地大发展，还从实践上证明党的十三届三中全会关于建立社会主义市场经济体制的论断，是符合社会经济发展规律的战略决策，是我国实现现代化的必由之路。

1991年4月11—13日，广东省委负责人到顺德考察了桂洲、容奇、北滘后认为，顺德这里没有特区的条件，但建设起来了，起码在珠江三角洲可以推广。又对顺德提出了"要在全省带头率先达到中等发达国家的经济水平，使社会主义优越性在顺德全面地体现出来"的发展目标。1992年2月的省委工作会议进一步提出，如果这个不是特区的内陆县（顺德），经过若干年的实践探索，能够在建设有中国特色的社会主义以及赶上"四小龙"方面成为广东省的样板，那对全省有极大的指导和推动作用。

企业党建受到中央关注

在企业产权上"敢为天下先"是顺德改革的重要标志，这常常让人忽视了顺德在改革发展中始终坚持党的领导、抓好党的建设这个重要的历史事实。

在产权改革取得决定性成果的同时，顺德把企业党建作为基层党建的重要一环。紧紧抓住“围绕经济抓党建，抓好党建促经济”这个宗旨，顺德为企业发展创建了良好的社会环境，也带来地方经济的新突破。

2000 年，顺德大良。时任中共中央总书记江泽民主持企业党建工作会议。顺德规模企业、合资企业、转制企业、私营企业党组织的 5 位负责人分别做了汇报。江泽民一边听一边记录，然后向在场的同志提出了一个重大的问题：在经济发达地区，党建怎么搞，党员们都在想些什么，信仰如何，信念如何？[①]

一位企业负责人这样回答：现在一些老同志比较现实，希望工作能稳定，生活有保障；年轻人就希望提供一个好的环境，有实现才华的舞台。对此，基层党组织就必须务实，满足员工的需求，提高党在群众中的威信。[②]简单的话语说出了基层朴实的愿望。

这个会议在顺德召开本身就具有重大意义。这个改革开放先行地，通过有效开展党建，实现了新增党员中企业人员占 50%，80% 以上为高中以上文化学历、30 多岁以下青年的成绩。顺德的实践有力地回答了党中央提出的“经济发达地区党建怎么搞”的重大问题，获得了总书记的肯定，他勉励顺德企业党组织继续努力，不断加强党的建设。[③]

2005 年 9 月，顺德出台《关于进一步加强非公有企业党建工作的意见》，明确提出“先行组建、逐步提高、突破重点、抓大促小、

① 林德荣，《可怕的顺德：一个县域的中国价值》，机械工业出版社，2009 年。
② 林德荣，《可怕的顺德：一个县域的中国价值》，机械工业出版社，2009 年。
③ 陈用志，《顺德市企业党建工作情况汇报》，2000 年 2 月 23 日。

分类指导”的工作思路。根据经济社会发展的新变化，要求镇、街承担属地责任，担负起区域内流动党员以及工业园、开发区等领域的党建工作，实现区、镇（街道）、村（社区）、园区四级联动，齐抓企业党建。

鼓励技术创新，培育核心竞争力

2004年12月，时任中共中央总书记胡锦涛视察广东时指出，解决好为什么发展、怎样发展这个课题，对我们促进发展、搞好发展具有重大战略意义。必须坚持以科学发展观统领经济社会发展全局，确保经济社会发展沿着正确的方向前进。

其间，胡锦涛来到顺德美的集团。据报道，在看到美的海外分支机构图，听到美的十多年来与跨国公司进行技术合作、市场合作、资本合作后，他高兴地指出：“这条路走得对。你们不但要引进，还要消化和提高，要不断总结，不断创新。”他称赞美的有自己的产业链，有自己的核心竞争力。这些是中国企业走向国际化的一种好模式，值得推广。

实际上，进入新世纪后，顺德规模企业更加重视科技创新、自主研发的作用，纷纷设立科技研发中心、博士后工作站等。2001年，顺德更首开全国县域院地合作先河，成立中国工程院（顺德）院士咨询活动中心，与中国工程院共同开展科技创新活动。在科技创新的带动下，顺德经济快速发展，在2006年成为全国首个GDP突破千亿元的县域经济体。

2008年9月，党中央决定，在全党分批开展深入学习实践科学发展观活动。当年9月，广东省委“点将”顺德为全省深入学习实践科学发展观活动首批试点单位。10 月 15 日，顺德举行全区深入学习实践科学发展观活动试点工作动员大会，提出成为城乡经济社会发展一体化的实验区、构建现代产业体系参与全球竞争的先锋队、全省科学发展综合改革的试验区、珠三角一体化发展的参与者、探索科学发展模式的排头兵等五大目标。

在进一步思想解放中，顺德着力转变不适应、不符合科学发展的思想观念，通过广泛开展“三调研、三落实”，带着问题意识进行大胆探索。时任广东省委书记汪洋曾在会议中表示：“很高兴听顺德的汇报，这强化了我的一个观点，选顺德是对的，确实比我想的还大胆。”①

“农村党建工作让群众更满意”

2012 年 12 月 7—11 日，党的十八大闭幕后不久，中共中央总书记习近平第一次到地方考察，便选定广东。9 日上午，习近平一行来到顺德区北滘镇黄龙村，考察基层党建，慰问困难群众。

在黄龙村，习近平最关心、最惦记的是困难群众。如何让基层群众更多地分享到国家发展进步的成果？习总书记在顺德区北滘镇黄龙村提出了“农村党建工作让群众更满意”的期望。

总书记的寄语产生了巨大的实践力量。数年来，黄龙村从昔日发展较慢村、软弱涣散村，转变为党委领导有力、党组织先锋模范作用不断增强、基层和谐稳定的发展典范村，探索了“党建 + 公共服务”的有效模式。近年来，该村用于民生事业建设的资金达到每

---

① 汪洋，《要擦亮顺德这块牌子》，载于《中国青年报》，2011 年 6 月 6 日。

年近 3 000 万元，有力推进了黄涌幼儿园、龙涌幼儿园、两个市场升级改造等基础设施项目建设。

同时，黄龙村进一步完善农村集体“三资”平台建设，实行集体资产公开交易制度。2012 年至 2017 年 6 月间，共实现 111 宗资产上平台交易，成功交易 90 宗，交易总额 9 873 万元，项目平均溢价 54.6%，最高溢价超 27 倍。2016 年全村工业产值约 4.9 亿元，较 2012 年增加 15%。人们纷纷涌入黄龙村，黄龙村外来人口数量从 2012 年时的 6 200 多人猛增至 2017 年末的超万人。

根据现实需求，黄龙村还新建黄龙书院，打造基层一线党员培训平台，成为大家学习传统革命精神、改革开放精神的重要阵地，为黄龙村和顺德注入更多坚定信念、艰苦奋斗、迎难而上的精神力量。

习近平总书记在顺德区北滘镇黄龙村提出了

“农村党建工作让群众更满意”的期望（摄影　戴嘉信）

希望未来这里有 8 000 名设计师

习总书记高度重视顺德在推动经济发展方式转变，在产业链上不断向上游进发的实践，视察了位于北滘的广东工业设计城。当时，设计城的设计师有 800 人。据广东工业设计城工作人员回忆："习总书记离开时，对我说了这样一句话：'希望我下次再来的时候，你们这里有 8 000 名设计师了。'"①

习总书记一席话，是对顺德落实创新驱动发展战略、推动经济发展方式转变，推进经济结构战略性调整的谆谆嘱托。对此，广东工业设计城不断发挥核心启动区的创新资源禀赋和产业引领优势，通过政企联动，加快新载体建设，全力打造创新生态，力促园区与区域产业体系发生"共振"效应。

如今，习总书记的希冀正变为现实。根据 2017 年 6 月的统计，广东工业设计城核心启动区内聚集国内外设计师 1 418 人；美的全球创新中心约有 4 230 名科技研发人员；广东顺德创新设计研究院联合培养及研究院的科研团队共有 1 516 人；科凡家具有限公司有包括全国 600 家门店及科凡总部的设计研发人员共计 956 人的设计研发团队。到 2018 年，广东工业设计城设计研发人员已经发展到超过 8 100 人，成为设计人才的前沿阵地。

广东工业设计城的"设计力"正快速改变着传统制造业。据统计，该设计城核心启动区吸引国内外设计企业 253 家，拥有发明专利和授权专利 3 191 项，创新设计产品转化率近 85%，设计服务收

① 张志超，《习近平寄语广东工业设计城：望下次来时有 8 000 名设计师》，央视网，2012 年 12 月 12 日，http://news.cntv.cn/2012/12/12/ARTI1355304733089392.shtml。

入从 2012 年的 3 亿元增长至 2017 年的 7.5 亿元。据分析研究显示，在广东，工业设计每投入 1 元，对经济的拉动作用超过 100 元，这意味着广东工业设计城 2017 年对经济的拉动超过 750 亿元。[①]

干部队伍：先行一步的“引领者”

中国改革开放是在中国共产党领导下进行的一场伟大变革。政治路线确定之后，干部就是决定因素。改革开放的巨大变革，首先从干部开始。

干部搞改革。与其他国家的现代化实践相比，我们始终抓住干部队伍建设这个关键，把尊重人民群众首创精神和干部队伍推动改革破冰、引领改革方向结合起来。党的干部队伍既是搞改革、促发展的先行者和领导者，又是改革开放事业最积极、最忠实的参与者和支持者。一代又一代党的优秀干部，确保改革开放始终沿着党中央部署的道路正确前行。

改革出干部。在巨大的经济发展和体制机制变革中，党的广大干部经受住了长期和复杂的执政考验、改革开放考验、市场经济考验、外部环境考验，成长为领导改革开放和中国特色社会主义市场经济的中坚力量，培养出在复杂环境中驾驭风险和实现党的自我完善的强大能力。

多年来，顺德始终坚持与实践相结合，逐渐探索出一套行之有效的干部培养机制，锻造了一支引领改革开放的好队伍。他们坚持

---

① 李春霞，《从“制造”到“智造”——探访广东工业设计城》，新华网，2018 年 5 月 20 日，http://www.xj.xinhuanet.com/2018-05/20/c_1122859283.htm。

"实践是检验真理的唯一标准"，"不唯书，不唯上，只唯实"，从实际出发，大胆探索，带领顺德"摸着石头过河"，"杀出一条血路"，成为引领顺德改革发展的"领头羊"。

"全国最年轻的县委会"

同全国很多地方一样，十一届三中全会后，顺德的改革发展始于对"文化大革命"遗留问题的清理和解决。1979 年 2 月 23 日，中共顺德县委发出《关于对"文化大革命"前案件复查审批权限暂行规定的通知》，要求落实党的干部政策，做好"文化大革命"前案件的复查工作。随后，顺德各级党委把主要精力放在清理平反新中国成立以来历次政治运动尤其是"文化大革命"的冤假错案上。至 1981 年 4 月，复查案件 278 宗，占总数的 92.97%。复查后撤销原处分的 148 人，减轻处分的 29 人，其中恢复党籍的 45 人，恢复公职的 68 人。①

历史遗留问题的解决，使得顺德党组织迅速恢复了元气，党的干部队伍恢复了生气。但是同改革开放的要求相比，顺德优秀干部、年轻干部的数量还很不够。特别是 1980 年 8 月 18 日，邓小平在中共中央政治局扩大会议上提出干部革命化、年轻化、知识化、专业化的"四化"②标准后，顺德干部队伍普遍年龄偏大、职数偏多、文化偏低，年轻干部的才干得不到很好的发挥等缺点日益凸显。据统计，1981 年，全县干部总数 8 667 人，但大专以上学历仅

---

① 顺德区委党史研究室，《中国共产党顺德历史第三卷（1979—2002）》（征求意见稿）。

② 《邓小平文选》第二卷，人民出版社，1994 年。

占 10.51%，小学以下学历却占 23.92%。在年龄结构方面，35 岁以下仅占 19.35%，36 岁至 45 岁占 34.42%，46 岁至 55 岁占 38.14%，56 岁至 60 岁占 8.09%。[①]

当时顺德县委领导班子对顺德干部队伍的种种缺点，看在眼里，急在心上。1980 年 9 月，顺德第四次党代会提出：要把那些经过实践考验，真正得到群众拥护的、年富力强的优秀中青年干部，选拔到领导岗位上来。对具有真才实学的知识分子，也要大胆提拔和使用，逐步使我们的干部队伍实现年轻化、知识化、专业化，使我们的组织状况同实现四个现代化的政治任务相适应。[②] 这次会议以后，为了改善干部队伍年龄和学历结构，顺德积极分步骤遵照中央精神推进干部“四化”。

一是在干部选拔中引入民主评议等环节，并确定领导班子配置规范。根据县委设计，20 世纪 80 年代初，顺德 10 个公社党委除杏坛公社设 15 名委员，设书记、副书记 5 名之外，均设委员 13 名、书记和副书记 4 名，大良、容奇镇党委设委员 11 名，其中书记和副书记设 3~4 名，并实行任期制，基层队伍建设走上了规范化的轨道。1984 年又进一步进行了干部制度、人事制度改革，要求简政放权，下放干部管理权限，同时打破干部职务终身制，逐步实行任期制、招聘制、选举制，通过考试，择优录取，明确工作任务、职责权限。随后，县级党政机构进行了一波改革，县级行政机构从 40 个减至 30 个，领导班子线数从原来的平均 6.7 线减为 2.9 线。[③]

---

① 顺德区委党史研究室，《中国共产党顺德历史第三卷（1979—2002）》（征求意见稿）。
② 同上。
③ 同上。

二是通过文件明确聘任领导干部范围和条件。根据 1986 年县委的文件，要求聘任领导干部必须坚决贯彻党的路线方针政策，具有强烈的革命事业心和高度的工作责任感，有开创新局面的胆识和才干；必须作风正派，密切联系群众，在群众中有较高的威信；必须具有一定的组织领导能力，熟悉业务，能综合分析问题，思想敏锐，有独立见解，工作成绩突出；还必须具有高中以上文化程度，具有真才实学。

三是加强干部队伍知识培训。1980 年 3 月，县委党校制订今后三年干部轮训工作规划。1984 年至 1986 年，有 365 人完成大专文化学习，849 人完成中专文化学习，143 人完成高中文化学习。[①]

四是开展后备干部队伍建设。1980 年开始，顺德各级党委普遍把做好中青年培训对象的选拔工作放在重要位置，坚持成熟一个提拔一个。1984 年的统计结果显示，当时全县各级党政领导班子，平均年龄由 50.5 岁下降为 46.2 岁，高中以上文化程度由占 14.7% 上升至占 30.4%。后来，顺德进一步创立了领导干部助理制，1984—1989 年，先后有 398 名中青年干部被选拔到镇、局级以上领导职务的任上。[②]

最后一点尤其重要。通过这一轮干部选拔和后备干部队伍建设，一批中青年干部先后担任了县委和公社党委主要领导职务，奠定了顺德今后 20 年改革发展的基础。1984 年 5 月，顺德县召开第五次党代会，选举出当时全国最年轻的县级委员会，平均年龄仅 40 岁。[③]

---

① 顺德区委党史研究室,《中国共产党顺德历史第三卷（1979—2002）》(征求意见稿)。

② 同上。

③ 同上。

市场风浪中建设好队伍

20世纪90年代，“市场”是中国最热门的关键词之一。在社会主义市场经济改革风浪下，顺德始终坚持了领导干部队伍建设中的正确方向，在各级党委中打造出一支敢改革、能攻坚、善经济、讲民主的好队伍。

善于、敢于选拔优秀干部，历来是顺德干部队伍建设的重要手段。所谓选贤用能，引领改革开放和经济发展的能力，是干部在改革发展中最不可或缺的能力。顺德始终把这一点作为干部选拔的核心原则，摒弃论资排辈，重用那些坚持改革开放并有实际政绩的干部，把这批干部放到经济建设的主战场中锻炼。

在市场化浪潮和产权改革等种种历练中，顺德逐渐摸索出一套“从比较富裕的地区选拔干部到比较落后的地区任职，从党政机关选调干部到基层任职，从管理区选拔优秀农民干部到镇任职，从镇村企业、私营企业、专业户、个体户中选拔优秀党员到管理区任职”的“四选拔”模式。[①]“四选拔”既是顺德干部队伍建设的经验总结，又成为市场化改革中强化干部队伍和党组织战斗力的重要保障。

在人民群众中有口碑的干部，才是有素质的好干部。在领导干部的选拔任用上，顺德早就广泛采用民主办法，采纳民意。在改革开放初期，县和公社在筹备党代会、人代会过程中，已经开始对县、公社领导干部进行民意测验，采取群众推荐、民主选举的形

① 广东省委组织部组织处劳文浩等,《广东“四小虎”对党建新路的探索》，载于《党校论坛》，1993年3月。

式。不久后，民主评议、民主测验、民主推荐等就成为干部选任中的常见环节。

2000年以后，顺德先后制定《关于干部交流轮岗的实施办法》和《关于实行干部竞争上岗的实施办法》，在中层干部中率先实行竞争上岗制度，把人民群众的口碑变成选拔考察领导干部的重要标准。

在第一次实施竞争上岗的2002年，全市共有148名镇（区）干部参加了竞争上岗，105名被任命为镇（区）部门的领导，又在社会公开选拔国土局和共青团市委的领导人选。至2006年，又新提拔区局干部152人（次）、中层领导干部426人。区机关各部、办、局领导班子平均年龄为43.2岁，本科以上学历者占77.2%；区级领导班子平均年龄47.3岁，本科以上学历者占61.8%。[①]

对于在企业工作的党员干部，顺德突出体现“重奖优秀”的政策。针对优秀企业经营管理者，采用物质和政治双重奖励的方式。一方面，按企业规模、经营效益制定企业经营管理者级别，使他们享受相应的政治待遇和工资福利待遇。如在产权改革初期，顺德曾出台有关规定：凡税利在100万元以下的小型企业，厂长（经理）的报酬可为职工人均收入的2.5倍；凡税利101万元至300万元的中型企业，厂长（经理）的报酬可为职工人均收入的3倍；凡税利301万元至1 000万元的大型企业，厂长（经理）的报酬可为职工人均收入的3.5倍；凡税利1 001万元以上的特大型企业，厂长（经理）的报酬可为职工人均收入的4倍。[②] 另一方面，这些优秀人才

① 顺德区委党史研究室，《中国共产党顺德历史第三卷（1979—2002）》（征求意见稿）。

② 广东省委组织部组织处劳文浩等，《广东“四小虎”对党建新路的探索》，载于《党校论坛》，1993年3月。

也在政治上被委以重任，市委、市政府在制定有关经济工作重大决策的过程中，会征求他们的意见；对有突出贡献的优秀干部，除了给予奖励外，要广泛宣传他们事迹。

以 2003 年的区第十届党代会为起点，顺德开始探索以选好人、用好人为目标的深层次干部人事制度改革。一方面，推广包括干部交流轮岗、竞争上岗、公开选拔、任职试用、党委投票表决等一系列制度措施；另一方面，顺德始终把“贤德”作为干部队伍和领导班子建设的根本要求，提出了“政治坚定、团结实干、开拓创新、廉洁为民”的十六字要求。这既是 20 多年来顺德在领导干部选任方面的经验总结，同时也成为面向新世纪顺德区委必须着力解决的历史任务。

锻造新时代的顺德铁军

党的十九大指出，中国特色社会主义进入新时代。2018 年 7 月，习近平在全国组织工作会议上提出，新时代组织工作路线是：全面贯彻新时代中国特色社会主义思想，以组织体系建设为重点，着力培养忠诚干净担当的高素质干部，着力集聚爱国奉献的各方面优秀人才，坚持德才兼备、以德为先、任人唯贤，为坚持和加强党的全面领导、坚持和发展中国特色社会主义提供坚强组织保证。

习总书记的重要指示，为做好新时代干部队伍建设工作，锻造新时代党建铁军提供了根本原则。面向新时代的新要求，2018 年 1 月的中共顺德区第十三届代表大会第三次会议提出了“坚持全面从严治党，建设新气象新作为的顺德铁军”的目标。大会对干部人才队伍建设发出了“顺德最强音”：干部和人才队伍是顺德发展的最根本基础。要坚定不移推动全面从严治党向纵深推进，创新方式方法，不断夯实基层党组织的战斗堡垒作用，培养造就一支具有铁一般信仰、铁一般信念、铁一般纪律、铁一般担当的新时代顺德铁军。

会议甫一结束，顺德立即向全国公务员发出公开信，面向全国选调 100 名研究生学历青年公务员，以张开双臂拥抱八方英才的姿态展现建设新气象新作为干部队伍的决心。

顺德将进一步从建立源头培养、跟踪培养、全程培养的素质培养体系，建立日常考核、分类考核、近距离考核的知事识人体系，以及建立以德为先、任人唯贤、人事相宜的选拔任用体系三个方面贯彻党中央部署。一支能攻坚、善领导、接地气的“顺德铁军”正崛起于凤城大地。

非公党建：确保党对各类组织的有效领导

计划经济时代，党的工作随着公有制经济延伸，触角遍及经济社会的方方面面。改革开放以来，民营经济勃兴，社会组织萌发，对党组织的覆盖和党建工作的有效开展提出了巨大挑战。这个问题解决不好，党对经济社会的领导便无从谈起。苏联和东欧在改革过程中顾此失彼，共产党在经济社会的新兴领域完全丧失了话语权和领导权，是导致其最终失去政权的重要原因。这是前车之鉴。

在经济发达地区，党建怎么搞，党员们都在想些什么，信仰如何，信念如何？这是时任中共中央总书记江泽民在顺德主持召开企业党建工作座谈会时提出的重大课题。多年来，作为全省民营经济发展最活跃的地区之一，顺德一直紧紧抓住非公有制企业党建这个关键着力点，确保党对经济社会的全面领导。非公党建的累累硕果，也成为顺德党建最靓丽的一张名片。

交叉任职，启动非公党建探索

世纪之交，经济体制改革的影响已经深入各个层面，党的建设也需要新方向。在顺德，改革开放带来的最突出的改变就是民营经济空前繁荣。20 世纪 90 年代以后，顺德大量早期乡镇企业迅速转变为成规模的非公有制企业："90% 的工商企业为民营企业，民营企业创造全区 70% 的国内生产总值、80% 的税收、50% 的出口和 80% 的社会就业。"[①] 企业之于顺德，犹如细胞之于人体，非公企业党建在顺德党建全局中的地位由此奠定。

面对随着企业产权制度改革出现的大量转制企业，顺德首先要求做好党组织覆盖任务。1999 年，顺德市委要求各级党委根据企业产权关系和组织形式的变化，及时在不同经济成分的企业中建立党组织：凡有正式党员 3 名以上的企业，都必须建立党的支部组织，正在筹建的企业要同步建立党的组织。2000 年，顺德全市企业的党员有 13 955 名，建立党委 18 个，党支部 821 个。[②]

建立党组织后，下一步是加强党对非公有制企业的领导。当时，顺德市委针对非公有制企业党的领导问题，明确提出四点要求和任务：一是党组织在把握企业的发展方向、经营方式、利益分配、人事任免等重大问题上起参与决策和保证监督作用；二是在搞

① 蒋晓敏、王基国，《顺德民营经济新一代"舵手"起航》，载于《南方日报》，2016 年 11 月 4 日。

② 顺德区委党史研究室，《中国共产党顺德历史第三卷（1979—2002）》（征求意见稿）。

好企业思想政治工作和精神文明建设中起领导作用；三是在团结带领员工促进企业稳定和发展中起凝聚作用；四是在处理企业各种利益关系和各种矛盾中起协调作用。

在实践探索中，顺德党委对非公有企业的领导问题，主要通过交叉任职来实现。市委明确要求：企业党组织领导成员依法进入董事会、监事会和行政班子，尽可能实行党政适当交叉任职。在此期间，美的公司的何享健、科龙公司的潘宁等一批优秀党员企业家实现了交叉任职，成为很好的范例。据统计，1999 年底，全市企业党组织主要负责人兼行政一把手的占 80%；在行政班子成员中，中共党员占 75%，这就为加强党对企业的政治领导奠定了坚实的组织保证。[①]

进入 21 世纪后，顺德净资产 100 万元、雇工 100 人、年销售或营业收入 100 万元以上的企业超过 3 000 家，超亿元的企业有 20 多家。[②] 总结这一时期顺德企业党建的经验，主要包括三条：一是确立“围绕经济抓党建，抓好党建促经济”这个宗旨，不断增强服从于经济的自觉性，为企业发展创建良好的社会环境，尤其是围绕市场经济发展重心，及时在不同经济成分的企业中建立党组织；二是始终坚持企业党员队伍必须不断壮大而不能减少；三是在发展党员过程中始终在年龄和学历上坚持较高要求，使得党员总体素质不断提高而不是降低。[③]

2005 年 9 月，顺德出台《关于进一步加强非公有企业党建工作的意见》，明确提出“先行组建、逐步提高、突破重点、抓大促

---

① 顺德区委党史研究室，《中国共产党顺德历史第三卷（1979—2002）》（征求意见稿）。

② 同上。

③ 陈用志，《顺德市企业党建工作情况汇报》，2000 年 2 月 23 日。

小、分类指导”的工作思路。根据顺德镇（街道）民营经济日益发达，与镇（街道）党建、镇（街道）治理密切相关的现实情况，要求镇、街、村、社区作为非公有企业党建工作的主体，在第一线切实推进属地非公企业党建工作。据统计，2007 年，全区 4 123 家规模以上非公有企业均建立了党组织，新建企业独立党支部 120 个。[①]

另一方面，针对中小企业遍地、流动党员明显增加的新形势，顺德又要求镇、街成立经济线党委、流动党员党支部，村（社区）以及工业园、开发区等成立企业联合党支部，实现区、镇（街道）、村（社区）、园区四级联动。有效把这些企业中的党员组织起来、管理起来、发动起来，让他们在企业生产经营中主动发挥积极作用。这些措施奠定了此后顺德“两新”组织党建的基础。

抓大促小，推动党组织全覆盖

在新世纪钟声敲响之时，顺德已积累下非公企业党建的累累硕果，是不折不扣的领先者。但历经十多年的发展，顺德在新经济组织中进一步做大做强党建工作，具有十足的紧迫性。到 2015 年，顺德已经拥有非公企业 9 300 多家，但组建党组织的只有 1 515 家，非公企业党员有 15 000 多名。[②] 尽管党员人数比 2000 年增长 35% 以上，但与非公企业规模增长相比，显得相对滞后。更为关键的是，在这些已经建成的党组织中，党员充分发挥作用的平台和载体

---

① 佛山市顺德区地方志办公室、顺德年鉴编纂委员会，《顺德年鉴 2007》，广东经济出版社，2008 年。

② 刘嘉麟，《“创二代”可到国企上市公司挂职锻炼》，载于《南方日报》，2015 年 8 月 11 日。

不多，先锋模范作用难以发挥。

现实情况倒逼顺德非公企业党建必须来一次全面的升级。依托区经科局推出的龙腾计划和星光计划，顺德非公企业党建重新释放了活力。一方面是对300家龙腾企业实施“党建龙腾计划”，重点扶持和培育美的、碧桂园、格兰仕、联塑四家“中国民营企业500强”的党组织。另一方面是推动1 000家星光企业党建工作全覆盖，助力星光企业突破发展瓶颈。

当下，顺德已经随处可见“党建龙腾计划”的成功例子：2017年底，全区300家龙腾企业已100%建立党组织，其中180家单独建立党组织，占总数的60%，19家非公企业建立了企业党委；1 000家星光企业通过单独组建或联合组建方式100%建立了党组织，其中单独建立党组织的企业达200家。[①] 通过紧抓300家龙腾企业和1 000家星光企业，顺德抓住了区内经济的大部分，对实现党对经济的有效领导具有重要意义。2016年，顺德区非公企业“党建龙腾计划”获评全省基层党建“书记项目”示范性项目。

同时，顺德更加注重培养企业带头人成为“红色企业家”，通过定期举办党员民营企业家“开讲啦”等活动，把广东工业设计城变成党员民营企业家培养基地，不仅组织知名企业的党员董事长不定期讲课，还实施组织青年民营企业家与顺德成功企业家结对子“导师制”，推动双方党建互动、资源互补、成功分享、共同进步。

同一时期，顺德的小微企业、个体工商户、专业市场也迅速发

① 张亮，《“龙腾计划”为“两新”党建树标杆》，载于《南方》杂志，2017年23期。

展，到2017年底达到了8万多家。[①] 这些“小个专”（即小微企业、个体工商户、专业市场）星罗棋布，只盯住几个“头头”，容易顾此失彼。

如果说“龙腾计划”和“星光计划”是抓住了主流，那么，在“两新”组织党建中打造“布点—设线—拓面”网格化格局、建立“抓大—引中—促小”全覆盖机制，就是对传统非公企业党建的一个重要补充。

顺德实施“布点—设线—拓面”，主要是以行业商会协会为纽带，搭建好党组织发展梯队架构，拓展党建对中小企业及个体商户的覆盖面。在这个过程中，重点是实现“抓大—引中—促小”全覆盖。“促小”指的是“小个专”。“小个专”党建，由于不同单位党员数量和党组织发育程度参差不齐，难以用同一标准整体规划。

在实践中，顺德主要探索行业党建和党建指导员挂点联系制度。行业链条有其天然优势，可以通过日常业务环节，比较顺利地摸查组织情况，同时可以对新建的、薄弱的党组织或示范点按照行业链条派驻指导员，充分发挥社会组织和“小个专”党委横向行业指导，以点带面，取得显著效果。

“四链同建”，社会组织也建党组织

“两新”组织是新经济组织和新社会组织的合称。新经济组织，包括私营企业、外商投资企业、港澳台商投资企业等非公有制企

① 张亮，《“龙腾计划”为“两新”党建树标杆》，载于《南方》杂志，2017年第23期。

业，也包括广大个体工商户、混合所有制经济组织等。新社会组织，主要包括社会团体和民办非企业单位。

过去讲党建，工作重点多放在成规模的民营企业。但现实的情况是，2008 年以来，顺德社会组织迎来了爆发式增长。截至 2018 年底，顺德社会组织达到 1 820 家。[①] 这些社会组织在发展中往往“不显山不露水”，却对基层社会治乱有着至关重要的影响。

对此，顺德重点关注了社会组织在“服务社会”上的突出属性。2010 年以后，顺德推行“1+3+X”社会组织党建模式。即通过物色一批示范点，构建三种社会组织党建覆盖的长效机制，最后搭配“X”个性化党建。经过几年努力，初步形成了工商联、妇联等行业主管单位作为牵头部门齐抓共管的局面，还以镇（街道）书记为“第一责任人”建立分片分区责任制。通过大量驻点的党建指导员，帮助社会组织的党组织找准党建工作与组织发展、服务社会的结合点，推动社会组织党建与日常工作同步，党建与走群众路线同步，成果显著。

截至 2017 年底，全区登记的有党组织覆盖的社会组织达 690 家，覆盖率为 43.8%，实现有党员的社会组织 100% 有党组织覆盖。[②] 在一些社区，“有难事，找党员社工”已成为居民老人的口头禅。尤其是在一些矛盾较深的地区，居民对社工接受度不高，社工亮出党员身份后，居民的接受度显著提高，有效破解了“组织覆盖难、党员管理难、作用发挥难”的问题。

---

① 刘嘉麟，《社会组织党建的“群众化”基因》，载于《南方日报》，2013 年 7 月 16 日。

② 张亮，《“龙腾计划”为“两新”党建树标杆》，载于《南方》杂志，2017 年第 23 期。

总结顺德“两新”组织党建经验，可以概括出组织发展“四链同建”和党员发展“三培养”两种模式，通过综合采用单独组建、联合共建、行业统建、区域联建，推动社会组织党组织应建尽建；同时注意把优秀党员培养成业务骨干，把业务骨干培养成党员，把党员骨干培养成管理人员。这些模式既有利于把企业骨干聚集在党旗之下，又通过党建活动有效推动了“两新”组织自身发展，这就减少了企业主、负责人在工作中的阻力，推动了工作的有力开展。

顺德社会组织党建工作创新也获得中央有关部委的肯定。2017年4月，顺德区被确定为中组部社会组织党建工作综合监测区 。目前，顺德“两新”党建已经形成了“社会组织党委和六大行业主管部门＋镇（街道）社会组织党总支和六个镇（街道）办局＋村（社区）‘两新’联合党组织”的“三梁五柱”式管理格局。

“孵化”式党建，党务与业务同发展

自上而下，是党建工作的常态，但在“两新”组织量大面广点多、党员流动频繁等实际情况下，单靠组织部门“单兵作战”，容易抓不到“底”，抓不住“人”。这就要求顺德探索一种能够有效实行“上下互动”党建模式，“孵化”式党建应运而生。

顺德“孵化”式党建从2010年前后就渐有雏形。当时，顺德杏坛镇探索依托镇社会服务综合中心党支部，建立社会组织孵化发展中心，一边积极孵化能够承接政府职能的社会组织，一边对已经符合成立党支部标准的社会组织同步孵化党支部与团组织。

2014年以来，顺德进一步形成系统的“孵化式”党建模式。当年7月1日，全省首个“两新”组织党建孵化园在顺德创意产业园内试运营。在“孵化”党建下，顺德“两新”党建形成了一种新的“三三”机制，即业务党务“三同步”、党政资源“三优先”与组织“三孵化”。

所谓业务党务“三同步”，是指在孵化过程中，书记负责党建工作的谋划、组织、协调、推动和落实；指导员负责指导社区内规模小、人员少的社会组织党建工作；联络员负责基地的日常工作、组织培训等，并对工作中遇到的问题进行汇报反馈。对于具有党建积极性的“两新”组织，提供一站式帮助和指导。

孵化园内推行“三孵化”制度。孵化新经济组织时，党支部、党支部书记、党支部工作制度同时孵化；孵化社会组织时，同步孵化党组织和群团组织；同时，推行孵化工作“标准化”的“党建标准化 10 条”。3 年过后，已经实现孵化建立党组织 77 个，把全区非公企业党组织覆盖率提升到 86%。①

作为“孵化”式党建的配套，顺德还探索党政资源“三优先”，用好考核评比指挥棒。在社会组织考评中，把党建工作纳入社会组织登记、年检和评级三环节，实行登记时必报，年检时必查，评级时必考。

从孵化园成立伊始，顺德就对全区成立两年以上的“两新”组织党组织开展等级评定工作，并定期对新符合条件的“两新”组织党组织开展评估。想要获得 A 级评估等级，“两新”组织就必须在业务评估和党建等级两方面都获得优秀评价。获得 A 级评估等级的组织，在同等条件下优先接受政府职能转移，优先获得政府购买服务，优先获得政府项目扶持和奖励。这种措施，把推进社会组织等

① 张亮，《“龙腾计划”为“两新”党建树标杆》，载于《南方》杂志，2017第23期。

级评估和党建工作评估高度融合，变“要我建”为“我要建”，推动 5A 级社会组织中党组织占比在两年多时间内大幅提高 40%。[①]

广东工业设计城是“孵化”式党建的最大受益者。作为顺德创新驱动的重要基地，针对广东工业设计城汇集的大量设计人才、中小企业，以及党员素质高、专业强、青年多的特点，顺德党建孵化园为广东工业设计城提供一站式帮助和指导，建设“创新型、活力型、人才型”党组织，发挥党组织和党员“两个作用”，促进园区党建与产业转型共融共进。

农村党建：锻造基层大治理的“带头人”

党的基层组织是党的工作和战斗力的基础。由于始终坚持把党的基层组织建设成坚强的战斗堡垒，中国改革虽然在经济社会领域引发巨大的变革，却能避免西方式的社会无序和混乱，同时没有发生苏联东欧式的政治失控，基本保持了安定团结稳定的局面。

中国的改革是从农村开始的，如何在农村基层凝聚最大共识，动员起改革发展的强大力量，是关乎改革成败的核心问题。通过夯实农村基层党组织，锻造一批基层治理的“带头人”，形成“从群众中来，到群众中去”的生动实践，是中国农村改革的一条重要路径：带头人通过各种制度、非制度影响力，引领群众走改革开放道路；群众的实践和创造，被优秀的带头人吸纳并推广，推动了经济社会发展，反过来又增强了党的领导威信和执政合法性。

① 张亮，《“龙腾计划”为“两新”党建树标杆》，载于《南方》杂志，2017 年第 23 期。

改革开放以来，顺德通过抓好村（社区）“两委”班子建设，始终牢牢地把党的组织和党的领导贯穿于农村改革过程中，通过打造坚强的基层党组织作为领导核心，在党群关系、公共财政与资源配置、社会矛盾处置及基层社会稳定、基本公共服务均等化等方面频频出招，引领重塑整个基层治理面貌，推动乡村繁荣与发展。

选配好干部，引领致富路

在农村基层，要搞改革发展经济，带头人最为关键。顺德改革的先行，不仅体现在经济发展中，更体现在基层干部选拔任用上。

早在改革初期的 1979 年，顺德县委就提出，对公社、大队、生产队干部的奖励，要以所在社队生产实绩作为依据。[①] 但由于当时“左”的思想仍根深蒂固，基层干部中“富裕就是资本主义”的观念，“怕富”“难富”等思想禁锢还普遍存在。针对这个问题，从 1980 年下半年开始，县委在多次会议上反复论富，要求各级干部要着眼于使人民群众过上好日子，能够富裕起来；对任何一项改革、一项措施，只要能使群众富裕起来，有利于发展生产，有利于国家繁荣富强，有利于改善群众生活，就坚决地推进，初步改变了基层干部队伍的思想面貌。

思想的解放归根到底要落实到制度中。在中央决定改革农村政权体制后，在规范化设计和干部“四化”标准的指引下，顺德在 1984—1986 年全面完成全县农村 350 多个党支（总）部的换届改选。这次换届把坚持改革开放、具备一定经济知识、开拓创新和

① 顺德区委党史研究室，《中国共产党顺德历史第三卷（1979—2002）》（征求意见稿）。

作风正派四个标准作为干部考察的重点。换届过后，顺德实施农村基层干部岗位责任制，其中村干部的核心职责就是指导农民发展生产，带动群众勤劳致富，共同富裕，搞好各种行政事务，办好乡村的公共福利事业，抓好集体的经济管理，搞好合同、土地、财务、劳务管理等。这就意味着，以改革和致富能力为导向的干部标准在顺德初步建立起来了。

在村民自治中贯彻党的领导

经过十多年的改革，顺德农村的社会经济面貌发生了历史性变化。1993 年 8 月，中共顺德市委、市政府出台《关于深化农村改革的决定》，至 1994 年底，全市将原来 2 272 个村委会改建为 318 个村委会。①“两委”就此成为农村治理的核心要件，这对党的领导提出了全新的课题。

在村委会组建初期，顺德主要通过基层党组织建设带动各项工作开展。1994 年 11 月 15 日，时任中共中央政治局常委胡锦涛到顺德考察，希望顺德继续抓住党的基层组织建设这个关键，把各项工作带动起来。当年，顺德市委发出《关于进一步加强基层党组织建设的意见》，对于农村基层党组织，要求领导班子按期改选，农村管理区坚持实行书记和行政领导一人兼任，进一步发挥党组织的政治核心作用。随后几年，顺德一边根据农村改革的实际情况对基层党委进行数量和管理区域的调整，一边比较顺利地完成了农村和社区党支部换届，将一大批坚持党的基本路线、德才兼备、年富力

① 顺德区委党史研究室，《中国共产党顺德历史第三卷（1979—2002）》（征求意见稿）。

强的人选入支部领导班子，增强了各级党组织的凝聚力和战斗力。

进入21世纪，村民自治制度深度推进，要求基层党组织积极转变职能，探索出基层党组织对基层自治组织有效领导的现实路径。

根据现实情况，顺德把交叉任职作为实现党在基层有效领导的主要手段。2001年以来，历次村（社区）“两委”换届，基层党支部成员在村（居）委会等自治组织中交叉任职都成为党组织开展工作的重点。据统计，2001年的换届中，顺德全市共75名村党支部书记当选为村委主任；2005年换届后，这个数字上升为129人，村党支部书记当选为村委主任的比例达73.1%。①

交叉任职要求选拔出大批群众认可的基层带头人。为此，顺德加大了从本村（社区）现任党支委和优秀的村（居）委会成员、股份合作社理事、村（社区）工作人员、民营企业家、致富能手、退伍军人、大学生“村官”、外出务工人员的党员中选拔村（社区）党支部书记的力度。在后备干部培育上，重点推进“种苗工程”，实施“三个培养”计划，加大村（社区）党支部书记后备人才培养的力度，致力于把青年致富能手培养成党员，把党员致富能手培养成村（社区）干部，把优秀干部培养成村（社区）党支部书记。

交叉任职是手段，干部素质才是决定基层组织战斗力的关键。新世纪以来，顺德多次运用干部交流制度加强基层优秀干部供给。对于那些在本村（社区）暂时没有合适人选担任“两委”成员的，从镇（街道）机关党员干部中选派，并探索村（社区）党支部书记跨村任职。2005—2006年，顺德区委先后组织412名干部派驻农

① 顺德区委党史研究室，《中国共产党顺德历史第三卷（1979—2002）》（征求意见稿）。

村担任村党支部副书记，全区农村基层组织普遍开展“三级［区、镇（街道）、村（社区）］联创”活动。2011年，顺德又把青年后备干部选拔到农村党支部和村委会的领导班子中，使村镇35岁以下干部占比达71.6%，农村干部队伍素质有了根本性的提高。①

精准整顿，重塑“带头人”威信

历次农村改革推动了顺德改革发展，却也积累下沉重的历史包袱。在2010年后，顺德曾经行之有效的村党支部委员和村委会交叉任职、书记和主任“一肩挑”的做法受到了严峻的挑战。随着宅基地固化、提留地指标争议、征地遗留、外嫁女权益、历史资产追收、村改居和合并村等一系列问题的集中爆发，“两委”换届变成了顺德基层治理中的一大难题，“两委”一把手交叉任职比例曾下降到60%左右。新一轮基层大治理呼唤基层党组织和农村带头人有新气象、新作为。

打铁还需自身硬，顺德笃定“把基层党组织建设成为基层治理的坚强领导核心”的目标，并将其作为实现基层大治理的前提，提出了精准整顿软弱涣散党组织的课题。

2012年，顺德首推“五个精准”，目前已经发展到“六个精准”：一是精准认定，镇（街道）分别对各村（社区）进行全面排查，研究确定整顿对象；二是精准分析，查找突出问题；三是精准派驻，区、镇（街道）领导、“第一书记”和机关干部充实到整顿工作组中，发挥中坚力量；四是精准整治，针对不同党组织的突出

① 顺德区委党史研究室，《中国共产党顺德历史第三卷（1979—2002）》（征求意见稿）。

问题，或充实班子，或定期培训，积极推动党群组织制度建设；五是开展精准帮扶，区直机关支部与村（社区）党组织结对，机关党员到村（社区）报到；六是精准培训。2015 年，全省整顿软弱涣散党组织现场会在顺德召开，顺德经验获得省级层面的认可。

“精准整顿”的重要目的，在于重建基层党组织和带头人在群众心目中的可信形象。经过几年努力，2017 年顺德村（社区）换届，顺德村党支部委员和村委会交叉任职比例重新上升到 68%，高于此前换届 5% 以上。[①] 尤其是经过“精准整顿”的 47 个软弱涣散村（社区），一次选举顺利完成的达到 24 个，书记主任实现“一肩挑”的有 23 个，12 个重点村（社区）还实现“两委”交叉任职率达到 100% 的历史性突破。

这种反转的背后，是顺德“两委”换届方面的新经验。

首先是加强培训，教授社会工作方法，增强党支部服务能力和服务意识。

其次是在支部委员中普遍推行家访制度，要求各镇（街道）将党支委走访党员群众活动制度化，明确党支委每年走访党员群众不少于 100 户，做到困难户必访，党员必访，村民代表和小组长必访，村内有影响力的“能人”必访，争取民心和选票等。

最后是坚持一村一策。区镇两级提前对村（社区）影响换届工作存在的问题和矛盾进行分析。尤其在 2017 年的换届中，精准排查出 26 个换届重难点村，安排区镇领导干部包村挂点，一村一策推进重点村换届。

---

① 陈健鹏，《顺德农村党建从“管理”到“服务”》，载于《南方》杂志，2017 年第 23 期。

推动精准整顿，最终要求实现党组织架构的完善和党组织管理的规范化，推动“由乱而治”。曾经 8 年未召开过班子联席会议，村民先后 8 次越级上访的顺德龙江镇仙塘村，经过精准整顿，逐步形成“党委 + 党支部 + 党小组 + 党员中心户”的组织架构，将党组织纵向延伸到村民小组，每个支部书记由党员村民小组长兼任，从而增强了村党委的统筹力和影响力。此外，村党委还力推重大事项“三会”表决制，将党组织意图化为群众的自觉行动。经过三年的精准整顿，仙塘村村民对村党组织的满意率升至 95% 以上。[①]

设立负面清单，科学考核党员干部

有人民群众口碑的干部，才是有素质的好干部。在基层领导干部的选拔任用上，顺德从改革初期起就广泛采用民主办法，而后来采用的聘任制和民主选举等多种方式，实质上就把基层群众的口碑变成选拔考察基层干部的重要标准。

随着基层治理形势的变化，科学化的基层干部评价体系也提上日程。十八大以来，顺德以试点对干部和党员实行积分管理为主要形式，进一步提升干部队伍管理的科学化水平。

在龙江镇，试点推行了村（社区）党组织“千分制”负面清单考核。一方面，“千分制”考核继承和发扬了民主评议等有效形式，由“两委”成员向村（社区）全体党员或党员及群众代表等进行述职，代表们通过一人一票的形式对“两委”成员一年的工作成绩及

① 陈健鹏，《顺德农村党建从“管理”到“服务”》，载于《南方》杂志，2017 年第 23 期。

个人表现进行评议，并统计为定量分值，按照一定等级赋分折算为200分。

另一方面，“千分制”新引入了负面清单考评。对上级党委政府对村（社区）在工作规范和纪律、要求完成的重点工作任务、保持社会稳定和保障人民群众生命财产安全等工作责任红线等特定领域，分别列出负面清单，进行考核排名，倒逼工作完成。负面清单设置800分为基础分，按照各负面清单内容实行累计重复扣分，并对考察内容进行动态调整。

总体来说，“千分制”负面清单考核将过去单纯的定性考核转化为定量考核，提高了干部队伍建设的科学化水平。通过事前列定负面清单，实现了考核评价的标准化，在评分管理上又体现出现代人事管理精细化的趋势。

面向新时代农村基层党建的新要求，2018年6月，广东省委出台《广东省加强党的基层组织建设三年行动计划（2018—2020年）》，要求基层党建与基层治理结合更加紧密，党支部建设更加规范，党组织书记队伍建设更加系统，对顺德农村中的党员干部“头雁”们提出了更高的要求。

根据省委要求实施的“头雁工程”，顺德在2018年前6个月已经先后开展了三期“头雁”培训班。在培养农村“头雁”方面，顺德除通过实施“党员人才回乡计划”，选优配强党组织书记外，还强调用人选任上突出政治引领，突出民众公信力。

固本强基：确保普通党员走在时代前列

通过从基层党支部到党小组、党员层层发动，率先模范贯彻党的路线、方针、政策，是中国独特的社会动员方式，也是中国共产党领导下中国特色社会主义的突出制度优势。研究党引领改革发展的方法和模式，不可不提各级党组织在保持党员先进性、纯洁性，发动党员在经济社会各领域发挥先锋模范作用的方式和手段。

改革开放以来，顺德坚持按照改革需要，把提升党员质量作为充分发挥党在各条战线中的引领作用的重要抓手：坚持优化党员吸收，高标准吸收、培育、管理党员，把35岁以下、高中以上文化程度青年定位为重点发展对象；坚持强化党员管理，通过做实党建阵地，开展多样化、重实效的党员教育，实行积分管理等科学手段，源源不断地在各个领域中培育优秀党员。

与时俱进，吸收优秀分子入党

1980年，中共顺德县第四次代表大会在县城大良镇召开。大会召开前夕统计，全县当时共有28 318名党员，这是顺德改革开放之初的全部党员“家底”。根据改革初期需要，顺德在这一时段主要注意了消除“左”的错误思想影响，在吸收党员时，积极大量吸收优秀知识分子，坚持正确看待知识分子的家庭出身、个人历史、社会关系和个人特点等问题，改变政审中的一些过时和错误的做法，着重看本人的基本政治态度和表现，把符合党员条件的尽快吸收到党内来。在这样的思路指导下，顺德党员发展一直沿着平稳的轨道发展，1987年党员达到31 134名。[①]

世纪之交，顺德对党员的要求进一步提高。这一时期，发展

① 顺德区委党史研究室，《中国共产党顺德历史第三卷（1979—2002）》（征求意见稿）。

党员重点对象确定为35岁以下、高中以上文化程度的优秀青年。2000年到2007年，顺德新发展党员中，35岁以下、高中以上文化程度所占的比例分别都达到80%以上和90%以上。[①] 2006年，区第十一次党代会召开前夕，顺德党员已经发展到56 000多名，党员队伍结构明显改善。

在这一时期，顺德在总体发展原则不动摇的基础上，在不同领域中确定了不同的发展重点，实现了有所区别，精细化发展。如在机关、事业单位发展的新党员，更注重学历和知识水平，还要求把发展党员与培养后备干部工作结合起来，坚持和完善推荐优秀团员作为党的发展对象制度，要求发展新党员中团员“推优”比例要达到30%以上。

在农村，则重点注意在优秀的村（社区）委会成员、村（社区）民小组长、村（社区）民代表、退伍军人、青年妇女及在各种专业户、示范户等技术、致富能手中发展党员。在企业中，始终注意在生产、工作第一线中发展党员。

党的十六大以后，顺德更加注重新发展党员在增强党的阶级基础、扩大党的群众基础方面的作用。在农村，除原有群体外，把发展重点转移到在基层有影响力、有号召力、拥护党的方针政策、支持村（居）工作的各阶层人士上；在企业，尤其是针对非公企业，提出积极把符合党员标准的优秀员工、中层以上业务技术骨干、工会、共青团干部以及各类协会、商会中的先进分子吸纳到党组织中来。2010年以后，又加强了在“两新”组织中发展党员的力度，把当中优秀的企业家、专业人才、业务骨干、活跃

① 顺德区委党史研究室，《中国共产党顺德历史第三卷（1979—2002）》（征求意见稿）。

分子吸收入党。

随着中国特色社会主义进入新时代，顺德认真贯彻党的十九大关于党员队伍建设的新部署、新要求，坚持把政治标准放在首位，切实做好党员发展工作规划。在实践中，主要是严守“成熟一个发展一个”的原则，对于党建基础扎实、组织生活制度健全、入党申请人数多、素质高的党组织加大发展力度；对于党员队伍凝聚力、战斗力不强的党组织，要在强化班子建设和队伍建设的基础上分期分批进行，确保发展党员的质量。

常态化教育武装党员头脑

党员教育，是党员组织生活的“必修课”，同时也是进行党员管理、武装党员头脑的重要方式。顺德具有深厚的党员教育传统。数据显示，20 世纪 80 年代初，县委进行党的宗旨、党的纪律和法纪基本知识的教育，参加学习党员比例达到 85% 以上，成为当时促使党风得到根本好转的有效形式。①

阵地建设是党员教育的基础。早在 1988 年，顺德在全省率先推行党员电化教育，逐步恢复和建立了党员教育基地。县委专门拨出 30 万元购置电化设备，成立了党员电化教育中心，各镇委恢复和建立各自党校，每年党员轮训率达 96% 以上。②

近年来，顺德着力打造“105 党员教育走廊”。教育走廊依托顺德南北交通大动脉 105 国道，整合沿线党建、产业和人文资源，

① 顺德区委党史研究室，《中国共产党顺德历史第三卷（1979—2002）》（征求意见稿）。
② 同上。

完善北滘黄龙村、西海革命烈士陵园、顺德革命烈士纪念碑、三洲抗日烈士纪念碑、海信科龙党员教育基地等13个党员教育资源整合串联，提升党员教育基地的利用效率。依托党员教育走廊，采取“课堂＋基地”“学习＋体验”模式，积极组织党员、预备党员和入党积极分子到党员教育基地参观学习，将党性教育融入日常，确保学习教育常态实效。

2017年以来，顺德又整合分散于各处的教育资源，用大巴串联起来，在大巴上进行党的教育。目前，“大巴党校”已经开设了“大巴上的德情教育”“村居里的实地体验”“教室中的本土党课”三个内容，精心选取60个参观考察点，形成“党建与基层治理”“集体经济发展”“文明村居建设”三个类别的12条不同参观考察线路。到2017年底，顺德“大巴党校·德情教育”活动已累计开展54期，组织42个村（社区）5 000多名党员群众到20个村（社区）、6家企业学习交流。[①]

黄龙书院则是顺德深入开展党员教育的最新实践。黄龙书院虽然取名“书院”，但教学内容却并不限于传统文化，而是把学习感受革命文化和社会主义先进文化、感悟中华民族精神和改革开放精神结合起来。区别于一般意义上的地方党校主要轮训领导干部的做法，黄龙书院侧重基层一线党员的学习教育，把最基层的群众骨干、群团骨干也纳入培训范围，顺德基层一线的全部共产党员均是学习主体。在教学培训上，书院始终把政治教育和理想信念教育摆在首位，并把课程的现实意义及对工作的实践指导作用放在重要地

---

① 张亮，《“大巴党校”邀党员群众一起“上车”》，载于《南方》杂志，2017年第23期。

位。比如重温习近平总书记七年知青岁月，让基层党员提高身份认同，树立以人民为中心的发展思想；讲述顺德改革开放的历史，强化顺德党员把“敢为天下先”的精气神融入农村工作，推动新一轮的乡村振兴发展。这所新型书院，已经成为顺德加强党员教育、创新党的建设的新名片。

量化积分，让组织生活“动”起来

党的力量来自组织，党的全面领导、党的全部工作要靠党的坚强组织体系去实现。在流动党员数量与日俱增、党员社会活动越发频密的背景下，让党员围绕组织生活，按质按量地“动”起来，显然并非易事。在顺德，一种以积分制为核心的考核，成了推动组织生活正常化的有力武器。

陈村镇庄头村，这里常住人口约 4 200 人，流动人口就达到 2 500 人。其中庄头村 45 岁以下中青年党员占 63%，在企业工作的党员超过 50%。曾经，庄头村在 2005 年由于征地问题引发了社会动荡。此后，当地探索试行了一种“分层积分量化考核”办法，根据年龄、职务和工作特点等要素，为每名党员设定不同基础分值，通过量化积分，记录党员每一次参加组织生活、缴纳党费、参与社区服务、参与联系群众的情况，然后用积分对每一位党员进行综合分析、客观评价。

在工作特点上，村公共服务中心的党员有较多参与各类活动的机会，其基础分就相对较低，以增强其参与更多活动的积极性。在年龄上，注重教育和培养青年党员，为对刚毕业的学生和刚加入党组织的党员加强思想教育，基础分值设置较低，以调动青年党员参与组织生活的积极性。45 岁以上的党员要承担较多的社会责任和家庭事务，参与各类活动的难度和时间成本较大，则基础分设置较高。

量化积分运用的重要条件是能够适应现实的灵活性。在这方面，庄头村对每次参与支部学习、活动、会议以及提出建议意见等设定具体加减分值进行了灵活处理。镇提供 22 项加分、15 项扣分参考标准，村（社区）根据每次会议和活动的重要程度，结合实际，灵活制定加减分量化标准，对连续 3 个月不参加组织生活的一次性扣 10 分，提升了积分的实用性和实操性。

量化积分得以实现硬约束的关键条件，是建设有效的积分公示结果制度。村委一般每季度通过党务公告栏、微信平台等渠道，对全体党员的积分情况进行公示，并对高分（低分）的党员进行表扬（督促），作为创先争优的直接依据，形成良性竞争的局面。党委通过核算每一位党员的全年累计积分，结合民主评议，对党员开展党员定性分析，年终积分 90 分以上可优先评为优秀等次，推荐参与优秀党员评比表彰和村（社区）后备干部选拔。如该村一名党员就凭借积分较高的优势，经村党委推荐，参与镇的公开选拔，成为镇的党建指导员。而年终积分 49 分（含）以下评为不合格等次，由支部书记诫勉谈话，整改期内仍无改善的，依据党章处理。仅 2017 年以来，该村就累计约谈党员 9 人，其中组织关系迁走党员 2 人，劝退不及格党员 3 人，除名 2 人。[①]

在现代科技条件下，党员参与组织活动的方式也实现了多样化。以黄龙村为试点，顺德从 2017 年开始试运行基层党建 App（应用程序）平台。App 内集成了党建资讯、发展党员、党员学习、志

① 陈村镇庄头村党委，《以积分管理为抓手加强党员队伍管理》。

愿活动、生活服务等常规栏目，成为党员参与基层党组织生活的重要平台。“有了这个App，党员在手机上就能获取资讯、学习重要讲话精神，还能报名参加志愿活动。”[①]“互联网+党建”，在黄龙村成功搭建起全村187名党员“指尖上的党建阵地”，拓展了党建活动开展的范围与形式，成为让党员在组织生活中“动”起来的又一生动写照。

“党群先锋队”创新服务群众

从历史经验来看，在经济发达的顺德，只要高度重视，把党建工作抓起来，把基层组织建设好，是水到渠成的事情。但是，要真正实现党群心连心，党员和群众水乳交融，必须思考把党的领导有效转化为群众自觉行动的有效手段。

党群工作的基础是同群众建立紧密联系。2011年开始，顺德试点党代表工作室制度，以工作室为平台，建立起党员群众意见建议“直通车”。仅2014年上半年，就收集群众意见建议15 800多条，为群众解决问题14 600多件。

在基层开展工作，关键是有效回应民众诉求。这就要求党员必须在重要关头、重大项目中顶到一线，冲在前面。以党的群众路线教育实践活动为契机，顺德区以乐从镇为试点设立党群先锋队，形成了一种以党组织和党员先锋模范作用带动基层群众工作的新模式。

---

① 严俊伟，《黄龙村：“四驾马车”带动党建发展》，载于《深圳特区报》，2017年9月23日。

顺德的党群先锋队，是由一群优秀党员及群众中的先进分子共同组成的工作队伍。党群先锋队以村（社区）为单位，由村级党组织书记任队长，在党员队伍中选取党性意识强、有活力的党员，以及群众中经过培养考察、政治表现优秀的先进分子。先锋队尤其注重吸纳村民代表、小组长、股份社股东代表、行业协会负责人、私营企业主、优秀异地务工人员，形成广泛的代表性。

在最初试点的乐从镇，党群先锋队在征地工作等问题中发挥重要作用，队员带头凸显党员模范作用，带头投票表决支持，该镇三乐路以北征地方案最终以 90.54% 同意率通过，令人津津乐道，先锋队成了化解矛盾的润滑剂。[①]

如今，党群先锋队已在多个镇（街道）广泛铺开。在黄龙村，126 人的党群先锋队成为“两委”换届选举等重大事项中收集群众意见、提高群众参政积极性的先锋；[②]在杏坛镇，党群先锋队在大量先进分子以身作则的带动下，成了对上配合党委政府工作，对下联络党员群众的纽带。

习近平总书记指出，加强党的基层组织建设，关键是从严抓好落实。基层党组织组织能力强不强，抓重大任务落实是试金石，也是磨刀石。党群先锋队的意义在于把受群众信任的先进分子和让群众满意的工作目标紧密结合在一起，把发挥党员先进作用和落实党的中心工作结合在一起，既为党员发挥先锋作用搭建了平台，又增强了群众工作队伍的代表性，创新了做群众工作的方式和方法。

---

① 张亮，《党群先锋队破解基层角力困局》，载于《南方》杂志，2017 年第 23 期。

② 陈健鹏，《“希望总书记回来看看这里的变化”》，载于《南方》杂志，2017 年第 23 期。

第二章 — 综合改革

改革，被誉为顺德的根与魂，是顺德40年来最具特色、最为知名的一个符号。顺德的实践表明，改革作为第一动力，是推动经济社会发展成本最低、动力最足、效果最好、作用最持久的办法。因此，改革也是理解顺德发展经验的一把关键钥匙。

20世纪80年代以来，中国的经济体制从计划经济迅速转向市场经济，中国领导人一方面为提升国家机构的有效性，另一方面为建立一个不仅支持而且刺激市场增长的制度付出了巨大努力。[①] 制度的变革主要涉及党政关系和行政体制，本质上都是通过对公权力的边界和运行机制的重新界定，更好地服务于社会主义市场经济的发展。

作为县区一级，顺德的改革始终是从实际出发，以回应不同阶段的经济社会发展需求。顺德先后开展了两轮综合改革，核心都是转变政府职能，建设有效政府，构建与中国特色社会主义市场经济相适应的行政管理体制，形成具有更高效率的政府服务体系，更好

---

① 郑永年，《全球化与中国国家转型》，郁建兴、何子英译，浙江人民出版社，2009年，第88—89页。

地服务地方发展。

40 年来，顺德改革的最大特点是综合性和连续性。顺德改革历来不是单兵推进，而是置于综合改革框架内来开展，各方协同联动，强化改革成果。譬如，1992 年的综合改革，以企业产权制度改革为核心，配套推进党政机构改革、农村体制改革和社会保障体系改革等。2009 年的综合改革，以科学发展观为核心，联动推出大部制改革、行政审批制度改革、农村综合改革（基层治理体制改革）、社会体制综合改革等多项改革。这些改革形成的合力，远非单一推进的改革所能达到。

地处改革开放前沿地带，顺德率先发展，其面临的各种挑战与问题，其他县级地区也正在或迟早要遇到。因此，顺德通过综合改革，破解上述突出问题，探索创新促进经济社会科学发展的理论架构、政策体系、体制机制和运行模式，对其他县级地区实现高质量发展具有重要的示范意义。

四次试点，改革开放先行一步

改革开放以来，党和国家持续推进体制改革，取得了显著的成效。在中央层面的改革推动下，地方的体制改革也如火如荼地进行着，并且形成了不同的改革模式。在各种模式之中，顺德的改革因为力度大、时间长而备受瞩目。

1992 年：以企业产权制度为核心的综合改革

1992 年邓小平南方谈话之后，中共十四大正式提出市场经济概念，并将之确立为中国经济改革的目标。在此背景下，新一轮的行政机构改组浪潮开始发动，试图通过调整国家行政机构体系来满足市场经济的要求。

1993 年 3 月，党的十四届二中全会审议通过《关于党政机构改革的方案》。当年的国务院机构改革方案是本着转变职能、理顺关系、精兵简政、提高效率的原则制定的，重点是加强宏观调控和监督部门，强化社会管理职能部门，一部分专业经济部门转变为行业管理机构或经济实体。①

早在 20 世纪 80 年代，顺德就已实现了从农业经济到工业经济的跨越，成为广东“四小虎”之一。为了进一步推动市场经济快速发展，顺德主动向省里提出进行包括党政机构改革、产权改革、社会保障制度改革在内的“综合改革试验”。1992 年 2 月 24—27 日，中共广东省委召开工作会议，传达贯彻邓小平视察广东时的重要谈话精神，着重研究如何进一步扩大开放，加快经济发展步伐问题。省委主要领导在这次会议上提出，如果（顺德）这个不是特区的内陆县，经过若干年的实践探索，能够在建设有中国特色的社会主义以及赶上“四小龙”方面成为我省的样板，那对全省有极大的指导和推动作用。正是在这次会议上，省委决定把顺德县作为全省综合改革的试点。1992 年 3 月，国务院批准顺德撤县建市，赋予顺德更大的自主权。

从中央层面来看，1992 年的行政体制改革并未达到预期的目标，然而对顺德来说，1992 年的改革却是最为彻底的一次。当时的综

① 《1993 年政府工作报告》，中国政府网，http://www.gov.cn/test/2006-02/16/content_200926.htm。

合改革首先从政府机构改革开始，以政府职能转变为中心，健全新的宏观调控体系，为后续企业产权制度改革奠定了基础。

首先，顺德按“不分党委或政府部门，一律按工作性质、职能考虑撤并”的方针精兵简政，将党政机构数量由 56 个缩减为 28 个。同时，按照市委市政府领导统一分工的原则建立了“一个决策中心、五位一体”的党政领导体制，承担全市工作的决策中心的职能。从全国的改革经验来看，顺德这一做法是非常超前的。

其次，顺德根据中共十四届三中全会通过的《中共中央关于建立社会主义市场经济体制若干问题的决定》，正式出台《关于转换机制，发展混合型经济的决定》，拉开企业产权制度改革的大幕。截至 1996 年底，市镇两级的 1 001 家国有、集体企业全部转制完毕，已转制的企业中，政府独资、控股、参股的企业有 163 家，企业全体劳动者或大多数员工持股的企业 566 家，企业经营者持股和拍卖兼并的企业 272 家。至此，顺德以公有制为主体的混合型经济格局初步形成，真正实行政企分离，政企脱钩，从根本上解决了计划经济所带来的弊端。

最后，为确保企业产权改革的顺利进行，顺德建立了与社会主义市场经济相适应的社会保障体系，颁布了《顺德市社会养老保险暂行规定》和《顺德市社会统筹住院医疗保险暂行规定》，成立了市社会保险事业局，对全市职工退休和医疗保险实行政策、管理、待遇、调剂“四统一”。对转制后的企业，创立“社会共济与个人专户储蓄相结合”的社会养老保险模式，强化社会服务功能，以减轻企业和劳动者负担，提高企业竞争力和企业经济效益，从而确保企业产权改革不会引起大的社会动荡。

1999年：率先基本实现现代化试点

1999年3月7日，时任中共中央总书记江泽民在第九届全国人大二次会议广东团全体会议发表讲话，要求广东率先基本实现现代化。在广东省委、省政府召开的特区、珠江三角洲深化改革开放座谈会上，时任广东省委书记李长春提出，要以率先基本实现现代化统揽工作全局。

从改革开放先行一步到基本实现现代化先行一步，是广东的一次重大历史转折。早在1998年3月，中共顺德市第九次代表大会就提出一个宏大目标，"在2010年前基本实现现代化"。这比1987年10月党的十三大"三步走"战略中提出"到新中国成立一百年时，基本实现现代化，把我国建成社会主义现代化国家"的目标整整提前了40年。当中央提出要广东率先基本实现现代化之后，广东省委考虑以"珠江三角洲加汕头"为重点，在珠江三角洲选择一个县级市先搞试点，顺德再次引起省委的关注。

1999年1月，李长春一行到顺德考察，要求顺德有国际眼光，加快产业国际化、现代化进程。是年3月24日，他又对顺德呈送的一份报告批示："可否确定顺德为率先实现现代化试点市，赋予一定的权限使其加快发展，在两个文明建设上走在全省乃至全国前列。"随后，时任广东省委常委、常务副省长的王岐山率省体改委等部门，就试点市问题到顺德进行深入调查研究。

1999年7月，经过省委研究，正式决定在顺德开展率先基本实现现代化试点。7月27日，省委、省政府批转省体改委《关于确定顺德市为率先基本实现现代化试点市的意见》。同时，省委、省政府赋予顺德必要的改革试验权和社会经济等方面的管理权限：允许顺德根据“三个有利于”标准，从率先基本实现现代化的需要和本市实际出发，大胆进行体制创新的探索和实验，加快社会主义市场经济体制的建立和完善；在维持县级建制不变的前提下，赋予顺德行使地级市的管理权限，并直接对省负责；商请中央驻粤单位特别是银行、保险、国税、邮电等单位，给予相应的支持；省委、省政府召开的有关会议及省直有关部门的各项业务活动，直接通知顺德参加；有关文件下达、信息传送，直接发给顺德市；省直有关部门要积极支持顺德试点工作，不得以任何形式和理由干预或要求其成立对口部门。

随后，顺德市委、市政府参考有关先进国家现代化发展经验和教训，结合本地实际制定了相关规划，并于 9 月 1 日发出《关于加快推进基本实现现代化建设步伐的决定》，提出要着力从以下几个方面取得新突破：第一，进一步加大改革开放力度，建立统一开放、竞争有序、与国际市场接轨的经济运行机制；第二，进一步加大产业结构调整优化力度，适应较高层次的产业发展格局；第三，进一步加大城乡建设力度，营造良好的生活环境和工作环境；第四，进一步加大民主法制建设力度，建立公平、公正的法治社会；第五，进一步加大教育和人才建设力度，大力提高人的素质；第六，进一步加大领导班子建设和廉政建设力度，造就一支跨世纪的干部队伍；第七，精心组织实施现代化试点的各项工作。

经过几年的努力，这一轮试点的大部分指标都实现了，进一步加快了顺德的发展。从 2000 年开始，顺德连续 4 年位居全国百强县第一，并在 2006 年率先成为全国首个 GDP 突破千亿的县域。

2009年：开展以落实科学发展观为核心的综合改革试验

2008年9月，党中央决定，在全党分批开展深入学习实践科学发展观活动。9月27日，广东省委召开深入学习实践科学发展观活动动员大会，时任广东省委书记汪洋“点将”，把顺德列为全省深入学习实践科学发展观活动首批试点单位，并亲自挂点联系顺德，具体指导学习实践活动的开展。

在学习实践活动基础上，2009年，广东省委、省政府批复同意佛山市顺德区开展综合改革试验工作，同意在维持顺德区目前建制不变的前提下，除党委、纪检、监察、法院、检察院系统及需要全市统一协调管理的事务外，其他所有经济、社会、文化等方面的事务，赋予顺德区行使地级市管理权限。同意顺德区深化行政管理体制改革，先行先试，实行大部门体制；理顺镇（街道）财权事权，增强镇（街道）活力。

党的十七大报告明确提出“加大机构整合力度，探索实行职能有机统一的大部门体制，健全部门间协调配合机制”。2008年，十一届全国人大一次会议审议通过国务院机构改革方案，开始首轮大部制改革。

事实上，随着经济社会的发展，顺德早已发现原有行政体制的不足，尤其表现在政府机构重叠、行政职责交叉、多头管理等方面，严重削弱了政府履行职能的能力。在广东省委、省政府的支持下，顺德于2009年正式启动大部制改革，把41个党政群及部分双管部门整合为16个大部门，精简幅度接近2/3。同年11月，顺德向容桂街道下放316项管理权限，开展简政强镇事权改革试点工作。2010年7月，在总结容桂街道试点经验的基础上，全面推进全区简政强镇事权改革。到 2010 年 9 月，顺德正式把 3 197 项行政管理事权依法下移镇（街道）行使，10 个镇（街道）行使部分县级管理权限。

在大部制改革的基础上，顺德又先后推进行政审批制度改革、农村综合改革和社会体制改革，探索构建“小政府、大社会”的格局。

顺德的三大改革是综合性的系统工程，相互关联，相互配合。其中，社会体制改革是核心，联动推进各项改革；农村综合改革是基础，重点解决基层问题和历史欠账，巩固社会管理的根基；行政审批制度改革是关键，通过转变政府职能，明晰政府定位，加大向社会放权的力度，重构政府运作模式。

通过改革，顺德实现经济的飞速发展，连续多年位居全国科学发展百强区榜首。到 2014 年，顺德的高新技术产品产值占规模以上工业总产值比重提升至 60%，服务业增加值占 GDP 比重达 45%，新增高新技术企业 22 家、工程中心 30 家、博士后工作站 5 家，逐渐实现从“顺德制造”向“顺德创造”的转变。

2018 年：率先建设广东省高质量发展体制机制改革创新实验区

2017 年 10 月，党的十九大胜利召开，宣告中国特色社会主义进入新时代。2018 年 3 月 7 日，习近平总书记参加十三届全国人大一次会议广东代表团审议，对广东提出“四个走在全国前列”的重要指示，其中第一点就是要在构建推动经济高质量发展体制机制上走在全国前列。3 月 24 日，广东省委书记李希到佛山调研时，勉励佛山在落实“四个走在全国前列”的重要指示上走在全省 19 个地级市最前列。佛山市委也对顺德提出了要在改革开放和“四个走在全国前列”上领跑的要求。

在这一背景下，2018 年 8 月 31 日，十二届广东省委全面深化改革领导小组第七次会议审议了佛山市顺德区关于率先建设广东省高质量发展体制机制改革创新实验区的有关事项。9 月 19 日，广东省委全面深化改革领导小组正式批复同意佛山市顺德区率先建设广东省高质量发展体制机制改革创新实验区。批复指出，顺德要进一步解放思想，紧密结合实际，以高质量发展体制机制改革创新实验区为契机，勇于突破，大胆试、大胆闯、自主改，着力解决高质量发展和建设现代化经济体系的突出问题，以更大的作为开创工作新局面，奋力在构建推动经济高质量发展的体制机制上走在前列，以“顺德样板”“顺德示范”为全省高质量发展提供经验借鉴。

批复要求，顺德要围绕高质量发展，聚焦村级工业园改造，把经济发展的着力点放在以先进制造业为主体的实体经济上，对标国际最优最好最先进，全面深化改革、扩大开放，加快政府职能转变和体制机制创新，在用地审批、空间规划、项目报建等方面先行探索，进一步优化创新环境和营商环境，加快形成推动经济高质量发展的制度框架和政策体系，率先在建设现代化经济体系上取得攻坚突破。

2019 年 2 月 18 日，广东省委深改委正式批复顺德率先建设高质量发展体制机制改革创新实验区实施方案。第二天，顺德召开十三届四次党代会，部署实验区建设工作，动员全区上下奋力闯出一条高质量发展的顺德之路。

实施方案明确提出：实验区建设要围绕实现高质量发展，着力造环境、造空间，大力推动制造智能化、创新全球化、发展绿色化，以村级工业园改造整治提升为突破口，大力推动工业 4.0 发展，加快构建现代化产业体系和全面开放新格局，力争实现三大目标，形成五种模式，到 2022 年形成“顺德样板”“顺德示范”，为全省高质量发展提供经验借鉴。

其中，三大目标包括：一是为构建现代化产业体系和生态文明建设腾出空间；二是以创新为第一动力推动产业优化升级，加快工业 4.0 发展；三是建立高质量发展的制度框架和政策体系。五种模式包括：“政府引领、市场主导、拆建并举、专业运营”的村级工业园改造整治提升模式；“企业家 + 科学家 + 现代产业园”的科技创新成果转化应用模式；“科技、设计、金融、产业深度融合”的制造业优化升级发展模式；“国际化、法治化、便利化”的营商环境优化模式；经济建设与生态文明建设同步推进的绿色发展模式。

方案同时明确了 6 个方面 26 条重点任务，包括坚决打赢村级工业园改造整治提升攻坚战，为高质量发展腾出空间；加快提升创新能力，为高质量发展注入不竭动力；大力推动以智能制造为特色的工业 4.0 发展模式，为高质量发展提供根本支撑；构建全面开放新格局，为高质量发展集聚优质资源；全面提升行政效能，为高质量发展创造国际化、法治化、便利化的营商环境；全力抓好生态文明建设，推进城乡融合发展，为高质量发展营造协调永续的优良环境。

方案要求，省、市有关部门要按照能放尽放、应放尽放的要求，及时向实验区委托、下放相应的省和市级经济社会管理权限。包括用地审批、空间规划、项目报建、快查快处机制等在内的 18 个对实验区建设比较迫切的事项获得省级支持。

大会强调，省委赋予顺德率先建设广东省高质量发展体制机制改革创新实验区的重要历史使命，这是顺德千载难逢的重大机遇，也是沉甸甸的政治责任。顺德要以再市场化改革为引领，扭住建设粤港澳大湾区这个“纲”，攻坚村级工业园改造，聚焦制造业高质量发展；将高质量发展体制机制改革创新实验区，建设成为大湾区体制机制改革创新新高地、智能制造新高地、科技创新转化应用新高地、对外开放合作新高地、品质生活新高地，奋力闯出一条高质量发展的顺德之路。

2019 年 4 月 28 日，广东省委书记李希到佛山市调研，来到顺德南入口新兴产业园升级改造项目施工现场，听取村工业园改造升级及园区规划、招商引资等工作汇报。他指出，村级工业园改造升级事关高质量发展大局，是顺德转型升级发展大势所趋，必须坚定不移推向深入，建设好顺德高质量发展综合示范区。

从率先建设广东省高质量体制机制改革创新实验区，到建设好顺德高质量发展综合示范区，这是省委对顺德提出的更高发展要求。顺德不仅要以更大的力度推进村级工业园改造；同时还要加快推动教育、卫生等民生事业高质量发展，努力提升人民群众的幸福感和安全感，将高质量发展贯彻到经济社会生活的各个方面。

大部门体制：率先转变政府职能

顺德体制改革以大部制最为知名，改革起步之早，范围之广，程度之深，在全国县域是罕见的。其中，大部门体制是顺德两轮综合改革的重要内容。建立大部门体制，既是中央行政体制改革的要求，又是顺德结合自身实际的探索，不仅有效提升了政府行政效率，还有力地促进了政府职能的转变。

“政出多门香火旺”

1992 年是顺德的“行政体制改革年”，这场令当事人终生难忘的大部制改革，是一场波及和影响了中国行政体制改革的先行实验。根据当年顺德大部制改革的亲历者介绍，顺德的行政机构改革，与经济体制改革密不可分；改革的动因是“三个迫切需要”和邓小平南方谈话。所谓“三个迫切需要”，是指形势发展的迫切需要；建立社会主义市场经济体制，加速经济发展的迫切需要；密切党和政府与人民群众联系，提高办事效率的迫切需要。而邓小平同志南方谈话中表达的“发展才是硬道理”“不改革死路一条”“三个一点”（思想更解放一点、胆子更大一点、步子更快一点）等思想，给当时的顺德县委极大的鼓舞。

顺德之所以紧抓“转变政府职能”这个牛鼻子，是因为当时计划经济体制下设立的各种管理机构、各种审批制度严重影响了市场经济的发展。例如，顺德出现“七农（龙）治水”“几个部门管一条蔗、一棵树”的现象，反映了党政机构职能交叉、机构重叠的严重问题。当时的顺德，有 7 个涉农部门，分别是市委的农委、政府的农办、农办下属的农林局、水产畜牧局、绿委办、糖办、饲料办，因此“一条蔗、一棵树”都有三四个部门在管。

顺德当时有 56 个党政机构，机构下面还有 100 多个“子孙机构”，这么多“庙”，这么多“神”，企业和基层来办事，其困难程度可想而知。由于“庙”多“关卡”多，中间层次多，导致人浮于事、办事效率低的局面。当时，一个局的一件事要请示三个领导，比如教育局，既要请示分管文教的宣传部部长，又要请示主管副县长，还要请示主管常委，假如有一位领导出差，这件事就要等很长时间才能办。

当时的政府机关里“庙多菩萨多”，“政出多门香火旺”，关键是审批、管理的事项多，“烧香”的人多。要想从根本上“拆庙搬菩萨”，就得转变政府职能，提高效率，建立新型的政企关系，把政府不该管、管不好的事情交给市场去管。正是在这样的背景下，顺德开展了中国最早的大部制改革。

1992 年 1 月 29 日，邓小平来到顺德，视察了珠江冰箱厂，并发表了一系列振聋发聩的讲话，激起广东各级干部的强烈共鸣。2 月，省委、省政府就已决定，将顺德作为广东全省的综合改革实验县，要求顺德通过改革开放，在建设有中国特色社会主义、赶上亚洲“四小龙”方面，在全省先行一步。4 月 30 日，顺德市委、市人大、市政府、市政协正式挂牌。市委、市政府开始讨论组织部提出的体制改革方案。5 月 5 日开始，顺德展开了历时 10 个月的“搬神拆庙”体制改革，引起强烈的社会反响。9 月 17 日，省政府进一步明确顺德为全省的综合改革实验市。

国内最早的大部制

1992 年，顺德的大部制改革，主要目标是“建立一个适应市场经济的行政体制”，实现“为经济建设服务，为基层服务，为群众服务”。根据以下四个原则进行机构精简。

一是“同类合并”。按“不分党委或政府部门，一律按工作性质、职能考虑撤并”的方针精简机构，将党政机构数量由 56 个缩减为 28 个，其中政府部门为 23 个。撤掉了 27 个部、办、委、局；

各部门的内设机构，精简了125个；临时机构撤掉了近100个。改革前在编人员为1 235人，改革后减为897人。譬如，原外经贸委、财办、旅游局和口岸办合并为贸易发展局；原科委、技术监督局和科协合并为科技局；原侨办、侨联和政府办外事科合并为侨务外事局；原市委办与市府办合并；组织部、人事局、老干部局、直属机关党委合并，统称为组织部，对外加挂人事局的牌子。同时，为提高政府工作效率，顺德在这次改革中除几套班子办公室外，全部撤销了归口机构，市委部门统称为部，政府部门统称为局，均属同一层次机构，直接由市委市政府领导。

二是“另起炉灶”。确定转换的新职能，如撤销经委和乡镇企业局以及外经贸委、财办、口岸办等，成立主管工业经济、内外商贸一体化等的市经济贸易局。原来的市经委系统，有行政人员150人，改革后只保留了38人；农口系统的农林局、水产畜牧局等单位原有127人，改革后，有111人全部转到经济实体。

三是“保留强化”。市劳动局改为市劳动和社会保障局，充实了人员和领导力量，为以后的产权改革和全民社会保障打下基础；加强了担负社会稳定，保障良好社会治安环境重任的市公安局，各镇设立公安分局，农村管理区增设派出所。

四是“转性分离”。把一些政企不分的机构分离，将行政职能归口主管部门，原部门转成企业或事业单位，行政编制不再保留。如商业局、粮食局分别转成企业性质的商业总公司、粮油总公司等。市商业系统原有行政人员157人，改革后仅有54人。

此外，按照市委市政府领导统一分工的原则，建立了“一个决策中心、五位一体”的党政领导体制。顺德将市委书记、市人大常委会主任、市长、政协主席、纪委书记等市委常委与非市委常委的副市长参加的市委常委会议作为全市最高行政领导联席会议，承担全市工作的决策中心的职能。在行政领导上，为避免重复交叉，市委常委和正副市长间实行统一分工，每项工作确定一人主管。同时打破隶属关系，主管各项工作的常委、正副市长“一竿子插到底”，直接联系各部、局。而且改革中还明确规范各主管领导权限，权限范围内的事项主管领导可直接处理；超过权限的重大决策，则必须经联席会议讨论决定。

“一个决策中心”的体制改革，避免了领导分工的重复交叉，做到“只有一个人管几件事，没有几个人管一件事”。下级请示工作也不用分别请示不同的领导，提高了办事效率。党委不设置与政府对口的机构，工作联系密切的部门则实行合署办公，如纪委机关与监察局、组织部与人事局、市委办和市府办合并成一个办公室等。全市各方面的工作既有分工，又有合作，更有统一，确保了工作的协调和高效运转。

随着新城区的建设，顺德改变了党政机关分散办公的传统做法，在大力精简机构和人员编制的同时，引入行政成本观念，压缩机关办公成本，于2001年将党委、人大、政府、政协等市直机关全部搬到新城区，集中在一栋办公大楼内办公。实行一栋楼集中办公，不仅大大节省了土地资源，减少了固定资产和办公设施的投入，而且极大方便了基层和公众办事，为进一步降低行政运行成本创造了必要的条件。

通过转变政府职能，实行政企分开、政资分离，顺德率先建立起适应市场经济发展的企业产权制度，进一步解放和发展了生产力。

党政联动，石破天惊

1992年改革后，顺德还经历了2001年、2004年两次机构改革，改革后的党政机构数量分别为26个、28个。然而，随着时间的推移，党政机构却不断增多，出现了部门分设过细、大量职能重叠、多头管理、部门间“耍太极”和“踢皮球”的问题。

随着经济社会的快速发展，市场经济发展和民主法治建设不断向纵深推进，顺德率先发展也率先遇到经济社会的深层次矛盾和问题，特别是作为连接经济体制、社会管理体制的节点，行政管理体制上存在着政府职能转变不到位、组织架构和层级责权关系未完全理顺、管理和运行机制仍待完善等许多突出问题，与顺德经济社会的快速发展不相适应。

例如在市场监管领域，多部门交叉管理，相互掣肘，严重影响监管的效果。另外，随着市场经济的发展，市民的民主意识、契约意识、公平意识逐渐增强，但是政府管理还带有比较浓厚的计划经济色彩，政府机构设置缺乏主动权和弹性，政府在经济社会文化等事务上还存在包揽过多的现象。

破解上述影响科学发展的体制机制制约，让上层建筑适应经济社会发展的需要，是顺德深化行政管理体制改革的重要动因。正是在这样的背景之下，顺德新一轮综合改革试验在各级党委政府的高度重视下应运而生。在将顺德列为广东省开展深入学习实践科学发展观活动县（市、区）试点单位后，2009年3月，省委正式确定顺德和广州、深圳、珠海等地为深化行政管理体制改革先行先试地区。2009年9月14日，广东省机构编制委员会正式批复了顺德党政机构改革方案。9月16日，顺德召开党政机构改革动员大会，启动新一轮大部制改革。

2009 年启动的顺德大部制改革，延续了 1992 年机构改革的力度，突出党政联动的特点，被外界形容为“石破天惊”。

一是职能同类项合并和优化整合。顺德全面、系统梳理 41 个党政机构（含部分双管单位）及群团组织职能，对原来分散在各个部门中相近、相关、相同的职能，进行“碎片整理”和同类项合并，在发展规划、经济发展、市场监管、城乡建设、城市管理、社会工作等更多领域实行综合设置。

二是垂直管理部门的属地化管理。在大部门的设置过程中，顺德充分利用了省委省政府赋予的地级市管理权限和省市两级政府创造的宽松环境，打破垂直管理部门和地方管理部门的界限来优化合并部门。在上级的大力支持下，将省、市垂直管理的工商、地税、质检、食品药品监管以及公安、国土、规划、社保基金管理等部门改为属地管理，并依据职能将其整合纳入了相关大部门。

三是进一步综合设置党政机构。在 1992 年机构改革党委办和政府办、纪委机关与监察局等党政机构合署办公的基础上，进一步强化党政联动，综合设置党政机构，实现了全部 6 个党委机构均与有关政府机构合署办公。

改革后，顺德全区综合设置 16 个党政机构，包括 6 个党政合署的政务管理部门，5 个经济管理部门和 5 个社会服务部门，顺德由此成为全国部门数量最少的区县政府（见第 66 页图）。

在大部制的基础上，顺德通过决策权上移、执行权集中、监督权外移，建立起党政决策权、执行权、监督权既分工清晰又统一协调的高效运行新机制，实现决策相对集中、执行专业高效、监督有力到位。全局性重大决策由“四位一体”（党委、人大、政府、政

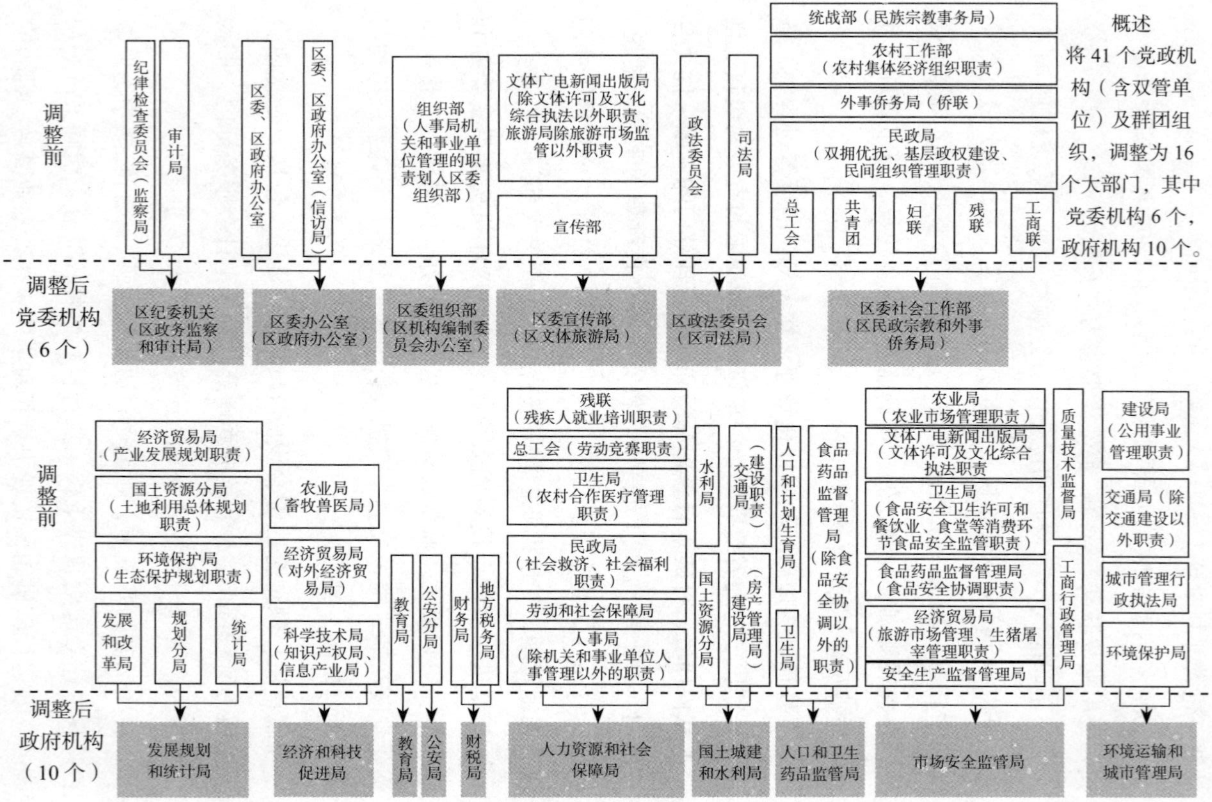

顺德区党政机构改革示意图

协）的区联席会议负责。执行由16个部门分工负责，由区领导兼任大部门首长。改变以往“同体监督”的单一模式，实行监督权外移，由纪委向各部门派驻纪检监察组或专职监察人员，强化监督实效。由纪委（政务监察和审计局）集中行使纪检、监察、审计、信访等职能，整合监督资源和力量，形成了大监督的工作格局。

这次大部制改革，通过职能同类项合并，形成了“宽职能、少机构”的大部门体系，减少了协调和扯皮，初步解决了影响服务效率的体制制约问题，行政效能得到提升。改革后，基本实现了一件事情由一个部门管，部门分工更为综合、清晰，问责也更容易，大大减少了改革前由于部门分设过细、职能交叉、多头管理而出现的推诿和扯皮，“砍掉了内耗，砍出了效率”。同时，资源有机整合，催生了化学反应，促进了业务提升。大部门体制使原来分散在各部门关联度较大的政策、资金、人力等资源得到了系统集成，提高了资源效益，强化了工作合力，促进了业务提升，实现了“1+1 ＞ 2”的效果。

在大部制的支撑下，顺德迈出了转变政府职能的新一步，沿着打造服务型政府的方向前行。这次改革不是一味地做减法，而是结合顺德发展面临的形势和突出问题，管好政府该管的事情，做好企业和市民想做却做不好的事情。按照“重心下移”的思路，顺德充实社会管理、公共服务和市场监管的部门以及部门一线工作人员力量，强化市场监管、社会管理和公共服务等原来比较薄弱的领域。同时，进一步弱化政府微观管理职能，将政府组织的内部事务管理与社会服务、市场监管等职能从机构设置上区分开来，避免政府内部组织对社会经济生活进行过多干预。

新一轮机构改革

2018 年 3 月 17 日，十三届全国人大一次会议表决通过了关于国务院机构改革方案的决定，开启了全国新一轮的机构大调整。2018 年 10 月，中央批复同意《广东省机构改革方案》；2019 年 2 月，广东省委批准《佛山市顺德区机构改革方案》，顺德区级设置党政机构 28 个，其中党委机构 8 个，政府工作部门 20 个。这一轮机构改革的特点如下：

首先，对应中央和省级机构改革，顺德区调整优化了相应的机构和职能。第一，建立健全和优化了区委对重大工作的领导体制机制，例如组建区监察委员会（不再保留区监察局），将区委全面深化改革领导小组改为区委全面深化改革委员会等。第二，加强区委职能部门的统一归口协调管理职能，例如区委组织部统一管理区委机构编制委员会办公室、统一管理公务员工作等。第三，新组建和优化机构职责，例如组建区农业农村局、区卫生健康局等。第四，部分机构不再设立，例如区社会治安综合治理委员会及其办公室、区委维护稳定工作领导小组及其办公室，有关职责交由区委政法委员会承担。

其次，顺德区部分机构与中央和省级机构基本对应或因地制宜设置。第一，有些机构与中央和省级机构基本对应，例如区委办公室对外加挂区外事局牌子。第二，有些机构则根据顺德的特点因地制宜设置，例如组建区委国家安全委员会（办公室设在区委办公室），组建区城市管理和综合执法局（不再保留区国土城建和水利局、区环境运输和城市管理局）。

最后，顺德区还统筹推进了其他各项改革。第一，深化区级人大、政协机构改革和群团组织改革，例如组建区人大社会建设委员会、区人大检查和司法委员会等。第二，深化区委区政府直属事业单位改革和承担行政职能事业单位改革，除行政执法机构外，不再保留或新设承担行政职能的事业单位。第三，深化综合行政执法改革，统筹配置行政执法职能和执法资源，切实推进市场监管、文化市场、卫生健康等领域的行政执法体制改革。第四，深入推进基层政权建设和审批服务便民化改革，推进区镇职责异构、持续开展

中共佛山市顺德区委机构设置表

- 纪律检查委员会监察委员会机关
- 办公室
- 组织部
- 宣传部
- 统一战线工作部
- 政法委员会
- 全面深化改革委员会办公室
- 全面依法治区委员会办公室（设在区司法局）
- 国家安全委员会办公室（设在办公室）
- 网络安全和信息化委员会办公室（设在宣传部）
- 外事工作委员会办公室（设在办公室）
- 军民融合发展委员会办公室（设在区发展和改革局）
- 审计委员会办公室（设在区审计局）
- 教育工作领导小组办公室（设在区教育局）
- 农村和社区工作办公室（设在区农业农村局）
- 区推进粤港澳大湾区建设领导小组办公室（设在区发展和改革局）
- 巡察工作领导小组办公室

佛山市顺德区人民政府机构设置表

- 发展和改革局
- 教育局
- 科学技术局
- 经济促进局
- 公安局
- 民政和人力资源社会保障局
- 司法局
- 财政局
- 住房城乡建设和水利局
- 交通运输局
- 农业农村局
- 卫生健康局
- 退役军人事务局
- 应急管理局
- 审计局
- 国有资产监督管理局
- 市场监督管理局
- 统计局
- 政务服务数据管理局
- 城市管理和综合执法局

顺德区党政机构改革示意图（2019 年）

"减证便民"行动等。第五，强化机构编制管理刚性约束，强化党对机构编制工作的集中统一领导。

简政强镇：激活基层活力

简政强镇事权改革是顺德综合改革的重要组成。如果说大部制改革强调的是同级党委政府部门的横向整合，那么简政强镇改革则是强调区镇之间纵向的权责重构。

改革开放以来，镇（街道）一直都是顺德经济社会发展的主战场。简政强镇是激发基层活力的重要探索，目的是让镇（街道）有权限及时破解发展中遇到的难题，就近服务好企业与市民。

顺德区简政强镇改革与大部制机构改革、行政审批制度改革等行政体制改革一起，为顺德区的发展带来了巨大的活力，也为我国的基层政府改革和创新提供了极为宝贵的经验。

"人大衫小"的困局

顺德经济发展的种子，可以说是在乡镇企业生根发芽的。改革开放以来，顺德政府一度鼓励和支持乡镇企业的发展壮大。异军突起的乡镇企业，开拓出顺德全新的发展局面。（有关乡镇企业发展的论述详见本书第三章）

进入21世纪以来，顺德的镇域发展又面临新的挑战。顺德的发展很大程度上取决于镇（街道）的率先发展，而镇（街道）的率先发展必然会率先遇到经济社会的深层次矛盾和问题，率先遇到影响科学发展的体制机制约束，率先遇到传统发展模式的瓶颈和挑战，突出表现是城市发展空间受到限制、经济发展质量有待提高、规划引领作用不明显、城乡发展不平衡等，尤其是权责利不对等，庞大的经济和人口体量、繁重的社会管理任务与街道建制之间的矛盾日益突出。因此，只有通过率先改革，建立与社会主义市场经济体制相适应的科学发展新模式，才能破解这些问题。

简政强镇改革正是在这种背景下应运而生的，本质上是顺德区下辖各镇（街道）对扩大镇级管理职权的客观要求。改革之前，顺德区 10 个镇（街道）面临“镇级的权限，县级的人口，市级的经济”局面，镇（街道）政府缺少与其经济社会发展客观需求相匹配的管理权。如容桂街道是顺德首个工业产值超千亿的镇（街道），下辖 26 个村（社区），有常住人口 50 万、企业和工商户 2 万多家；2009 年，本地生产总值突破 330 亿元，工业产值超过 1 100 亿元，工商税收 37.6 亿元，财政收入 13 亿元。尽管经济水平已经赶上或超过不少县市，但容桂仍是一个科级建制镇（街道），“责大、权小、能弱”，“人大衫小”，在管理上大多只能充当检查、建议等角色，不少事务需要区级部门下来执法，或冒着法律风险勉强为之，一些涉及多个部门的问题，也往往由于部门的职责模糊不清，镇（街道）协调起来难度大，行政成本高。简政强镇事权改革正是在这样的背景下开展起来的。

下移微观管理权

2009 年 7 月，时任广东省委书记汪洋做出批示，提出在佛山和东莞选取一个镇作为“强镇扩权”的试点。市、区、街道三级对这项工作高度重视，先后两次到绍兴市、杭州市考察“强镇扩权”

情况。容桂街道也先后召开了内设机构、双管单位、村（社区）和工商企业代表座谈会，考察有代表性的村（社区）；组织相关部门的同志赴南海区狮山镇学习政府聘员管理经验，赴香港大埔区学习社区管理、社工工作经验，赴东莞、深圳等地考察社区政务工作站运作情况，到北京大学政府管理学院等高校和科研机构征询意见。结合调研考察成果，综合各方意见，几经修改和完善，工作小组于2009年9月拟定了“强镇扩权”试点工作方案。佛山市委、顺德区委分别于9月、10月召开常委会，讨论修改试点方案，最后形成《佛山市顺德区容桂街道“强镇扩权”试点工作方案》。

同年11月，佛山市顺德区容桂街道与南海区狮山镇和东莞市塘厦镇、石龙镇一同成为全省简政强镇事权改革试点。佛山市委市政府印发《佛山市简政强镇事权改革试点指导意见》，顺德区委区政府按照省、市的工作部署，选取容桂开展简政强镇事权改革试点工作。

按照“宏观决策权上移、微观管理权下移”的原则，区级着重强化统筹协调区域发展的能力，主要负责全区经济社会发展规划、宏观政策的制定和实施，并对镇（街道）进行业务指导和监督考核，而镇级主要负责经济社会发展的微观管理和服务。正如《关于理顺区镇街道行政管理权限的意见》提出的“按照‘统分结合、依法移交、充分授权、权责统一’的原则，除需由区统一协调管理的事项外，在经济发展、城市建设、社会管理、市场监管、公共服务、民生事业等方面，依法赋予镇（街道）县级管理权限”。在维持街道目前建制不变的前提下，通过授权、委托和下伸机构等方式下放事权。2009年底，区属部门向作为试点单位的容桂街道下放了第一批316项（方面）的经济社会管理权限。

为实现便民目标，也为使下辖镇（街道）及其村（社区）能够更好地承接区级政府下放的行政管理权限，顺德着力构建区、镇、村三级一体化的行政服务体系和公共服务体系。该体系由区、镇（街道）行政服务中心和村（社区）行政服务站组成。其中，镇（街道）整合各类面向群众的服务窗口、受理项目、硬件设施、人员配备等资源，建设一站式镇（街道）行政服务中心，承载移交事权和服务事项的统一对外服务，推进政府服务前移，方便企业和市民办事。

为夯实党和政府在基层的执政基础，顺德积极稳妥推进村（社区）管理体制改革，厘清政社关系，将基层事务划分为行政事务和村（社区）事务，统筹基层行政事务的管理和经费，按照“一村（社区）一中心”或“多村（社区）一中心”的模式建立村（社区）行政服务站，将之作为镇（街道）行政服务在村（社区）的延伸机构和便民服务平台，直接受理村（社区）民的行政事务，将政府服务向村（社区）延伸；村（社区）委会则回归自治职能，按照法律法规履行居（村）民自治范围内的事项，不再直接从事行政管理工作，从而实现政府治理与基层自治的相对分离、良性互动和有效衔接。

改革后，村（社区）行政服务站人员按聘员身份由街道公共事务服务中心统一聘任，实行矩阵式管理，中心工作人员既接受村（社区）行政服务站的领导和考核，也同时接受镇（街道）有关职能部门的业务管理和考核，并接受所在村（社区）市民的评议，实现资源共享和优化组合，从而促使政府在村（社区）的所有行政服务将不再受换届选举等其他因素的影响。

试点进行半年后，2010 年 6 月，广东省印发《关于简政强镇事权改革的指导意见》，强调转变镇级职能。2010 年 7 月，《中共佛山市顺德区委、佛山市顺德区人民政府关于简政强镇事权改革的实施意见》出台，在全区下辖的 10 个镇（街道）推广简政强镇改革。①

2010 年 9 月，顺德区召开简政强镇事权改革事权调整动员大会，正式把涉及 401 项行政审批事项的 3 197 项行政管理事权划由所有镇（街道）行使。对下放的管理事项，镇（街道）采取上挂学习、下派指导的方式，加强工作人员的业务培训，确保真正提高经济和社会事务管理效率。

提升基层政府办事效率

顺德的简政强镇，突破了镇级改革单纯下放权限的传统做法，把改革的目标定位为“效率、服务、公平”，把着眼点放到转变政

---

① 简政强镇事权改革的重心是“强镇”，其目的在于改变各镇（街道）权责不统一的情况，激发镇（街道）的发展活力。在此之前，江浙一带已经进行了类似的改革。2007 年浙江省政府在《关于加快推进中心镇培育工程的若干意见》中提出“有重点地选择 200 个左右中心镇，分期分批进行全方位的培育，在全省形成一批布局合理、特色明显、经济发达、功能齐全、环境优美、生活富裕、体制机制活、辐射能力强、带动效应好、集聚集约水平高的小城市”，并在绍兴市先行开展扩权强镇工作。广东省在推行简政强镇改革前就曾去浙江考察。但是，广东的情况与浙江有所不同，浙江是在培育强镇的过程中感觉到事权不配套，是以扩权为基础促进其发展，因此称为“扩权强镇”。顺德的情况则是先有容桂等强镇，但体制建制阻碍了其发展，与解决庞大的经济发展、社会管理、公共服务、基础设施的建设等方面事务所需要的机制体制不适应，从而反过来要求扩大事权，使事权的层级分配与顺德区各镇（街道）的发展要求相符。因此，“强镇”是事权改革的首要目标。

府职能、理顺各方关系的核心问题上，致力于建设服务型政府，解放基层生产力，促进经济社会又好又快发展。

首先，改革理顺了区与镇（街道）两级之间的关系，解决了街道“人大衫小”、责权不对等的问题。按照“宏观决策和监督权上移、微观管理和执行权下移”的原则，区主要负责重大规划和政策的制定，重大设施、项目和财政资金的安排，交通一体化和基本公共服务均等化，以及对街道的业务指导和监督。经济社会发展、管理和服务等具体事务，依法赋予镇（街道）县级行政管理权限。区属部门积极向镇（街道）下放经济社会管理权限，工作重心逐步下移，基层政府的办事效率得到提高，逐步建立起权力资源配置与经济社会发展需要相适应的政府分权体制。

其次，理顺了政府与村（社区）之间的关系，解决了政府在村（社区）事务的职能缺位、越位以及村（社区）委会的职能错位问题。实行政社分离，政府加强对基层行政事务的统筹，逐步统筹村（社区）的行政性事务，在连片社区和较大的城郊村（社区）成立行政服务站，作为街道的办事和服务机构，负责街道在社区的行政性事务。村（社区）委会回归“自我管理、自我教育、自我服务”的自治职能，专注于自治事务和社区事务，做好公益事业，调解内部矛盾，向政府反映社情民意，逐步建立起镇村互动合作的社区管理机制。

最后是为市民提供就近便民服务。例如在企业注册登记方面，事权改革之前，镇（街道）只能办理资本在 100 万元以下的企业的注册，改革后，凡是 500 万元以下资本的企业都可以在镇（街道）申请注册。这种就近办理的举措不仅方便了市民群众，也为中小企业发展创造了良好的环境，降低了企业的综合运营成本。

行政审批改革：重塑政府权力边界

大部制和简政强镇改革只对政府内部权力进行整合，要真正推动进一步转变政府职能，必须发起行政审批改革，进行深层次利益调整。

顺德的行政审批制度改革发端于1992年的行政体制改革，2011年又在县级城市中率先启动新一轮行政审批制度改革，两次都走在改革前沿。多年来，顺德通过审批事项的清理，大幅度调整、转移和下放政府权力；通过审批事项标准化、信息化，不断减少政府权力寻租的空间；通过引入公众评价机制来评判行政审批服务，让社会参与和监督审批制度改革的进程，取得一大批被省、国家相关部门认可的改革成果，为省和国家深入开展行政审批制度改革提供成功借鉴。

如今，顺德正加紧推进"一门式、一网式""互联网+政务服务"改革，将打造一流营商环境作为率先建设广东高质量发展体制机制改革创新实验区的重要内容，对标国内国际最优最好，持续深化行政审批改革。

"六个行政"规范部门权力运行

从1992年5月起，顺德开展以转变政府职能为中心的党政机构改革，采取"先拆庙，后转变职能"的办法，从政企分开、强化社会管理的角度，重新设计行政部门职能，着手解决政府机关审批、管理事项多的问题。

1993年7月15日，市直机关各部门按市场经济体制要求自报职能、审批权、行政收费权，制定“职能天书”，即《顺德市委市政府各部门职能汇编》，经常委会议审查确定后向社会公布，使得行政审批权限公开透明。该汇编详细规定各部门职能、审批权限，并将程序、费用、办理时限公之于众；每个部门的职能是什么，谁管什么、做什么清清楚楚。

与此同时，顺德开始探索联合审批做法，提高审批效率。对一些涉及多个部门的工作采取联合办公方式，如新企业审批由当时的计划、工商、经济贸易局等单位组建报批中心，专门负责企业的申办报批服务。

在此基础上，顺德市将原来制定的“为经济建设服务、为基层服务、为群众服务”的“三为服务”制度，提升为“六个行政”新规范，即依法行政、规范行政、高效行政、透明行政、服务行政、廉洁行政。

无论是国务院还是广东省启动的行政审批制度改革，最初的着眼点都是减少行政审批事项。而顺德的改革，不仅关注行政审批事项减少了多少，还从理顺源头做起，规范部门权力的行使，用行政体制改革直接催发行政审批制度改革成效的落地，实现行政审批制度改革从“量变”到“质变”的飞跃。顺德的“六个行政”在20世纪90年代中期成为广东全省推行的改革经验。

与WTO接轨，规范经济事务权限

1999—2002年，国家和广东省开展第一轮行政审批制度改革，顺德紧紧围绕国家和省改革要点，“以经济事务的行政审批为重点，兼顾其他方面”，进一步转变政府职能、规范政府审批行为，以适应社会主义市场经济发展和我国加入 WTO（世界贸易组织）的需要。

1999 年 10 月—2001 年 8 月，顺德市分两个阶段对全市 21 个政府部门原有行政审批事项进行清理和规范。原来共有行政审批、核准事项 629 项，改革后保留 390 项，其中审批 146 项、核准 244 项；减少审批、核准事项 239 项，减幅达 38%。

这一轮政务服务改革力度大，效果明显。具体表现为：一是依法，保留下来的事项全部都有法规和政策依据；二是规范，有详细的审批指引，减少人员自由裁量权，还规范收费行为，全面实行"收支两条线"；三是透明，所有审批内容在《顺德报》、政务网和《顺德政务》刊登，接受社会和群众的监督；四是高效，所有事项都低于国家和广东省有关文件规定的审批时限，平均审批时限比原来减少 1/3。

这一阶段的改革，只是对存量进行清理，增量部分缺乏集中审查、控制机制，给政务服务改革成果的保持带来隐患，各地的行政审批制度改革出现一定程度的边清理、边新增现象。

为此，广东省于 2003 年开始新一轮行政审批制度改革，目标是进一步完善审批管理监督制度。顺德也随后跟进，根据国务院第二批和省政府第二轮审批事项清理结果，对顺德自有的审批事项再做清理，保持上下一致，并在并联审批、"一站式"电子政务方面进行有益探索。

2003 年，顺德建成区行政服务中心，为企业和群众提供一条龙审批报批服务，以提高行政效率；2004 年成立深化行政审批制度改革工作领导小组和专责工作小组，结合《行政许可法》实施，重点深化本区审改方案，对一些行政许可事项，在部门之间进行小范围人工并联审批。2006 年 7 月 3 日，顺德并联审批信息系统启用，为市民和企业提供"一站式"审批服务。

商事登记探路“宽进严管”新体系

2009 年 9 月，广东省赋予顺德地级市行政管理权限，在推动大部制改革的同时，进一步深化审批制度改革。

顺德以大部制后部门行政管理职能调整为依据，全面清理行政审批事项，统一对外公示，并进一步理顺区、镇（街道）行政管理权，深化简政强镇事权改革，减少审批管理层次，推动行政管理职权向基层转移。

统计显示，2009 年 10 月—2010 年 1 月，顺德分两批承接佛山市下放的行政审批和日常管理权限事项，总计 595 项。经审定，全区涉及行政管理事项 5 205 项，由区保留行使 2 008 项，划由镇（街道）行使 3 197 项。镇（街道）行使权限占事项总数的 61.4%，比调整前多 1 636 项。村（社区）行政服务站对外开展行政便民服务 80 多项，极大方便了群众就近办事。

随后，顺德推进“三集中三到位”[①]行政审批权改革，实现审批运作高度集约化。改革之前，区直部门的审批权基本分散在各个科室，集中到顺德区行政服务中心的审批事项屈指可数，群众办事要往返多个部门和科室；改革后，区直部门均已成立审批服务科（公安成立审批服务中队），并全部进驻顺德区行政服务中心对外开展业务。各部门事项的完全集中率达到 80% 以上，个别部门实现了 100% 集中。事权集中不仅大幅提高了审批效率，也方便了行政审

① “三集中三到位”是指，将部门内原来分散在各个科室的行政审批权向一个科室集中，将已经集中的行政审批权向首席代表集中，将首席代表向行政服务中心集中；实现行政审批职能 100% 向一个科室集中到位，行政审批权 100% 向首席代表授权到位，行政审批事项进驻中心 100% 到位。

批的集中监管。

同时，顺德建立健全三级服务体系，实现“一站式”审批服务全覆盖。为实行“审批向中心集中、服务向基层延伸”，按“一镇（村）一中心（站）”的模式，全区建立镇级行政服务中心10个，村（社区）行政服务站203个，将更多的公共服务向基层延伸，为广大基层群众提供更加优质、高效的服务。

作为行政审批改革的重要突破口，顺德于2012年4月在全省率先启动商事制度改革，从“建指导目录”“宽市场准入”“优登记服务”到“梳审批目录”“强后续监管”“定监管标准”，构建起一整条“宽准入强监管”的商事制度改革链，探索建立权责匹配的后续监管新体系，向国际化、法治化营商环境迈进。改革后，新设企业登记审批用时，从平均13.5个工作日缩短到4个工作日，为广东省和中央后续的商事制度改革积累了宝贵的经验。

顺德于2012年4月率先启动商事登记制度改革（摄影　戴嘉信）

针对企业投资建设审批复杂、办事流程长、时间长等难题，顺德区启动企业投资管理体制改革工作，以“改革＋改良”为总体思路，以“制度＋技术”为保障落实改革措施，打破多部门在图纸技术审查、竣工验收等环节的“串联型”审批，采用同步受理、并联审批的方式再造审批流程，压减事项 30% 左右，压减审批时限 70% 以上。

打造审批最少、服务最优营商环境

随着新时代的来临，顺德正不断创新行政审批方式，建立和完善跨部门统一互联的信息化电子政务平台，加强行政审批电子网络管理系统建设，积极推行审批服务的“一门式”管理和智能化管理，营造一流的营商环境。

从 2015 年起，为落实并深化“一门式”政府服务模式改革，区行政服务中心对现有窗口再次进行整合，进一步打通窗口受理壁垒，在区和镇（街道）两级按照“四个大一门、两个小一门”的思路设置不同主题的综合窗口，由综合窗口代替原职能部门的审批窗口为群众提供综合服务，一个窗口通办一百多个事项，从根本上解决了窗口以往忙闲不均的情况，极大提高了行政服务效率。

2018 年初，中共顺德区第十三届代表大会第三次会议提出，要做到“六个坚定不移”，要把为企业发展创造更好的软、硬环境和更充裕的空间作为工作的重中之重，全力营造宜居宜业的优良城市环境和公平高效的营商环境。随后，7 月召开的中共顺德区委十三届五次全会也明确提出，要在营造一流营商环境上实现领跑，提升审批效率，启动新一轮行政审批制度改革。具体包括理顺区、镇

（街道）权责关系，科学配置职责和事权；探索实施重大项目落地“承诺制”改革，实行信任审批和“容缺受理”，大幅压缩重大项目建设工程审批时限；全面推进全程电子化商事登记，实现企业登记注册“零跑动”“零见面”；建立分类精准服务企业机制，高水平建设“互联网＋政务服务”体系，建设统一的政务数据资源管理云平台，打造更高效、更公平、更便利的营商环境。

是年11月，顺德再次创新，推出《顺德区企业投资建设项目“1121”改革实施方案》，进一步精简审批事项，减少项目报建环节，让一般工业项目最快11天就能获得施工许可证，房建类建设项目最快在21个工作日内完成审批，打造“审批最少、流程最短、服务最优”的特色营商环境，助力高质量发展。

社会体制改革：探路赋权社会

2009年启动的社会体制综合改革，将顺德改革推向一个全新的阶段：从向市场放权走向向社会放权。

以往，各项改革都是自我削减，或者上级政府下放给下级政府，并没有出现权力的转移与外放，而社会体制改革创新了政府改革的路径，让权力有了一个新的出口。

顺德大部制改革只是建设服务型政府的必要条件与基本前提，在本质上依然属于“体制内改革”，即行政权力在党政机构内部的重新配置与优化。而社会体制综合改革通过向社会充分赋权，大力培育社会，壮大社会力量，将体制改革向社会领域延伸，不仅推动了体制内的权力配置科学、运行顺畅、行为规范，而且在社会管理和公共服务方面更大范围和更深程度地引入社会力量参与，探索构建在党领导下的协同共治新格局。

“社会管理社会办”

经过多年的改革开放，顺德经济社会发展进入关键期。市场经济不断深化，使得顺德的社会结构发生深刻变动，利益格局发生深刻调整，导致各种新问题不断出现。在变化面前，政府职能和管理方式并没有跟上，公共服务投入不足，社会管理服务提供主体单一，导致管理方式粗放、社会参与度低，无法有效应对社会管理事务日益复杂化、人民群众公共服务需求日益多样化、社会矛盾纠纷日益尖锐化的社会现实。开展社会体制综合改革是解决这些问题的时代要求和重要路径。

2011 年，在省部级主要领导干部社会管理创新研讨班上，中央就要求“加强和创新社会管理，提高社会管理科学化水平”；在十一届全国人大四次会议上，当年的《政府工作报告》也提出“广泛动员和组织群众依法参与社会管理，发挥社会组织的积极作用，完善社会管理格局”。中央对社会管理体制的重视，也彰显了社会体制改革的必要性。这一年，广东先后颁布了《中共广东省委广东省人民政府关于加强社会建设的决定》，以及《关于加快推进社会体制改革建设服务型政府的实施意见》等 7 个配套文件，将顺德作为社会体制综合改革试点。

2011 年 7 月，广东省委十届九次全会刚刚闭幕，时任省委书记汪洋一行到顺德就贯彻落实全会精神，加快转型升级、加强社会建设进行专题调研。汪洋强调，巩固大部制改革成效必须深化社会服务和管理体制改革。实行大部制必须建设“小政府”，建设“小政府”必须建设“大社会”。政府要着力解决在市场经济环境下社会服务和社会管理“越位”的问题，只有这样，才有精力去处理“缺位”“不到位”的问题，真正做到“社会管理社会办”。

社会体制改革的核心是权力的再分配，将原本属于社会的权力重新归还给社会。顺德的主要做法是在行政审批改革中引入社会组织参与，推动社会组织参与政府行政管理，加快政府职能转变；重视对社会组织的扶持，提升社会组织在自身领域的管理能力。

与机构改革相配合，顺德将一些政府不该管的职能归还社会，通过制定向社会转移服务与管理事项的目录，创造条件依法将行业管理与协调、社会微观事务服务与管理、技术与市场服务等功能转移给具有资质条件的社会组织。

顺德探路“社会管理社会办”，培育了一批社会组织

（摄影　戴嘉信）

实际上，为适应市场经济长足发展，从20世纪90年代开始，顺德部分社会领域和产业部门内部就开始通过自发的组织化运作来协调解决社会和行业发展出现的问题；面对更加精细化和技术化的分工，顺德政府部门也有意开始授意市场和社会分担政府的职能工作。

以行政审批制度改革为契机，顺德大力推进政府职能转移，尝试将审批和管理事项外移或直接转给法定机构和社会组织承接，采取公开招标、项目发包、委托管理等方式探索以项目为导向的契约化管理模式，力促政府职能事项向社会组织有序转移。

通过梳理，顺德将行业管理与协调职能、社会事务管理与服务职能、技术服务与市场监督职能、行政审批职能等四项职能纳入向社会转移范围，比如行业准入审核、等级评定、法律服务、社区事务、业务咨询、资产项目评估、技术类的辅助审批事项、资格类辅助审批事项等等。

试点法定机构承接政府职能

社会体制改革的关键在于加强社会组织的培育和能力建设。顺德一方面大力扶持各类社会组织的发展，另一方面推进法定机构试点和事业单位改革，使社会能够有效承接政府转移出来的事项。顺德通过完善社会组织管理和监督体制，确保社会组织发展有制度保障和资金扶持。第一，降低准入门槛，对社会组织实行分类登记管理，简化登记程序，放宽准入条件，为其创造有利的发展环境。第二，建立社会组织直接登记制度，除民办教育机构和医疗机构等法律法规、政策文件规定须由政府有关部门进行前置审批外，其他社会组织的申请人可直接向登记管理机关申请登记为法人机构，同时，其他政府部门不再担任社会组织的业务主管部门。目前，顺德已按照广东省的有关规定，缩小了直接登记的社会组织范围。[①] 第三，顺德积极拓宽社会组织的融资渠道，建立公益慈善类社会组织向社会筹款或接受社会捐助的制度。

社会企业既不是纯粹的企业，也不是一般的社工机构，它通过商业手法运作，赚取利润用以贡献社会。所得盈余用于扶助弱势社群，促进小区发展，以及社会企业本身的投资。社会企业重视社会价值，多于追求最大的企业盈利。2013 年，顺德推进社会企业试点工作。同年 8 月，顺德发布《深化综合改革规划纲要（2013—2015 年）》，进一步提出“制定社会企业标准及扶持政策，引导社会资本创办社会企业，推动商业运作解决社会问题”。

随着改革的推进，顺德区社会组织发展进入高峰期。统计显示，目前顺德共有 1 800 多个社会组织，其中 106 家社会组织获评 3A 以上（含 3A）等级，4A 等级的有 40 家，5A 等级的有 41 家（2018 年数据）。这些社会组织的发展壮大，一方面激活了社会自我管理的能力，另一方面也夯实了政府职能向社会转移的基础。

顺德还借鉴新加坡和香港地区的经验，按照职责法定、运作独立、决策民主、执行高效、监管到位的原则，探索在专业性、行业性强的领域开展法定机构试点工作。同时，借鉴法定机构的理念和运作模式，推进事业单位改革，构建依法独立运作、自我管理和承担责任、各利益相关方共同参与的管理机制。

---

① 顺德开展了许多试点改革，随着试点结束，有相当多的举措已根据省市的统一部署进行了调整。

法定机构是根据特定的法律、法规或者规章设立，依法承担公共事务管理职能或者公共服务职能，不列入行政机构序列，具有独立法人地位的公共机构。与政府部门相比较，法定机构有较多的管理、人事聘用和财政自主权。

2012—2013 年，顺德探索成立了区社会创新中心、区文化艺术发展中心、区人才发展服务中心、区产业服务创新中心、区城市更新发展中心等 5 个法定机构。社会创新中心是其中一个代表。该中心通过研究倡议、对接资源（资金）、孵化组织、培育人才、发展项目，致力于推动公益慈善和社会（社区）工作的整体发展和系统提升；截至 2017 年 9 月，社会创新中心孵化和扶持公益创新项目 874 个，培育认证社会企业 14 家，培育枢纽型社会组织 6 家。

法定机构是一个新生事物，他们执行政府的政策，可以较好地实现政府、市场、社会的对接，可以较好地解决政府人员不足的问题，当然，其总体预算是由政府确定的。但法定机构也可以创造收入，利润的 15% 可以用来分配。以社会创新中心为例，每年除了有 400 多万元的财政收入之外，还有 400 多万元的自营收入。

通过这些法定机构试点，顺德推进了政府决策和执行职能的相对分离，促进了政策执行和公共服务的多元化、专业化、精细化，但仍存在独立法人关系未理顺、企业化运作阻力较大等问题，需要逐步完善。

防止社会组织成为“二政府”

改革以来，顺德区镇两级政府购买社会服务经费逐步增长，2015 年达 1.01 亿元。据顺德区社会创新中心社会服务交易所数据显示，2014—2016 年累计资助社会服务创投项目 575 个，项目金额高达 4 233.11 万元。

为避免社会组织成为“二政府”，损害社会体制改革的成效，顺德进一步完善了对社会组织的考核与评价机制。

顺德一方面选择代表性强、运作规范、条件成熟的社会组织作为试点，承接政府转移的职能；为避免社会组织“一家独大”，顺德明确要求，登记管理机关可以根据实际情况批准成立业务范围相同或近似的社会组织，通过引入充分竞争的机制，来提高服务质量。

另一方面，对转移给社会组织承担的职能事项，设立一定指导期，加强对社会组织的资质审查、跟踪指导和绩效评估，确保能够及时发现并解决问题。对不能正常履行承接职能，出现违法违纪行为的社会组织，顺德政府将收回社会组织的相应职能。

通过聘请专业评估机构，顺德对管辖范围内的社会组织进行分类评估，将社会组织评估等级作为其参与政府购买服务和承接政府职能转移的资质条件。通过实施社会组织评估，顺德有效提升了社会组织的能力建设，增强了社会组织的公信力。

顺德还建立了全区统一的社会组织监管信息系统和服务信息网络，构建了全区社会组织公共服务信息平台和基础数据库，要求所有社会组织主动公开服务程序、业务规程、服务项目和收费标准，以及重大活动、财务状况、接受捐赠的使用情况等信息。这些信息平台使社会组织得以接受公众监督。

如今，镇村两级社会服务体系初步建成，专业化的社会服务实现 10 个镇（街道）全覆盖，112 个村（社区）社工服务站为居民提供家门口的社会服务，其服务内容涉及残障康复、妇女儿童、青少年、社区矫正、医务、信访、驻校、养老、异地务工人员、禁毒、危机介入、社区营造等12个领域。截至2016年12月底，全区核准登记的社会组织共1 446家，持证社工人数达2 211人，其中社工服务机构达到30家，一线从业人员达606人，社会自我管理的内在能力已经初步形成。

决策咨询：让公共决策更科学

顺德的一系列改革，涉及的主要是权力调整。随着决策权上移与集中，带来的是决策风险的增加；同时经济社会的多元化，带来的是利益诉求多元化。这些因素使得政府决策的科学化与民主化显得越来越重要，构建新的决策运行体制也被提上日程。

顺德政府一向重视开展决策咨询工作，于2010年率先成立了全国首个县域公共决策咨询委员会，充分吸收社会意见，让政府权力的运行更科学、更透明。

注重学习与咨询的传统

顺德向来重视决策咨询工作，尤其注重向先进地区学习。早在改革开放初期，顺德县委开始探索包产到户，从农民、农业改革着手解放生产力，就曾带队到港澳学习经验，回来之后开始发展顺德的社队工业，走上自主工业化道路。在城市规划建设和行政体制改革等方面，顺德政府也多次带队赴新加坡及国内的香港、深圳等地考察咨询，灵活借鉴这些地方的先进经验。

1999年，顺德成为广东率先基本实现现代化试点市。为了更好地完成试点任务，顺德着手建立区域研究咨询机制，开展现代化研究，为现代化试点提供理论支撑。2000 年 8 月 3 日，顺德现代化研究中心正式挂牌。

作为顺德早期的决策咨询机构，顺德现代化研究中心的人员构成比较多元，由当时顺德市委、市人大、市政协、市委宣传部有关负责人担任中心名誉主任、主任，同时也有多名外地专家学者受聘为顺德现代化研究中心的特约研究员。①

顺德希望将顺德现代化研究中心建成开放式的、灵活实用的机构，使之成为顺德现代化的战略研究中心、决策咨询中心、信息交流中心和教育培训中心。中心为更好地开展决策咨询工作，一方面创办《现代化之声》杂志，努力营造一个良好的交流园地；另一方面则积极对外联系，建立专家学者网络，形成决策咨询机制，有效地借用专家学者的智慧，为顺德现代化提供智力支持。

全国首个县区公共决策咨询机构

先富起来的顺德，社会问题开始凸显，市民权利意识觉醒、利益分配不均，使得政府与社会、城镇与农村、工业与农业、工人与农民之间出现各种纠纷，影响社会稳定因素持续上升。如果政府不改变治理模式，不及时回应群众的现实需求，就无法应对社会管理事务日益复杂化、市民公共服务需求日益多样化、社会矛盾纠纷日益尖锐化的形势。同时，改革带来决策权的集中化和上移，如何做出科学有效的决策尤其需要群策群力。于是，成立决策咨询机构，

① 如张有卓（暨南大学研究员）、田炳信（广东省人民政府发展研究中心特约研究员）、徐南铁（《粤海风》主编、编审）、刘平（博士，中国人民大学副研究员）等。

吸纳民意民智成为顺德改革的另一个重点。

2010 年，顺德区容桂街道率先成立顺德首个公共决策和事务咨询委员会，这也是全国首个镇（街道）级别的“决咨委”。容桂属街道建制，没有本级的人大机构，收集民意的渠道相对狭窄，外部监督机制不够健全，公共决策往往由政府体制内决定，造成决策单一、缺乏民意的局面。此外，容桂每年的财政收入达 10 多亿元，但由于没有本级的人大机构，对财政开支的监督也存在一定程度的缺位。

为畅通和拓宽民意表达渠道，建立民主科学的决策机制，提高决策的权威性和科学化水平，容桂街道党工委、办事处主动吸纳社会力量参与公共决策、管理和监督，于 2010 年 2 月成立公共决策和事务咨询委员会，定期或不定期开展决策咨询、问计问政，实现由体制内决策向体制内外共同商议决策机制的转变。

为加强公共决策和事务咨询工作，在 2010 年委员会成立时，容桂就配套出台了《容桂街道公共决策和事务咨询委员会暂行规定》。委员会成员人数控制在 30 人左右，组成人员包括党代表、人大代表、政协委员及工商界、行业协会、法律、建筑、教育、医疗、文化艺术等领域的社会各界人士，充分体现了委员会的社会性。由于委员会是以容桂本地公共事务为咨询对象，聘任的委员对容桂的情况要有较为深入的了解；同时考虑到开展咨询活动的便利性，聘任的委员大部分是在容桂工作、生活的人。同时，委员会也邀请区社科联、区社会创新中心等单位具有较深资历的相关负责人加入，从而提升了委员会的专业性。

为了提升决策咨询效率，根据决咨委委员的工作背景和关注的领域，委员会设立了经济发展、城市规划与建设、城市管理与乡村治理、民生事业四个小组，每个小组人数为16~19人（人员有交叉）。每个功能界别设3名召集人，负责统筹本界别开展各类咨询活动。

在充分吸取容桂街道“决咨委”发展经验的基础上，2010年9月12日，顺德区公共决策咨询委员会（以下简称区决咨委）成立，是全国首个县域公共决策咨询机构。根据《顺德区公共决策咨询委员会章程》，区决咨委是区委、区政府的辅助决策机构和社情民意征集机构，是区公共决策和治理体系的重要组成部分，是推进决策民主化、科学化的重要实践形式。区决咨委不具有行政职能，成员由各专业领域、功能界别的社会杰出人士和代表组成。区决咨委立足顺德实际，依靠和广泛联系各方面的专家、学者和精英人士，通过深入细致的调查研究，为区委、区政府的决策提供专业参考意见，为顺德经济社会发展提供智力支持和咨询服务。

顺德区第三届公共决策咨询委员会第一次会议

（来源：顺德区政府办公室）

多层次决策咨询体系逐步建立

随后，各类决策咨询机构不断涌现，规划、经济发展与科技促进、教育、公安、司法、财税、人力资源、国土和水利建设、文体旅游、人口、卫生、药品监督、市场安全、环境运输和城市管理等部门纷纷成立各自领域的决策咨询机构，全区 10 个镇（街道）均成立了公共决策咨询委员会，还有 10 多家公营机构、村和社区成立了相关的公共决策咨询组织。顺德初步建立起以区、镇（街道）两级为主、向村（社区）和公营机构延伸拓展的多层次决策咨询体系。

各决策咨询机构积极开展活动，表达对相关决策事项的意见与建议，成效显著。比如，区决咨委自成立以来，向党委政府提交了 1 000 余条意见与建议，其中半数以上均被采纳。由于在全区率先组建公共决策和事务咨询委员会，推动政府决策民主化、科学化、透明化，以及在其他方面倾听民意的探索所取得的成效，容桂街道在 2012 年 11 月获得由独立民意机构——北京零点集团颁发的“零点民声金铃奖”（倾听民意政府奖），是全国获得此类奖项的三个街道之一。顺德区决咨委的政府治理新模式，也被北京大学中国政府创新研究中心评为“2015 年度中国政府创新最佳实践”。

第三章 市场经济

40年来，中国的改革开放事业取得了巨大成就，总结成功经验，关键一条就是坚持在社会主义制度下发展市场经济，不断理顺政府和市场的关系，使市场在资源配置中起决定性作用，更好发挥政府作用。

地处改革开放前沿地带，顺德是市场化改革的先行者。从20世纪80年代政府、市场“以港为师”，以“村村点火、户户冒烟”的方式，孕育出庞大的乡镇企业，到90年代初，顺德顶住压力，在全国率先开展企业产权制度改革，大力发展民营经济，再到引导新千年产业升级与资本全球化，40年来，顺德先后完成了计划经济向市场经济、农村经济向城市经济、区域经济向国际经济的跨越，培育了强大的产业经济。这是顺德驰骋全球的一个重要支撑。

率先从计划经济向市场经济转型

“市场经济不等于资本主义，社会主义也有市场。计划和市场都是经济手段。”1992年，邓小平视察南方的一番讲话，打破了前人认识的历史局限性，紧紧围绕“什么是社会主义、怎样建设社会主义”这样一个根本问题，提出了一系列新思想、新观点，让中国特色社会主义理论向前迈进一大步。

作为改革开放的前沿阵地，顺德充分利用中央、广东省委赋予的灵活政策和先行先试措施，坚持市场取向改革，在农村推行联产承包责任制，在城镇扩大企业经营自主权，确立“工业立县”战略，发展乡镇集体经济，在全国率先开展企业产权制度改革，调整经济结构，促进工业化升级，积极探索社会主义市场经济发展道路。

自 20 世纪下半叶以来，在西方国家流行的经济社会发展理论中，几乎所有关于资本主义制度的理论论证，都会以市场经济作为理论支撑，力图利用市场经济所带来的巨大的经济社会发展效应为资本主义制度本身进行辩护。这种“市场经济论”的实质就在于，将市场经济看成资本主义的内在行为和意识结构，从而把对市场经济本身的肯定或批判幻化成对资本主义制度的肯定或批判。因此，在中国改革开放的最初 10 多年间，有关建立市场经济制度的尝试，引发了姓“资”还是姓“社”的大争论。

“计划经济为主，市场调节为辅”

1978 年，以十一届三中全会为标志，中国开启了改革开放的历史征程。1982 年，中共十二大明确提出了要有系统地进行经济体制改革的任务，并且指出这是坚持社会主义道路、实现社会主义现代化的重要保证。大会提出“计划经济为主，市场调节为辅”的原则，是中央第一次在文件中提到“市场”概念，第一次提出指令性计划和指导性计划的划分，为改革提供新空间。1984 年 10 月，中共十二届三中全会通过了《中共中央关于经济体制改革的决定》，明确指出社会主义经济是公有制基础上有计划的商品经济。对这项重大突破，邓小平将其称为“马克思主义基本原理和中国社会主义实践相结合的政治经济学”。[①]

在顺德，早在 1977 年就已有不少大队为了克服“平均主义”“大锅饭”“出工不出力”等弊端，冒着风险，暗中实行联产承包责任制。1978 年 2 月 15 日，顺德大良公社革委会发出《关于健全各项生产责任制的意见》。在当时的形势下，尽管文件仍沿用“不许包产到户”的提法，但实际内容开始从农民迫切需求出发，反复强调在生产活动管理上要反对平均主义，推行“四定一奖”的责任制。

面对新趋向，顺德县委还顺势推出了一系列鼓励农村经营管理体制创新突破的办法。尽管这些举措在最初两年遭受了不少批评，但 1980 年中共中央印发《关于进一步加强和完善农业生产责任制的几个问题》，1982 年中共中央批转《全国农村工作会议纪要》，正式承认了土地的家庭承包经营制度，使顺德的家庭联产承包责任制改革得以继续大步前进。

在积极转变农村经营体制的同时，顺德县委也开始思考如何破除“以粮为纲”，开展多种经营，发展农村商品经济。1980 年，县委和公社党委展开了一系列部署，对如何使顺德农村尽快富裕起来进行了深入研究，提出在抓好种养业的同时，发展大队和生产队工

① 《邓小平文选》第三卷，人民出版社，1993 年，第 83 页。

副业，鼓励公社、圩镇和有条件的生产大队、生产队，都积极开展“三来一补”和对外贸易。这些举措，改善了农业生产所面临的比例失调情况。截至 1983 年，全县工农业总产值比 1979 年增长近一倍，农民年人均纯收入增长 1.64 倍。农村家庭联产承包责任制推动了农村改革的深入开展，也带动了城市经济体制改革，为后来顺德农村商品经济发展与工业发展提供了重要支撑。

表 3–1　1983 年全县农业主要产品与 1957 年、1978 年相比较情况表

年度	农业用地面积①（亩）	农业总人口	粮食		甘蔗		塘鱼		生猪		农民集体经济收入（元）
			亩产（公斤）	总产量（吨）	亩产（公斤）	总产量（吨）	亩产（公斤）	总产量（吨）	饲养总量（头）	出栏总量（头）	
1957	702 570	390 598	151	51 849	4 236	743 228	124	33 316	114 003	23 115	85
1978	681 787	597 046	293	101 965	5 931	966 054	196	48 580	434 258	187 918	226
1983	674 578	608 260	382	97 720	6 499	1 069 540	310	77 391	543 652	294 574	795

数据来源：顺德区档案馆。

中共顺德县委在进行农村改革的同时，努力按照市场经济规律办事，大力开展外引内联，发展对外经济，还在经济管理体制方面进行改革试验，“放权让利”，扩大企业自主权，增强企业活力，抓好商品流通和价格管理体制改革，推动集体、个体经济发展，促使改革逐步推进，配套发展。

1984 年 10 月，中共十二届三中全会制定了《中共中央关于经济体制改革的决定》，把有计划的商品经济作为经济体制改革的目标，标志着改革的重点从农村转移到城市。佛山市被列入全国中等城市综合改革试点之一，顺德改革进入全面开展的阶段。

① 1 亩约为 666.67 平方米。——编者注

率先构建社会主义市场经济基本框架

1992年10月，党的十四大报告指出，在所有制结构上，以公有制包括全民所有制和集体所有制经济为主体，个体经济、私营经济、外资经济为补充，多种经济成分长期共同发展，不同经济成分还可以自愿实行多种形式的联合经营。国有企业、集体企业和其他企业都进入市场，通过平等竞争发挥国有企业的主导作用。

1993年11月，中共十四届三中全会通过的《中共中央关于建立社会主义市场经济体制若干问题的决定》，把中共十四大提出的建立社会主义市场经济体制的目标和原则具体化、系统化，勾画了中国社会主义市场经济体制的基本框架，把社会主义市场经济的理论和实践大大推进了一步。这个《决定》明确了三件事：一是坚持公有制为主体、多种经济成分共同发展的方针；二是国家要为各种所有制经济平等参与市场竞争创造条件，对各类企业一视同仁；三是鼓励现有城镇集体企业理顺产权关系，视情况改组为股份合作制企业或合伙企业。

1993年9月，顺德市委、市政府草拟《关于转换机制，发展混合型经济的试行办法》共28条，提出要"建立以股份制为主要形式的多种经济成分并存的混合型经济格局"，创建一个"产权明晰、贴身经营、利益共享、风险共担"的充满活力的企业发展模式。"28条"在顺德的综合改革进程中具有开创性和决定性的意义，在全省乃至全国率先拉开了新一轮企业产权改革的帷幕。

此后的5年中，顺德这场自称为"靓女先嫁"的企业产权制度改革，在国内引发了巨大的争论。面对各种观点，顺德人落实邓小平"不要争论"的讲话精神，提出"不争论、不埋怨、不停步，少说多做、只做不说”的原则，坚持将改革进行到底。1998 年，顺德初步建立起社会主义市场经济体制框架，成为乡镇企业产权制度改革的先行者。

1997 年 9 月，中共十五大明确提出，公有制为主体、多种所有制经济共同发展，是我国社会主义初级阶段的一项基本经济制度。至此，中国经济改革到了最为深刻的部分，多元化所有制结构的形成，重塑了市场经济所必需的独立利益主体，为经济资源配置由集权的行政命令方式向市场机制发挥基础性作用的转变，创造了前提条件。

在现代企业制度上先行一步的顺德，快马加鞭，沿着中国特色社会主义市场经济的道路一路前行，把推动民营经济上规模作为一项重点工作来抓。

1996 年，顺德市委、市政府下发《关于促进民营经济发展的暂行规定》。要求把发展民营经济作为一项重要任务来抓，并纳入国民经济发展整体规划，统筹安排，协调发展。对民营经济从事高新技术项目开发与生产、信息咨询、技术服务、旅游服务、中高档的旅游业和饮食业等行业，在审批程序、人员雇用、信贷、用地等方面给予重点扶持。

1996 年，为帮助民营企业打开产品销路，顺德市政府和相关部门组织 70 多家企业参加银川“顺德名优产品推介会”和南京、沈阳的博览会，“政府搭台，企业唱戏”，为民营企业经营活动创造有利条件，签订供货合同金额达 25 亿多元。

1997 年 5 月，顺德市政府召开全市民营企业表彰大会，表彰 10 家“十大民营企业”和 50 家“先进民营企业”，确立民营企业的政治地位和社会地位。到 1997 年底，全市民营企业已发展到 10 443 家，其中有限责任公司3 893家，桂洲、龙江、乐从、勒流、陈村等镇的民营经济占了总体经济的50%以上，涌现出华润涂料、万和电器、光大电器、嘉顺集团、杰红织造等一批规模大、档次高、后劲强的民营企业。

率先开展产业结构调整

进入新世纪，尤其加入WTO后，中国进一步加快产业结构调整和技术创新，那些基础薄弱、产业集中程度低且处于初步成长阶段的产业，由于没有成熟核心的技术做后盾，抵御市场风险的能力比较弱，亟须进行调整。

为适应建立社会主义市场经济体制和实现经济增长方式向集约化转变的要求，特别是适应全球产业结构调整的大趋势和国内外市场需求的变化，顺德也加快了产业结构调整的步伐，不断加快推动传统产业升级。

一方面鼓励企业科技创新，转变经济增长方式，提出走“技术合作为主，引进技术为辅，自主开发提高”的道路，对家用电器、家具和机械制造等传统产业进行升级改造，开发技术含量高、适销对路的产品。如美的集团建立起集团和事业部两级科技研发体系，对超前技术、全新产品、共性技术、核心技术进行研发，确保核心技术的领先。科龙集团以传统家电为基础，以智能控制技术为核心技术，建立了集团、专业公司、制造工厂三级研究开发体系，分别开展超前研究、新产品和生产工艺的开发。

另一方面以“提升一批、发展一批、转移一批”的思路为指引，不断推动产业结构的优化，实现资源向优势产业的集约。逐步转移了陶瓷、锻造等有污染行业；推动光机电一体化产业向大型、精密、价廉、高质量方向发展；将锻压机械、陶瓷机械、塑料挤出机械进行技术提升；规划建起高标准集约工业园区 17 个。

2006年，顺德成为全国首个GDP超千亿元的县级地区。2007年，顺德已有超百亿元企业 3 家，十亿元级企业 29 家，且大部分是民营企业，全区上市企业占佛山市总量的 35.3%，为佛山五区最多。

发挥市场的决定性作用

经过多年的发展，中国社会经济、政治、社会生活的各个方面都发生了深刻的变化。2017 年，党的十九大报告进一步指出，必须坚持和完善我国社会主义基本经济制度和分配制度，毫不动摇巩固和发展公有制经济，毫不动摇鼓励、支持、引导非公有制经济发展，使市场在资源配置中起决定性作用，更好发挥政府作用。

2019 年 2 月，顺德区召开十三届四次党代会，明确提出要以再市场化改革为主线，处理好政府和市场的关系，扭住建设粤港澳大湾区的“纲”，攻坚村级工业园改造，为高质量发展释放空间，将高质量发展体制机制改革创新实验区，建设成为大湾区体制机制改革创新新高地、智能制造新高地、科技创新转化应用新高地、对外开放合作新高地、品质生活新高地。

如何推动再市场化？核心就是要处理好政府和市场的关系，遵循并尊重市场规律，减少政府对资源的直接配置，充分激发企业家和市场的强大活力，在公平的市场竞争中实现高质量发展。

顺德模式："三个为主"工业强县

改革开放初期，顺德县委抓住珠江三角洲经济开放区享受国家倾斜性政策优惠的机遇，充分发挥集体经济的基础优势，实施"工业立县"的战略，大力发展乡镇企业，积极引导农村向工业化转化，大办集体企业，形成了以初级工业为主体的经济格局。

据统计，20 世纪 80 年代，顺德乡镇工业产值每隔两三年就翻一番，到 80 年代中后期，在全国十大乡镇企业中，顺德占据半数，顺德生产的各种家用电器已占全国市场 1/10~1/3 的份额。

顺德经济实力迅速壮大，从一个纯粹的农业县转变为新兴的工业城市，成功跻身广东"四小虎"行列。后来，学者将顺德"三个为主"，即以集体经济为主、以工业为主、以骨干企业为主提炼为"顺德模式"。

全国首批"三来一补"企业

"文革"后期，生产被重新提上日程，中央发出了大办社队企业的号召。经济的恢复和发展，使电机及工作母机等机械成为急需品，但当时国内大中型国企还未恢复，顺德陈村等地的社队企业敏锐地捕捉到这一机遇，开始生产农机和电机产品，远销全国。

1976 年，顺德按照"围绕农业办工业，办好工业促农业"的方针，推动"两机三头一家"进入发展高潮，连县属农机厂等也加入进来。1978 年，全县共有机械企业 81 家，生产切削机床 2 494 台，锻压机械 494 台，工业产值达到 1 亿多元，占当年全县工业产值的 1/8。

1978 年 12 月，十一届三中全会通过了《中共中央关于加快农业发展的若干问题的决定（草案）》，要求“社队企业要有一个大发展”，发展社队企业成为振兴农村经济的重要决策。

在中央做出正式决定之前，顺德人凭借“春江水暖鸭先知”的敏锐，已于1978年6月在上级支持下，率先与香港“牛仔大王”合作创建了顺德首家“三来一补”企业——容奇大进制衣厂。[①]1979年5月，容奇大进制衣厂投产8个月后，创收外汇近百万港元，增加了600多个岗位。

在首尝“三来一补”的甜头后，顺德县委充分利用地处珠三角腹地、毗邻港澳，拥有数量庞大的海外侨胞，文化同源、语言互通的天然优势，将目光瞄准香港，积极探索对外贸易发展的新路子。1980年1月，顺德干部组团赴香港考察，向顺德籍在港知名人士反复介绍顺德的发展规划，还专门对香港一些具有先进水平的现代化企业、高科技设施等进行详细调查，为顺德发展工业寻找可行路径。

但顺德并不满足于只发展“三来一补”加工业，提出抓好技术引进和技术开发的思路，希望引进先进技术和设备，进行全面技术改造，总体提升企业素质。

特别是在1984年，顺德人意识到“一定要大办工业”，才能实现推动经济翻两番的目标。[②]这一时期，顺德将技术引进工作和产业调整改造紧密结合，重点引进代表当时先进技术水平的设备，全面提升工业企业“内在实力”，大大增强了顺德的企业在吸纳资金、技术、人才上的能力与水平。比如，1984年成立的北滘华达电器厂

① 李少魁，《中国改革开放元年的第一块石头——“三来一补”：顺德1978》，顺德区科学界联合会，2011年，第26页。

② 欧广源，《在县科局长会议上的讲话》，1984年7月18日。

（原北滘农机制造厂），从联邦德国、日本引进电容器生产线等设备后，生产出的产品被列入省和部优质产品名录，并被省经委批准为替代进口产品企业。1984—1987 年，全县传统工业用于技术更新和改造的资金每年平均递增 35.7%。

在提出大办工业后，全县工业结构开始从蚕丝、制糖等传统产业，转向家用电器、机械制造、建材等产业。到 1987 年，顺德工业形成了以家用电器、机械制造、塑料制品、纺织服装、食品、医药等为主导的产业体系。

“工业立县”推动工业大发展

1984 年，全国的乡镇企业进入了快速发展阶段。这一年，国家发布了两个对乡镇企业最重要的文件，一个是《中共中央、国务院转发农牧渔业部和部党组〈关于开创社队企业新局面的报告〉的通知》，另一个是《中共中央关于经济体制改革的决定》。前者正式将社队企业改称为乡镇企业，[①]实行乡办、村办、联户办和户办“四个轮子”一起转。后者则指出，要放开原有的限制政策，为乡镇企业的发展创造更宽松的政治经济环境。

顺德确立“工业立县”发展战略后，县委、县政府继续大力发展乡镇工业，使乡镇工业保持一个较快的增长速度，以此推动全县工业加速发展。

1984 年召开的全县科局长会议要求各区（镇）乡加强对乡镇

① 从这时起，社队企业更名为乡镇企业，此后一直沿用。参见李炳坤《乡镇企业改革开放十五年的历程回顾与前景展望管理世界》，载于《管理世界》，1993 年第 5 期。

工业的领导，全面规划，采取以区（镇）带乡的办法，有计划地向乡办企业扩散产品，鼓励华侨、港澳同胞返乡办企业，满腔热情支持个体工业；总之实行集体个体并举的方针，“四套马车”（县、区、乡、个体）一齐上，加快乡镇企业发展步伐。

1985 年 1 月 25 日，顺德县委、县政府制定《关于促进食品加工工业和支持乡企业发展的若干措施》，引导、鼓励乡企业充分利用当地丰富农产品资源，发展水产品、肉类加工及罐头制品业、饮料制造业和饲料工业。

1985 年下半年，国家实行调控政策，一些乡镇企业受到影响。当年 12 月底，顺德提出：“对于乡村企业的发展，各级都应予以重视和扶持。”会议要求在方法上实行分类指导。对有一定基础的乡，在完善和提高产品质量的同时，继续开发适销对路新产品，发展新项目，发展技术密集型项目；对基础薄弱的乡，应重点扶持发展加工企业，创造条件，发展骨干企业和技术密集型企业；对边远、空白的乡，应发挥土地资源，兴办种养业企业和服务性企业，开办一两个来料加工项目，为以后的发展打下基础。

一番部署后，1986 年，顺德乡镇工业保持持续增长的势头，全年产值达 15.94 亿元，占全县工业总额的 59.3%，比 1983 年增长 160%，年均递增 37.7%。

骨干企业“船大好冲浪”

20 世纪 80 年代中期，全国的改革正从东南沿海不断向内地纵深推进。依靠“先行一步”获得飞跃发展的顺德，开始面临来自其他地区的竞争。尤其是大中城市的国企开始复苏后，顺德乡镇企业普遍为作坊式生产、分散式经营的特点，开始在市场竞争中显现劣势。

面对激烈的市场竞争，顺德县委意识到，如此下去无法适应经济发展的要求，必须抛弃过去“船小好掉头”的发展思路。1984 年 8 月，顺德县委、县政府印发《顺德县发展区乡企业奖励的暂行办法》，鼓励乡镇企业上效益、上档次、上规模、上水平。

1987 年，顺德县委第六次党代会提出，无论是国营、二轻工业，还是乡镇企业，都要着眼于上水平，把生产规模搞大，发展多种形式的联合经济，形成更强大优势，更富有竞争能力；千方百计提高质量，创名牌产品，增强企业的活力和竞争力。1988 年，顺德更是出台相关政策，鼓励各乡镇组建多种经济成分并存的企业集团公司。

不仅如此，顺德还在中央对外开放的方针政策引导下，鼓励市场主体积极通过开拓国外市场，推动骨干企业发展。

1984 年，中央提出要进一步开放经济特区和进一步开放沿海港口城市，提出了对外经济“贸工农”的方针。第二年，中央便要求长江三角洲、珠江三角洲和闽南厦漳泉三角地区开辟沿海经济开放区，按照“贸工农”方针调整和建立外向型经济。但随后的 1985 年，国家加强宏观调控，导致国内市场出现疲弱现象，在一定程度上影响了顺德企业的生产发展。

面对机遇与挑战，1985 年底，顺德县委通过总结正反经验，进一步明确提出了把经济工作的重点转移到大办工业上来，工业项目、产品从内向型转为外向型。这一想法的提出，将从前注重国内市场，转向国内与国际两个市场并重，不仅把外向型经济推向了一个新的发展阶段，也为骨干企业的发展壮大提供了市场基础。

这样的转变，不久后就显出了前瞻性。20 世纪 80 年代末，中国价格改革“闯关”受挫，一轮针对经济领域的治理整顿工作在全国范围内开展。这一年，私营企业和乡镇企业遭遇了严重的“倒春寒”。由于银根紧缩、消费降温、原材料涨价以及互拖三角债，乡镇企业大面积倒闭。[①] 但顺德骨干企业经受住了考验。1990 年，全国经济发展出现转机，华英风扇厂、裕华风扇厂、桂洲电饭锅厂、神州牌热水器厂等一批具有自己拳头产品的顺德骨干企业，立刻抓住复苏的机遇，通过把一部分零部件转给中小企业加工，带领众多中小企业共同成长。

20 世纪 80 年代末 90 年代初，全国最佳农民企业家区鉴泉创办的北滘裕华风扇厂（摄影　黎尔宽）

当时的数据显示，顺德全县拥有 20 多个企业集团，其中，北滘镇就有 9 家，包括美的和碧桂园。如今回过头来看，20 世纪 80 年代中期，顺德决定走规模经济发展道路，扶持骨干企业，对全县

① 吴晓波，《激荡三十年》，中信出版社，2017 年 12 月第 3 版，第 289 页。

工业经济的快速发展，以及未来产业传承发扬，都起到了里程碑式的作用。

跻身广东“四小虎”

20 世纪 80 年代，顺德探索适合自身文化背景、地理环境、经济传统、政治体制实际的、行之有效的经济发展道路，形成了产业结构上以工业为主、所有制结构上以集体经营为主、企业结构上以骨干企业为主的模式。

这一时期，顺德乡镇工业进入高速发展的黄金时期。到 20 世纪 80 年代末，顺德全县已拥有年产值亿元企业 14 家。从 1986 年至 1990 年的 5 年中，顺德工农业总产值平均每年增长 27%，国民生产总值年均递增 18%。

乡镇企业成为顺德工业经济和农村经济的重要支柱。到 1991 年，全县乡镇工业企业 3 257 家，职工 18.74 万人，总产值 66.37 亿元，占全县工业产值的 62.26%。短短七八年时间，顺德的乡镇企业创造了数以百计的名牌产品。全国十大乡镇企业有 5 个在顺德，顺德的综合实力更是跃居全省各县之首。

同时，顺德推行工农结合、以工补农、互相促进的方针，让乡镇经济的发展真正带动了农村富裕。尤其是 1985 年后，顺德加大了“工业反哺农业”政策的实施力度，各镇在乡镇企业的每年税前利润中划出 20%，管理区在每年的工业企业纯收入中划出 40%，经济合作社在纯收入中划出 60%，作为农业发展基金，以工补农，促进农业持续发展。农民通过参与工业劳动，也从乡镇经济发展中得到了实惠。1991 年农民在企业的劳动收入，从 1987 年的 177 元增加到366元，在集体组织的劳动收入从237元增加到456元。人均总收入从2 098元增加到3 377元。

经济的全面发展，推动了顺德从农业社会到工业社会的跨越，并让顺德与南海、中山和东莞一道并称为广东“四小虎”。顺德这一时期的发展特点，后来被研究者总结为“顺德模式”。它与“五个轮子一起转”的“南海模式”和以“三来一补”为主体的“东莞模式”不同，顺德一直坚持以本土经济构成的乡镇企业为主体，至今仍被经济学界称为成功的模式。①

靓女先嫁：率先建立现代企业制度

“顺德模式”推动了顺德从农村社会向工业社会的转变，带来了乡镇企业的勃兴。但繁荣的背后，却有着一个不容忽视的隐忧：政企不分的体制，决定了乡镇企业存在产权归属不清的难题。伴随着乡镇企业的发展壮大，产权归属不清所引发的问题不断显现，如“负赢不负亏”“无钱就借债，有钱就死晒，还钱就下一届”等诸多问题。长此以往，经济发展难以为继。

当时的顺德县委、县政府深刻地认识和体会到传统公有制经济体制的弊端，在没有现成经验可借鉴的条件下，从1992年开始，在政府主导下率先推行了以企业产权制度改革为核心的综合改革，探索建立“产权明晰、贴身经营、利益共享、风险共担”的现代企业制度，为初步建立社会主义市场经济的框架迈出坚实一步，更给顺德制造进一步腾飞提供了重要的制度保障。

① 招汝基等,《先行者的30年：追寻中国改革的顺德足迹》，新华出版社，2008年，第79页。

扩大企业自主权，率先试水股份制

改革开放初期，随着乡镇工业的稳步发展，顺德较早意识到了企业自主权对企业发展的重要意义。自1980年开始，顺德便开始尝试扩大国有集体企业经营自主权，推行以承包为主要内容的各种形式的经济责任制。

1983年，在中央还未正式提出“市场经济”概念之时，顺德就开始大胆地尝试企业产权制度改革。1983年7月，在顺德县委、县政府的支持下，北滘镇委、镇政府对镇办集体企业裕华风扇厂进行产权体制改革，使其转制成为股份实业公司，实行董事会领导、厂长负责制度，经营上由全体股东承担风险，镇政府不再干预企业经营业务，不再从企业提取资金。裕华由此成为佛山全市首家股份制企业。

这次产权制度改革实验获得了成功，有效地激发了企业发展活力。1985年，裕华实业公司实现产值1.01亿元、利润1 088万元，分别比1984年增长217.4%、504.4%。不过，裕华厂的改革虽然取得成功，但由于当时的思想认识仍停留在产权偏重以国营、集体为主的认识上，全县股份制经济改革的大幕并未就此拉开。

不过，顺德扩大企业经营自主权的尝试并未止步，此后的近10年，顺德一直在尝试“渐进式”的企业经营体制改革。

1984年5月10日，国务院发出《国务院关于进一步扩大国营工业企业自主权的暂行规定》，决定在生产经营计划、产品销售、产品价格、物资选购、资金使用、资产处置、机构设置、劳动人事、工资奖金、联营经营等10个方面扩大企业自主权。

同年8月，顺德发出《关于改革企业干部、人事制度若干问题的试行意见》，在国营企业逐步实行厂长（经理）负责制。并且，为进一步落实企业自主权，顺德县委、县政府还同步推进了行政管理机构的改革，解决政企不分的问题，将行政性的管理局改革为经营业务的公司，明确了企业和专业公司的关系。

1985 年后，全县 46 家国有工业企业、400 多家集体工业企业陆续推行厂长（经理）负责制。经过这些改革，顺德初步改变了企业与政府过去那种行政依附和直接干预的关系，使企业改变了过去单纯、被动生产的运行模式，朝着自主经营、自负盈亏的方向发展。

随后，顺德全面推行企业承包责任制，同时在乡镇企业全面推行厂长任期目标责任制。1988 年，全县 2 077 家乡镇企业实行各种形式的经济承包责任制。这些改革，推动企业走上了市场化道路，使顺德工业走向多门类、多层次、多元化。

到 1991 年，顺德全县工业产值从 1987 年的 48.53 亿元（1990 年不变价，下同）增加到 106.61 亿元；1990 年国合商业国内纯销售额从 13.92 亿元增加到 22.01 亿元。

1992 年 5 月，广东美的电器企业集团被广东省政府确定为全省首批 8 个内部股份制改造企业试点单位之一。6 月完成了 1.2 亿元的募股工作，随后又完成了企业治理结构、财务及管理制度等改造，逐步建立起现代企业制度。8 月 7 日，广东美的集团股份有限公司筹委会召开股份公司创立大会，广东美的集团股份有限公司成立。670 多名股东以无记名投票方式选举出何享健等 7 名董事和 2 名监事，并通过《公司创立报告》和《公司章程》。1993 年 11 月 12 日，美的股票在深圳证券交易所挂牌上市，美的成为中国第一家经中国证监会批准的、由乡镇企业改造的上市公司。通过上市融资，美的迅速把盘子做大，主营业务收入由

1992 年的 4.87 亿元飞速增长至 1996 年的 25 亿元，成为国内最大的家电生产基地之一。

辉煌成就背后也有惊人的包袱

在计划经济体制发展的模式中，政府唱主角，既是投资主体，又为企业提供贷款担保。改革开放初期，顺德通过扩大企业自主权、改革经营方式等措施，在一定程度上增强了企业的活力。然而，这些改革都没有从根本上触动企业所有权问题，使得政府只能从企业拿到有限的效益，却要负无限的责任。

比如，一些颇负盛名的镇办企业，每年报表利润几千万元，而后来的资产评估发现它已资不抵债。由于乡镇企业大多由镇政府投资或担保贷款发展起来，许多企业靠向银行不断贷款来维持生存。资料显示，这个时期，此类企业超过 1 000 家。当时企业的各项管理制度还未健全，一些乡镇企业的厂长“管盈不管亏”；也有的厂长将利益往其亲朋好友输送，搞私营配套；厂外有厂，在外面设一个厂赚公家企业的钱，让公家的厂亏损，挖公家的“墙脚”。“无钱就借债，有钱就死晒，还钱就下一届”成了一些企业的普遍做法，企业空壳化趋势日益加剧。[①]

1992 年，据顺德市有关部门调查，基层镇政府已经为乡镇企业背上了沉重的债务包袱。“1978—1985 年，县银行用于工业的贷款每年以 53.2% 的速度递增，7 年间就增加了 19.8 倍，仅 1985 年的工

---

① 张建军，《顺德当年——一个县域经济奇迹的诞生》，载于《中国中小企业》，2018 年 4 月。

业贷款就达 4.25 亿元，占上一年工业部门创造的国民收入的 81.7%。7 年间，共贷出了 18.3 亿元，占同期银行贷出款项的 40.8% 以上。”

1993 年 3 月，本地一家银行在对全市乡镇企业进行调查后，提供了一份题为《辉煌的成就，惊心的包袱》的报告：全市有 259 家企业达到破产边缘，[①] 结欠银行贷款 21 亿元，占乡镇企业贷款的 31.5%。其中资不抵债的 103 家，债务大于资产 4.6 亿元。欠下贷款 8.2 亿元。

在这种背景下，顺德市委、市政府意识到，政府作为投资主体，政企合一，不可避免地带来政府“有限投资能力”与企业“无限投资饥饿”的矛盾，政府有限利益与无限责任、风险的矛盾。不改革，不创新，不摆脱旧体制的束缚，就只有落后，最后是死路一条；只有从产权上彻底改革，真正实行政企分离，政企脱钩，才能从根本上解决传统计划经济所带来的弊端。

在改革开放的第 15 个年头，顺德再现“敢为人先”的勇气，率先“蹚雷区”，大胆启动企业产权制度改革。这一次，“转制”改革的目的很清晰：“解放”企业，同时也“解放”政府，实现二次创业。

“28 条”确立产权改革的合法地位

1993 年下半年，顺德成立市、镇两级“转制”领导小组，预备了职工应急保障资金。在做好思想理论准备、政策保障准备后，顺德市委、市政府推出了《关于转换机制，发展混合型经济的试行办法》，共 28 条。这个被顺德人简称为“28 条”的文件，是顺德产

① 当时顺德市属企业和乡镇企业共 978 家。

权制度改革的起点，在顺德的综合改革进程中具有开创性和决定性的意义。至此，一场以产权改革为核心，围绕建立产权明晰、权责明确、政企分开、管理科学的充满活力的企业发展模式，形成以股份制为主要形式的多种经济成分并存的混合型经济格局的改革，在全省及至全国率先拉开了帷幕。

该文件提出了两条核心办法：一是关于转换企业机制的产权制度改革，要“建立以股份制为主要形式的多种经济成分并存的混合型经济格局”，使经济结构、企业机制适应市场经济新形势；二是创建一个“产权明晰、贴身经营、利益共享、风险共担”的充满活力的企业发展模式。

顺德市委对转制企业“抓住一批，转换一批，放掉一批”，具体包括：“抓住”高科技产业、规模企业和垄断性行业，对这些企业通过嫁接国际资本和社会资本，来实现公有资产的优化配置；“转换”指的是民间、社会都能办的一般性的企业，实行股份合作经营、公私合营、公有民营、租赁经营；“放掉”那些扭亏无望、资不抵债的企业，对其实行拍卖、破产等。这场让质优赢利企业首先转制的改革，被形象地比喻为“靓女先嫁”，鼓励、引导这些企业干部职工解放思想，敢于突破，先行先试。

1993 年 11 月 22 日，顺德市政府与第一批市属企业举行转换经营机制签约仪式，顺德糖厂、顺德啤酒厂、广东顺德轻工业品进出口公司、广东顺德食品进出口公司等 8 家企业与企业法人代表（顺德市政府）签订股权转让协议书，成为顺德第一批转制企业。

经过半年多的摸索，1994 年 3 月 1 日，顺德市委、市政府下发《关于转换机制，发展混合型经济的若干规定》，在原“28 条”基础上，细化、补充、扩展为 33 条规定，使之更加完善和成熟。这是顺德产权制度改革的纲领性文件，它以正式文件的方式肯定了产权制度改革在顺德的合法地位，标志着改革思路走向成熟。

不争论、不埋怨、不停步

在公有制的大背景下，明晰企业产权归私人所有，无疑是一场极为大胆的尝试。当时，由于社会主义市场经济建设框架并未确定，转制的“私有化”尚未被大多数人接受，更何况顺德是先将有赢利能力的好企业拿去“卖”。因此，引发了社会上关于姓“社”姓“资”的争议、“国有资产流失”的责难、走“资本主义”道路等多个热点话题，给顺德乃至广东省委省政府带来巨大的压力。

特别是1994年的“华宝风波”，几乎是将顺德推上了“火山口”。1993年，华宝仅空调厂的产值就达到了20亿元，产销量全国第一。顺德市政府为它找的合作方，是香港的蚬壳电器，由于涉及境外资本入股，不仅引来包括《经济日报》等不少国家级媒体的讨论，就连华宝内部也对这次合作有着许多异议与抵抗。[①] 1994年底，在各方压力下，香港蚬壳电器不得不选择解除合约。

“华宝转制”是产权改革闯“雷区”的一次大事件。但面对争论与质疑，顺德“不争论、不埋怨、不停步，少说多做、只做不说”，广东省委也顶着巨大的压力，特别向中央做了说明。

风雨之后见彩虹。1997年6月，顺德上百家骨干企业、上千种名优产品的团队组团上北京，以“请首都人民检阅”为主题，举办“顺德名优产品北京博览会”，展示经济改革成果。田纪云、邹家

---

① 招汝基等,《先行者的30年：追寻中国改革的顺德足迹》，新华出版社，2008年。

华、李岚清等多位党和国家领导人和100多位副部级以上领导干部前往参观，30多个国家和地区驻京使节和代表也来观看，盛况空前。

这年9月，中共十五大报告明确提出，公有制为主体、多种所有制经济共同发展，是我国社会主义初级阶段的一项基本经济制度。报告同时指出，“建立现代企业制度是国有企业改革的方向。要按照‘产权清晰、权责明确、政企分开、管理科学’的要求对国有大中型企业实行规范的公司制改革，使企业成为适应市场的法人实体和竞争主体”。这一系列论断在实质上肯定了企业产权制度改革的方向。这意味着，着眼实际问题而大胆改革的顺德又一次走在了时代的前头。随后，从中央到地方的媒体对顺德综合改革尤其是产权制度改革进行了深入报道，其中《人民日报》在11月5、6、7日连续三天发表了三篇报道[①]，认为顺德走出了一条非特区的改革探索之路。

初步建立社会主义市场经济体制框架

顺德的先行先试，为中国探索了社会主义市场经济建设之路。1998年，已顺利完成企业产权制度改革的顺德，大部分企业实行了股份制和股份合作制，建立了政企分开、政资分离的公有资产营运和监管体系，建立起产权清晰、权责明确、政企分开、管理科学的现代企业制度，为初步建立社会主义市场经济体制框架提供了制度支撑。

改革后，顺德开始加大对民营经济发展的扶持力度，进一步破

---

① 三篇报道分别是《企业改制在顺德——广东省顺德市综合改革报道之一》《看顺德怎样政企分开——广东省顺德市综合改革报道之二》《靠改革创新优势——广东省顺德市综合改革报道之三》。

除在所有制方面的传统观念的束缚，为各种所有制经济平等参与市场竞争创造条件，对各类企业一视同仁。

1996 年，顺德市委、市政府下发《关于促进民营经济发展的暂行规定》。要求把发展民营经济作为一项重要任务来抓，并纳入国民经济发展整体规划。同时，引导成功转制的股份制企业上市，短短几年，顺德就推动了包括美的、万家乐、科龙等在内的民营企业，实现上市增资。

依靠以公有制为主体、多种经济成分共同发展，顺德产业集群迅速壮大，在 1993 年至 1998 年的 6 年间，顺德工业经济总量从 160 亿元迅速增至 600 亿元。

实践证明，顺德的企业产权制度改革是一场生产关系的重大变革，不但解放了企业，而且解放了政府，最终解放了生产力，为实现经济体制从传统计划经济体制向社会主义市场经济体制转变、经济增长方式从粗放型向集约型转变打下了坚实的基础。[1]

顺德的企业产权制度改革，不仅是顺德改革开放的一个重大决策，就是在中国改革开放的历史进程中也占有重要地位，对全省乃至全国都产生了深远影响。

1997 年 12 月 19 日，广东省人民政府发出《关于加快放开公有小企业的通知》，要求各级政府和各部门在继续组建和发展大型企业集团的同时，下决心加快彻底放开小企业改革的步伐，鼓励产权流动重组和职工入股。1998 年 1 月 13 日，广东省人民政府发出《关于促进个体私营经济发展的通知》，要求各级政府把发展个体和私营经济作为振兴地方经济、帮助群众脱贫致富的一项重要工作列

① 《顺德改革开放 20 年回顾与展望》（顺字办〔1998〕29 号）。

入议事日程。

1999 年 9 月，党的十五届四中全会审议通过了《中共中央关于国有企业改革和发展若干重大问题的决定》，强调进一步推进国有企业改革和发展是一项重要而紧迫的任务，是建立和完善社会主义市场经济体制的关键。至此，在公有制企业中全面进行企业产权改革，促进私营经济的发展，已成为中国经济发展的大趋势。

产业集群：区域经济的核心竞争力

“产业集群”是 20 世纪 80 年代由美国知名学者麦克尔·波特创设的一个概念，是指行业企业通过区域集聚形成有效的市场竞争，构建出专业化生产要素优化集聚洼地，从而形成一种竞争优势。

作为全国较早接受工业启蒙的区域，顺德人对产业集群概念并不陌生。大约 100 年前，顺德就曾引进西方近代工业技术，创造了机械缫丝业的辉煌。史载，19 世纪 90 年代至 20 世纪 30 年代是顺德缫丝业的全盛时期，全县机械缫丝工厂有 100 多家，拥有 6 万多名工人，超过了当时上海和天津产业工人的总和，成就了“南国丝都”之美誉。[①]

改革开放以来，在从农业社会迈向工业社会的伟大进程中，顺德缔造了一个又一个产业集群。从 20 世纪 70 年代末的“两机三头一家”到 80 年代的“摇头摆尾”，从 90 年代的“两家一花”到 21 世纪的“八大支柱”，从新近的工业设计高地、电商集聚区到面向

① 招汝基等,《先行者的 30 年：追寻中国改革的顺德足迹》，新华出版社，2008 年，第 4 页。

未来的机器人产业、智能制造，每一次产业集群的跃迁都推动了顺德经济的升级换代，锻造了顺德发展的核心竞争力。

“两机三头一家”：开启工业化先声

早在十一届三中全会之前，顺德的工业就在国营企业和社队企业的推动下，有了一定的发展。1971—1978 年，顺德县响应国家号召，开展了工业学大庆运动，对当时工业生产发展起到很大的促进作用。尽管中间一段时期，“四人帮”的做法扰乱了顺德工业生产，但顺德企业在制度管理、技术革新等方面还是取得了发展和突破。比如，县农机修造厂自制生产设备 56 台（套），形成了 5 条生产流水线，提高了机械化生产程度。顺德糖厂组织技术员、老工人攻关会战，用了半年时间完成平衡制糖设备扩建工程，日榨能力达 4 500 吨，生产力增长 23.28%。县水电农机修配厂试制成功生产橡胶机械专用电机，填补国内空白。与国企同步发展的还有社队企业。顺德陈村等地的社队企业敏锐地捕捉到了经济恢复和发展的机遇，开始生产起农机和电机产品，并销往全国。龙江的社队企业则找到了居民生活领域的商机，开始生产沙发等家具。此外，花头、砖头、石头等产品也在社队企业中得到开发和生产。“两机三头一家”的前期工业体系，就这样产生了。

十一届三中全会之后，中央发出禁止生产非标设备红头文件，使得曾兴盛一时的“两机”停止了发展。但这段时期，顺德县企业冲破限制，成功制造冲床、开式压力机、闭式压力机、车床、刨床、冷热机、铁槽机等现代化设备，为改革开放后机械制造发展奠定了技术与物质基础。

多年以后，北滘“蚬华”吊扇、龙江“龙啤”、大良绣压机床、均安磁电，以及乐从“神州”、桂洲风扇等产品均有这个时代“两机”的痕迹。[①]

“摇头摆尾”：推动初级工业化

如果说改革开放前，“两机三头一家”的发展较为粗糙，技术含量还不高，那么改革开放后，顺德借助技术“舶来”和内化后，实现了工业化快速发展。

随着中国改革开放政策的实施，人民生活水平迅速提高，日用消费品的市场越来越大。于是，顺德的农机厂和农械厂利用原有的厂房、设备开始生产日用电器。这时，由港澳同胞带回赠送邻里乡亲的风扇，成为顺德企业转产的首选，因为风扇生产简单，市场需求也大。

在1979—1981年，就有桂洲柴油机配件厂、桂洲农机厂、勒流农机厂、陈村农机厂、北农机二厂、北电器厂等6家农机和农械工厂转产电风扇。这几家工厂后来也分别改名为桂洲第一风扇厂、桂洲第二风扇厂、环球电器厂、华英风扇厂、南方电器厂、美的风扇厂。

但好景不长，国内企业生产的产品因款式、技术落后等问题，陷入积压困境。顺德人经过调查，很快发现产品积压主要是因为产品跟不上市场需求。1984年，北滘镇办的北滘裕华风扇厂发动技术

① 刘小妮、谭元亨，《顺德文丛——顺德乡镇企业史话》，人民出版社，2007年，第145页。

人员，仅用5个月时间，就试制出了新型鸿运扇并推向市场，获得好评。1985年，这款风扇的产量从一年前的40万台跃升到180万台。

到20世纪80年代末，顺德全县有21家规模电风扇厂，产值将近19亿元，销量占国内市场的25%、美国市场的30%、加拿大市场的60%，其中，裕华风扇厂和桂洲风扇厂产值突破1亿元，为广东产值最高的乡镇企业。顺德，成为名副其实的中国电风扇制造中心。①

这一时期，另一家社队企业北滘电器厂，也加入风扇生产行列，并在1981年11月改名为顺德县美的风扇厂，这就是日后成为世界500强企业的美的集团的起点。

同期，顺德的农业生产也获得了较大发展，尤其以塘鱼为代表（详见本书第六章农业部分）。到20世纪80年代末，会“摇头”的风扇和会“摆尾”的塘鱼，成为顺德工农产业发展的典型代表，“摇头摆尾”一词，就成为当时顺德产业体系的代名词。

“两家一花”：迈向中级工业化

进入20世纪90年代，顺德的产业经济进一步发展，演化为“两家一花”，即家电、家具和花卉产业。

陈村等镇，因循过去的产业积淀，走上了家具与花卉产业的发展道路。特别是在1993年，顺德提出要按照优化组合、发展规模的方向，建设工业强镇，促进规模经济发展。随后，专业镇产业聚集程度不断提高，产业链不断延伸，“一镇一品”“一镇多品”的镇

① 林德荣，《可怕的顺德：一个县域的中国价值》，机械工业出版社，2009年。

或产业集群特色日渐明显。

20 世纪 80 年代，电风扇生产的成功，激励顺德企业向其他家用电器产品进军，并诞生了一批家电品牌企业。

比如，珠江冰箱厂在 1983 年手工造出全国第一台双开门冰箱，神州热水器厂在 1985 年最早生产出燃气热水器，并在 1990 年设计出“亚运圣火”传递火炬；广东电饭锅厂 1985 年试制成功国内第一台直筒式自动保温电饭锅；1987 年，康宝电器的前身杏坛铁工厂试制成功远红外线高温杀菌全自动电子消毒柜；1992 年，此前从事羽绒服加工的格兰仕，进入微波炉行业。

1993 年，顺德政府适时推出“实施名牌战略，发展规模经济”的政策，美的、科龙、容声、格兰仕、万家乐等一大批品牌在市场竞争中脱颖而出，带动着各种顺德工业品走向市场。至少有六成的顺德工业品是通过各大名牌走出去的。[①] 这些企业的发展壮大，使得顺德的家电产业从生产风扇走向了家电全产品线，推动家电业成为顺德的新支柱产业。北滘镇，也因家电产业集群，成为全国最大的家电生产基地。

在另一边，乐从、龙江等镇开始大力发展家具产业。20 世纪 70 年代末，龙江的一些社队企业将目光投向了家具用品，通过模仿香港产品，生产出了沙发，形成了家具产业的雏形。当时的党委和政府对农民开办简易作坊持开明态度，但由于经济思想仍然十分保守，顺德家具经历了短暂的观望期。这段时间，小作坊式的家具生产仍然停留在较原始的阶段，设备供应也没有得到改善。到 1985 年左右，家具的产量、质量没有明显的提高，但这些小家庭作坊积

① 招汝基等,《先行者的 30 年：追寻中国改革的顺德足迹》，新华出版社，2008 年。

累了宝贵的市场资源和资金。

1985年后，集体性质的企业开始发挥重要作用。龙江镇政府主导兴建了南天家具厂，许多村也兴办了集体工厂。顺德家具产量迅速得到提高，在市场上十分抢手。1992年后，龙江的民营家具企业如雨后春笋般兴起。到1998年左右，中国家具市场迅速由卖方市场变为买方市场，一批企业老板开始频频走出国门，到欧美观摩家具展并且购买国外的优质设备和成品家具，在企业内部引进质量人才，引进ISO 9000国际质量体系认证，使家具品质迅速提高。这些优质的家具产品，迅速在国内外市场与其他地区拉开了差距，涌现出了前进、美化、志达、金宝马、斯帝罗兰、永大丽星、华伦蒂诗、优越、美神等一批中国民营家具品牌产品。

与龙江相距不远，陈村镇沿袭明清沉淀的花卉种植产业，在改革开放之后，形成大办花卉的局面，并借助国内外花卉公司的进驻，加速产业向现代化转变，推动花卉品种向高档化、多样化方向发展，所产花卉不仅畅销内地27个省、市、自治区，还远销港澳和东南亚地区。1998年，为推动花卉业走上产业化的道路，陈村镇建起了花卉世界，定位为生产、销售和会展基地，聚集了法国、韩国、荷兰、美国、澳大利亚、新加坡等国际花卉企业。2001年，第五届中国花卉博览会的举办，更让顺德花卉扬名海内外。

八大支柱：转型现代工业大区

经过多年的发展，顺德经济质量明显提高，三大产业趋向协调发展，2000年，全市三大产业比重由1995年的9.5∶54.8∶35.7调整为6∶55∶39。但在众多的产业中，家电可谓一枝独秀。在顺德出口商品结构中，家电占到出口交货额的50%以上。家电“一业独大”，造成资源的高度集中，也不利于提高整体经济的抗风险能力。

为克服产业结构相对单一的问题，2002年，顺德出台《产业结构调整实施方案》，希望破解家电工业一家独大的局面。随后，家电业占工业总产值比重从最高峰的60%下降到40%。在这个过程中，机械装备、电子信息等产业也迅猛发展。也就是从这一时期开始，“两家一花”开始被“八大支柱”所取代，家电、家具、机械装备、电子通信、生物医药、精细化工、包装印刷、服装纺织，成为顺德产业的新特点。

其中，部分产业由家具、家电的上下游产业链分工而来。比如，伦教木器社等一批先行者，停止了木器生产，转而制造木工机械，开始向家具配套产业发展，目前，伦教已是国内最大的木工机械制造基地，拥有十分完善的产业链条，被称为“中国木工机械重镇”，在全球都有独特的影响力。

依托家具产业需求，顺德涂料企业也大规模兴起，形成了从原料、设备到成品的完整链条，并开启了从完全仿制到自主研发，从国内市场到国际市场，从低端单一品类向中高端多品种系列的转变。顺德由此也成为全国涂料产业重要集聚区。业界有“中国涂料看广东，广东涂料看顺德”的说法。其中，顺德木器涂料、建筑涂料，产品新颖、品种多、产量大，在国内独树一帜。

在调整产业结构的过程中，顺德开始着力培育新兴产业。2000年，顺德提出产业转型升级的方向是“信息产业和第三产业”，提高加工工业的技术层次。2001年6月27日，顺德市委、市政府发出《关于加快推进顺德市国民经济和社会信息化的若干意见》，要求“努力营造信息化建设的良好环境”。信息产业很快迎来快速发展，2002 年信息产业产值达 210 亿元，比 2000 年增加 82.6%。

发力新经济：建设现代化产业体系

尽管产业不断壮大，但顺德仍然面临不少挑战：经济结构不尽合理，工业以加工装配型行业为多，以生产日用消费品为主，支柱产业较为单一，自主创新能力不强，工艺、技术、装备落后，产品科技含量不高，一些关键部件及核心技术受制于人等。

为改变这一状况，顺德实行“双轮驱动”，一方面提升原有产业的技术水平，另一方面大力培育新兴产业，工业设计与电子商务成为重点发展对象。

早在 2008 年，顺德就把工业设计确定为推动产业转型升级、构建现代产业体系的战略性产业，全力建设国家工业设计与创意产业（顺德）基地。2009 年 1 月 9 日，顺德成立全国第一家县（区）级的工业设计协会。同时，大部制改革中，顺德区经科局专门设置了工业设计科，是国内最早建立工业设计产业促进机构的县域。至 2010 年下半年，顺德已形成以顺德工业设计园、顺德创意产业园、德胜创意园为支撑，有 100 多家工业设计及紧密关联企业的产业集群。其中，以顺德工业设计园为启动区，省区共建的“广东工业设计城”取得突破性进展，启动当年就入驻中外设计机构 50 多家，入驻设计师 500 多人。

伴随着电商的崛起，顺德也诞生了一批电子商务企业。涌现了小冰火人、飞鱼、SKG、智酷、九鼎、哥登、德施普照、盈丰行等一批年销售过亿元的优秀电商运营企业，打造了小熊电器、SKG、德尔玛、贝尔莱德、优阳、奥德尔等一批知名的淘品牌，其中小熊、德尔玛、贝尔莱德入选阿里研究院发布的“2016 中国网货品牌 100 强”榜单。美的、长帝、东菱、万家乐、格兰仕等众多传统品牌制造企业也广泛应用电子商务。

截至 2017 年 9 月，顺德有电商企业超过 1 万家，累计 51 家次电商企业获评广东省电商企业 100 强，总数量居广东省第二；美的、飞鱼电商等被评为国家级电子商务示范企业；顺德龙江家具电子商务产业园被认定为国家电子商务产业示范基地。

依托雄厚的产业集群优势，顺德区 2016 年电子商务交易额达 1 565.5 亿元，占佛山全市电子商务交易总额的 31%。其中，家电类目电子商务交易额约 1 200 亿元，占全国近 50%。顺德成为名副其实的全国第一的家电产业电商集聚区。

智能制造集群：加快建设现代化经济体系

伴随着工业互联网的崛起，同时面对持续上涨的劳动力成本，以美的、格兰仕、富华为代表的顺德制造企业掀起一股工业机器人使用热潮，通过加大技术改造投入，采用自动化生产线，减少对人工的依赖，提升产品品质。

2011 年底，国家工业和信息化部授予顺德区首个“装备工业两化深度融合暨智能制造试点”称号，以此为契机，顺德积极打造珠江西岸先进装备产业带核心区，抢占智能装备和工业机器人产业制高点。2013 年，顺德又成功成为广东省首批“智能制造示范基地”，当年全区智能制造产值近 1 500 亿元。

2014 年，顺德出台《顺德区打造珠江西岸先进装备制造业产业带核心区工作方案》，5 年内统筹安排 35 亿元资金扶持机器人及智能装备产业。家电、塑料、服装、五金、汽配、家具等行业龙头企业积极采用智能装备、工业机器人逐步替代人工生产，涌现出一批“无人车间”“智慧工厂”。例如美的集团 2013 年实施智能制造提升工程，总体效率提高 23% 以上，节省员工 3 万多人。樱奥厨具推广应用不锈钢厨具机器人加工系统，产能提升 43%，产品不合格率大幅降低，每年节省劳动成本超 1 000 万元。2015 年，顺德成为广东省机器人产业发展示范区，装备业产值就达到 2 099 亿元，成为顺德第二个超 2 000 亿元产值的产业。

2016 年，顺德一次展会上展出的机器人产品（摄影　杨赞民）

全球机器人行业前五强巨头及一批国内顶尖机器人企业相继进驻顺德。美的集团与日本安川合作成立了两家公司，还收购了德国库卡，重点发展工业机器人。2018 年 3 月，规划占地面积达 1 万亩的广东省智能制造创新示范园在北滘镇启动，美的库卡智能制造产业基地同步动工，预计到 2024 年年产机器人 7.5 万台，可带动产业集群产值约 1 000 亿元。

在推动制造智能化的同时，顺德正逐步聚焦知识经济，大力发展现代会展、生物医药等新兴产业，并鼓励节能环保、跨境电商、工业设计等新业态发展。如广东潭洲国际会展中心从一片荒芜之地快速崛起成为国内一流专业工业展馆，希望发展家电、花卉、机械装备等国际化特色专业展会，打造"工－农－贸"三大会展平台。目前已成功举办"互联网＋"博览会、"中国制造 2025"对话德国工业 4.0 等大型展会，推动珠江西岸先进装备制造业投资贸易洽谈会永久落户。

商贸流通：专业市场与会展经济比翼齐飞

作为社会化大生产的重要环节，商贸流通业是国民经济各部门间的桥梁和纽带，对合理配置资源、调整产业结构、扩大消费需求、创造劳动就业等都具有十分重要的意义。改革开放以来，顺德在创造庞大制造产业集群的同时，也成功创造了巨大的商贸流通市场，形成了独特的专业市场现象，催生了会展经济的繁荣。近年来，在电子商务、生产与贸易全球化的浪潮下，顺德专业市场和会展经济紧抓机遇，不断转型升级，推动电商化、国际化进程。

解禁：打破国营商业独家生意

十一届三中全会后，中国经济进入新发展阶段，一头是供给的大幅增加，另一头是城市和农村生活需求大大提高，传统的计划商业流通体系显然已经无法满足供需对接，改革迫在眉睫。

在这一背景下，顺德把流通体制改革摆上议事日程。1980年9月，当地提出要“运用经济规律，办好农业商业”，并初次提出“以计划经济与市场经济相结合搞好商业流通”的方针。

随后，顺德首先放开了由国营商业独家经营的管制，允许实行多条渠道经营；不仅允许工厂可以自销计划外产品，逐渐缩小和减少农产品派购范围和数量，还开始扶持个体商贩发展。1981年后，顺德还取消了国营商业对工业产品包销的做法，放开小商品价格，并允许农民在本地或到圩镇经商。这些做法不仅加快了鲜活农产品的流通，还解除了农民只限于耕田的束缚，为多种形式的商业发展提供了人力和资金积累的基础。

与此同时，顺德还推行集体商业经营体制改革。1957年后，城镇合作商业成为顺德商品流通的一支重要力量。至1978年，全县合作商业网点100多个，人员800多人。由于多年来对合作商业实行“利用、限制、改造”政策，强调集体商业接受国营商业领导，其货源由国营商企调拨，工资福利不准超过国营职工，实行高度集中统一的计划经济体制，导致合作商业经营徘徊不前。

1979年，顺德县委财贸政治部与县革委会财贸办公室联合发出《关于充分发挥合作商业在“四化”建设中的积极作用的意见》，提出对合作商业实行调整改革方针，明确合作商业与国营企业在政治上经济上一视同仁，实行“独立核算，自负盈亏”，真正成为集体所有制的经济组织。这些政策使合作商业扩大了自主权，拥有了部分业务经营权、人事权、财务权，对促进发展、搞活经营发挥了重要作用。1983年，全县合作商业网点从1980年的113个增至183个，从业人员从821人增加到1 622人，商品销售额从4 564万元增加到1.5亿元。

20世纪80年代初期实行的多渠道经营，打破了过去计划经济时代国营商业独家生意的局面，形成以国营和集体为主的多成分、多渠道、少环节、多种经营方式的商业流通体制，为后期专业市场的出现奠定了基础。

松绑：厂商自建“吊脚楼”销售产品

伴随着乡镇企业的繁荣，顺德家电、家具、建材、五金等产业集群逐步成型。以国营和集体为主的商品流通体制已难以满足生产力大解放的需要。对此，顺德进一步提出，鼓励“国营、集体、个人一齐上”，制定了对个体商业户实行扶持的政策。值得关注的是，1984年，顺德宣布允许企业一业为主，兼营其他，允许工业企业开设门店，允许工贸结合、产销结合、产供销结合，组建各类经济联合商贸企业。

很快，经营家具的商家就发现了325国道对流通的优越性。因为从广州、佛山到龙江拉家具的大货车，都要经过325国道乐从段。而且周边地区制造业发达，对原材料供销需求大。为了抓住这个商机，一些制造厂商就在325国道边的鱼塘上打桩，建起了棚顶结构的水上吊脚屋作为商铺，售卖自家制作的简易家具。

非常难得的是，这样的举动竟得到了乐从镇政府的认可和推广。

该镇主动批地让这些“吊脚楼”扩建，并减免部分税收。此后，乐从26个自然村办起了2 000多个家具厂。政府打破保守封闭思维定式的勇气，奠定了乐从“家具商贸之都”的基石。[①] 1985年后，顺德把开辟各种专业市场作为施政任务，先后制定一系列政策，支持各级工商行政管理部门通过合资、合作、折旧的形式，拓宽资金渠道，加快市场建设。钢铁、木材等生产资料专业市场开始涌现。

发展：统一规划，建设专业大市场

20世纪80年代的吊脚楼商铺和家具市场虽然给乐从人带来了第一笔财富，但到了90年代初，简陋的场地因安全隐患，以及档次和规模较低等问题，已经无法适应长远发展的需要。

因此，乐从镇政府提出拆掉吊脚楼，填平大鱼塘，实现统一规划发展，并给大大小小的家具业经营者做了一年的说服工作，最终实现了对吊脚楼市场的统一规划和大改造。

这当中，皇朝家私集团联手顺联集团，投资数亿元，共同建设了乐从国际家私城。不到10个月，全国第一个钢筋水泥结构的纯家具卖场就已经建成，引来了乐从镇内6 000多家商户进驻。随后，其他家具厂商纷纷来到乐从，以325国道为中轴线，呈“非”字形向两边扩张。仅用了五六年时间，从乐从车站至龙江大桥路段，325国道两旁建起了延绵十来里、面积超过70万平方米的家具“黄金长廊”。

此时，乐从企业家再一次展现出创新的一面。为提高家具城档

① 李黎星、阮凤娟，《只要“有得揾”，就敢去拼搏》，载于《佛山日报》，2016年6月15日。

次，顺联打造“名匠轩家具”首个全进口家私卖场；为提高家具城知名度，皇朝家私投入巨资聘请港澳明星来拍摄宣传广告，高薪聘请港澳专业人员进驻，率先引入港澳先进的物业管理经验和专业的市场服务体系。另一边，顺联联合志柏为乐从家具城投入 30 万元赞助广东电视台收视最好的文秘大赛，以提高自己的曝光率。

乐从家具卖场绵延数公里，已成为全球最大的家具采购市场

在乐从家具市场爆发的同时，乐从钢铁市场也开始从“草根”起步。改革开放初期，国家对钢材实行“双轨制”，本地许多从事废旧金属回收的个体户不满足于小打小闹的现状，开始涉足小宗的建筑用钢材交易。

这个阶段，钢材销售以传统的“前仓后铺”零售模式为主，商户租地露天堆放钢材，然后在钢材堆放地后面修筑简易的办公场地。由于受当时国家政策、金融环境、钢材产能的制约，钢材交易以现金现货为主，这种直观明了的“前仓后铺”模式相当有效。于是，商户逐渐增多，市场面积扩大，钢材品种不断增多，乐从钢材市场逐渐发展成为华南最大的综合性钢材交易市场。其中，乐从的小布村、腾冲村钢材市场是最早发展起来的专业钢材市场，后来逐步扩展到东村等地，经营面积超过 100 万平方米。1991 年，乐从钢铁市场销售总量达 24.1 万吨，成为全省最大的钢铁集散地。

与家具、钢铁相比，乐从塑料市场起步较晚，但是在乐从深厚商贸底蕴的助推下，同样取得巨大成就。20 世纪 80 年代，随着珠三角地区制造业的起飞，以及塑料加工企业对塑料原料需求的加大，大良、乐从出现了零散的从事塑料贸易的公司。那时乐从全镇只有四五家塑料商户，大良较多，但是也只有十几家。在这个时候，一直强调“商贸立镇”的乐从镇党委政府决心利用民间资本，高起点、高标准地规划建设乐从塑料市场，把塑料市场打造成为继家具、钢铁市场之后的“第三张名片”。到 2000 年，乐从从事塑料贸易的公司增至 50 余家。2002 年 3 月以后，镇政府和塑料原料一条街旁的德富家具精品市场达成共识，将家具精品市场改建为塑料市场，当年底，乐从塑料市场的贸易公司激增到 150 家。

这样，乐从家具市场、钢铁市场和塑料市场三大商贸“名片”逐渐成形。2004 年，乐从被中国轻工业联合会授予“中国家具商贸之都”称号。到 2008 年，乐从家具市场的产品六成销往海外市场，形成“买全球、卖全球”格局。

同时，乐从企业早已不再局限于乐从本地，开始面向全国“攻城略地”，河北香河出现了他们的身影，多个以顺联命名的商场在佛山伫立，乐从供销集团也在广东多个区域布局。

顺德其他专业市场，如龙江饲料市场、陈村花卉市场、伦教木工机械专业市场、大良和勒流汽车专业市场、杏坛猪苗和鱼苗市场，也都颇具规模，这些专业市场对周边乃至全国都有强大的辐射力和影响力。

转型：“线上＋线下”，拥抱互联网时代

以乐从三大市场为代表，顺德专业市场曾经风靡一时。但进入互联网时代，专业市场开始遭遇电子商务的冲击，顺德的专业市场能否继续辉煌？过去几年，顺德开始了新的探索。

一是发力电子商务。如乐从钢贸市场升级华南钢铁交易网为欧浦钢网，推出电子合同交易、网上现货交易、钢贸商机服务三大网络服务，注册会员数量达 10 万户，每年通过欧浦钢网实现的钢铁交易流通量超过 1 200 万吨。乐从家具协会、和乐家居电商园与顺德阿里巴巴产业带合作，打造线上产业带＋线下产业园的“互联网＋实体产业群”的创新模式。乐从塑料市场建立了中国乐从塑料交易中心，作为网上交易及信息发布平台，规模跻身国内塑料交易所前列；德富塑料城依托自身庞大的信息资源和与国内外各大石化厂商及信息机构建立的互动合作关系，建起了中国乐从塑料网，提供网上宣传交易平台，为塑料产、供、销和用户提供新的宣传推广及采购贸易渠道。

二是优化线下体验。2000 年，罗浮宫家居集团在乐从成立，开始打造集全球产品运营、卖场渠道管理、家居品牌推广、家居创意研发于一体的多元化、综合型线下家居卖场，近年更倾力打造罗浮宫国际家居展览中心，创造性地将购物和家居文化旅游相结合，被

评为4A级旅游景区，提供独特的家居采购体验。

双轮驱动：大办会展，拓展销路

在专业市场红火开展的同时，以“一镇一品”闻名的顺德专业镇，依托强大的产业实力办起专业会展，成为企业拓展销路、树立品牌的重要渠道。家电、家具、花卉、服装等主题展会“百花齐放”。

进入21世纪，顺德会展业发展呈现出两大特点：一是专业化和国际化，越来越多的展会选择与国际知名会展公司联合办展，开始引入专业团队操盘，如2006年伦教木工展开始联手东南亚地区享有盛名的香港雅式展览公司合办；二是场馆越来越多，服务镇域经济的展馆星罗棋布。[①]

为提高顺德会展业的市场化程度，2007年，在第七届顺德家电展的开幕式上，顺德区政府宣布，从第八届起，该展主办单位改为国际会展大鳄德国科隆国际展览公司，政府完全退出项目运营。自此，顺德家电展成为广东首个由地方政府主导、完全市场化运作的展会。这也是德国科隆展览公司在中国非一线城市主办的首个大型展会。

科隆是全球最著名的展览公司之一，成立于1924年，在世界上约90个国家和地区设有分支机构，在全球承办60多个交易会和展览，是全球最大的白色家电展德国科隆国际家用电器博览会的主

---

① 卢凯阳、岑龙基，《佛山会展经济学：工业＋会展 打出组合拳》，载于《南方都市报》，2018年5月8日。

办方，在家电领域有着非常丰富的办展经验。它的进驻给顺德会展业注入了国际化的强大动力。

对标国际，打造一流工业会展

顺德大部分展馆都由镇一级政府或本地企业投资，最初都是为了服务本地产业，面积大多在1万~2万平方米的级别。这种依托专业镇兴起的专业市场和展会，不可避免地会受到产业壁垒的影响，出现小、散、乱的特点。不少展会基本只有二、三线的小品牌、新品牌前来捧场，很难吸引到高端客源，导致展馆“吃不饱”、展会“长不大”等现象。因应形势变化，建设一个专业性的国际化展馆成为顺德的新选择。

2016年9月，规划用地面积达30万平方米的广东潭洲国际会展中心正式启用，其运营方是来自德国的汉诺威公司。按照规划，建成后的潭洲国际会展中心净高为13.9米和18.7米，室内展览面积达10万平方米，为集展览、会议、餐饮等多功能为一体的会展综合体，每平方米场馆地面承重10吨和每个吊点最大设计承重2吨的硬件条件，在国内独树一帜。展馆诸多设计理念都来自德国，希望打造世界一流的工业会展平台。

截至2017年底，展馆已承办中国（广东）国际“互联网+”博览会、珠江西岸先进装备制造业投资贸易洽谈会、顺德家电展等各类大型展会20余场，各类活动使用面积突破300万平方米，入场人数达百万人次。

这是德国汉诺威公司在全球布局中唯一处于非一线城市的会展中心，填补了国内大型工业专业展馆的空白，也让顺德的会展经济迈上了新台阶。

政商关系：政府与市场的亲密协作

从个体户的涌现到乡镇企业的崛起，从产业集群到千亿大镇，从全国百强县之首到第一个 GDP 突破千亿的县域经济体，顺德产业经济快速发展的背后，离不开政府作用的有效发挥。

要有效发挥政府作用，首先要明晰政府与市场的边界，厘清政府与市场的关系，这是我国从计划经济向市场经济转型中出现的一个新问题。从具体操作上来看，往往首先直接表现为政商关系，即政府部门与商人或者企业家之间的关系。

过去 40 年，顺德在改革开放中先行一步，在如何处理政商关系上进行了一系列探索：从早期的“放水养鱼”到树立亲商、安商、富商理念，从超前引领产业转型到手挽手、肩并肩闯世界，顺德党委政府准确把握每一个经济发展阶段的特点，革新理念，确立有效处理政商关系的准则，引领区域经济不断向前。

多予少取，放水养鱼

改革开放初期，顺德的社队企业利用毗邻港澳的有利条件，引进先进技术，吸引外资，大搞“三来一补”，走农、工、副相结合的发展道路。在原来社队企业的基础上，发展起一大批乡镇企业，同时依靠农业资金积累，镇（乡）政府直接投资兴建乡镇企业。

受益于财政包干体制与财力下沉，20 世纪 80 年代顺德政府“放水养鱼”，对企业减税、多予、少取，也就是在财政上给乡镇企业更多的激励，鼓励内生性市场因素的快速发展。

在顺德，基层干部带头，全民兴办企业，营造出了浓郁的“向商、重商、经商”的社会氛围，为政商关系的良性发展打下了良好的基础。从20世纪80年代中期开始，顺德各镇区都集中资金和技术力量办起了3~5家骨干厂，1985年全县区办的骨干厂就达到40家，数量仅占企业总数的9%，但收入却占了70%。

珠江冰箱厂是由容奇镇政府在1983年底投资9万元兴办起来的。1984年，创业者潘宁用镇政府给的9万元试制费，以零件代模具，用汽水瓶做试验品，用手锤、手锉等简陋工具和万能表等简单测试仪器，成功地试制出中国第一台双门冰箱。由于乡镇企业的灵活体制和创业者的锐意进取，加上当时商品短缺形成的卖方市场，珠江冰箱厂的产销量迅速上升，从1985年的3万台一路飙升到了1991年的48万台，一举摘取了全国市场占有率第一的位置。[①]

1991年，全国十大乡镇企业评比结果揭晓，顺德有5家企业上榜。其中，珠江冰箱厂、蚬华电风扇厂分获第一名、第三名，华英电风扇厂、广东电饭锅厂和美的风扇厂入围。当年，顺德全县工农业总产值突破100亿元，财政收入4.97亿元，居全国第一。

从起步阶段起，顺德乡镇企业的发展促成了政府与企业为了培育市场、培育企业发展而进行的第一次亲密合作，政府为了培育市场和企业的发展，推动体制机制和自身职能的转换。

但是，乡镇企业的发展也受困于政企不分的管理体制，不少乡镇企业的生产经营决策权掌握在乡镇领导干部手里，企业自身的积

① 作者不详，《科龙：从青春眺望百年》，载于《上海证券报》，2004年11月22日。

极性难以得到充分发挥，现代企业发展中许多行之有效的体制也无法采用。

政府不与民争利

随着时间的推移，到20世纪90年代初，部分乡镇企业慢慢暴露出问题。顺德的公有制企业90%以上是乡镇企业，是由镇政府投资或担保贷款发展起来的，许多企业靠向银行不断贷款来维持。政府债务包袱越来越严重，旧体制的优势完全无法发挥，制度创新迫在眉睫。

1992年，邓小平南方谈话后，改革开放进入一个新的阶段，转变政府职能和建立现代企业制度成为经济体制改革的主要任务。[①]在政府的主导下，被形容为“靓女先嫁”的产权改革在顺德展开。在改革中，顺德在全国率先推行企业转制，政府全面退出市场，不再与民争利，不再直接干预企业经营管理，不再投资兴办竞争性企业，即实施以政企分开和建立市场经济体制为目标的“第二次创业”。

这一改革举措的背后是政商关系的重塑，进一步推动政商各归其位，在履行职能的过程中形成相互作用、相互联系的良性互动关系。事实上，政商关系的核心，不仅仅是利益的分配，更在于清晰划定政府与市场的边界。在市场经济体制下，政府与企业的关系得以明晰，企业是创造社会财富的主要载体和来源，而政府的职能是

---

① 阚秀玲，《中国政商关系的历史演变及经验启示》，载于《陕西社会主义学院学报》，2017年3月。

为企业提供公共服务。

在顺德，地方政府经济职能基本实现由政企不分向政企分开转型，政府不再继续直接参与和干预企业生产经营活动，企业成为自主经营、自负盈亏、自我发展、自我约束的市场主体。

从政府层面看，顺德优化公有资产结构，改变单一的公有制产权结构，实现政企分开和政资分离，大力发展股份制和股份合作制等混合所有制企业，加强公有资产管理。当时，顺德市政府还做出了公有资产要充分从竞争激烈性行业退出、不与民争利的决策，并设计了种种操作途径，进行了很多开拓性的实践。

从企业层面看，不少顺德企业在通过改革迈向民营企业的过程中，逐步建立了现代企业制度，加快了发展的步伐。以美的集团为例，1993 年 11 月，美的在深圳证券交易所挂牌上市，成为中国第一家经国家证监会批准，由乡镇企业改组的股份制上市公司。2000 年初，美的集团正式实施 MBO 方案[①]，成为最早实行改制的顺德上市企业。由美的集团管理层和工会共同出资组建美托投资有限公司，78% 的股份由美的公司管理层持有，剩下的 22% 为工会持有。

政企分开，但是政企之间并不生分。在当地的企业家看来，顺德行政体制和产权改革后的“政企分开”“产权明晰”，放手让企业发展，就相当于“不抑商”——不抑制企业和社会的发展。在顺德，建设服务型政府成为实实在在的行动。1995 年，仅通过废除各种收费项目，顺德就为企业和市民减少 4 500 多万元的负担。1997

① MBO 是英文 management buy-out 的缩写，意为管理层收购，主要是指公司的经理层利用借贷所融资本或股权交易收购本公司的一种行为。通过收购，企业的经营者变成了企业的所有者。

年，格兰仕集团处于规模扩张高峰期，厂区急需扩建，但苦于周边企业、居民拆迁难，新的生产线迟迟不能投产。镇政府得知这一情况，主动出面，动迁了10多家企业、几百户居民，腾出土地，让企业发展。

改革塑造了良好的政商关系和营商环境，激发了民间和外商投资的热情。日本东芝、松下、日清，美国惠而浦、卡夫，德国克虏伯、西门子、博世，加拿大北方电信，菲律宾生力啤等一大批国际知名大企业纷纷来顺德投资合作，截至1997年，投资总额达81亿元，其中外商投资占38亿元。顺德也由此建立起以公有制为主体，多种所有制平等竞争、共同发展的混合型经济新体制。

超前引领产业转型

进入21世纪以来，顺德的政商关系也发生了一些积极的变化。从持续改善政府服务到经济发展的“超前引领”，顺德通过积极发挥政府的有形之手的作用，不断释放出社会主义市场经济的活力。

一方面，政府与企业保持互惠和谐关系，政企携手共促顺德经济发展。2002年，顺德出台新的优惠政策，提出要“亲商、爱商、为商、信商、利商”，持续改善政府服务，营造良好的投资环境。在大量调查研究的基础上，政府制定了一系列扶持企业发展的优惠政策，让投资者得到实实在在的利益。这些优惠政策包括全面清理税外收费，鼓励企业进行技术创新和机制创新，加快推进集约工业区建设，加快高层次人才的引进和培育等多个方面，做到让利于企，让利于民。

另一方面，在产业转型升级的关键期，顺德大力发挥政府之手，引导产业升级，腾笼换鸟，淘汰落后产能，重塑城市环境等。

2001—2004年，宏观调控和原材料涨价使顺德制造业陷入困境之中。当时，美的汽车项目还未见成效，小家电几乎全线亏损，科龙在期待浴火重生，格兰仕也在积极寻找新的行业切入点……顺德的旗舰企业正面临前所未有的困境。有分析者甚至提出，“可怕的顺德人”正在蜕变，“江浙一带的不少民营企业家敢于去国际市场拼杀，相比之下，顺德的民营企业老板差距甚大”。[①]

在这样的背景下，顺德在2005年提出“政府超前引领”的战略，充分发挥政府特别是区域政府的经济导向，依靠市场规则，借助市场力量，有效配置资源，形成领先优势，促进区域经济科学可持续发展。顺德一方面重点培植新兴支柱产业，培育抗风险能力较强的产业集群；另一方面聚焦转变企业发展方式，扶持企业自主创新和品牌建设。

在政府的超前引领下，广东工业设计城等一批新兴产业项目在顺德落地扎根，并呈现良好发展态势。成熟的市场经济是“有为政府＋有效市场”，政府在市场经济中的竞争作用不可忽视。政府超前引领，即让企业做企业该做的事，让政府做企业做不了和做不好的事。

实践证明，顺德政府在经济领域的引导、调节和预警，促进了区域第一产业精细发展、第二产业提升发展、第三产业加快发展，实现了传统产业的改造提升、新兴产业的培植壮大和高新技术产业的迅猛成长，使得大中小企业梯度形成，产业集群优势互补。

---

① 金城，《“珠三角模式”再报告：不再可怕的顺德人》，载于《21世纪经济报道》，2008年9月6日。

政企肩并肩闯世界

迈入新时代，新一轮政商关系的重塑成为新的命题。在现代社会，是否建立有效的政商关系决定了区域发展的成败。习近平总书记近年来针对中国的政商关系及其改革有过多次谈话或者讲话，要求构建“亲”“清”政商。所谓“亲”，就是要坦荡真诚同民营企业接触交往，特别是在民营企业遇到困难和问题的情况下更要积极作为、靠前服务，真心实意支持民营经济发展。所谓“清”，就是同民营企业家的关系要清白、纯洁，不能有贪心私心，不能以权谋私，不能搞权钱交易。

同时，粤港澳大湾区加快规划建设，城市加快融入全球化的新浪潮，对政商关系的重塑也提出了更高要求。面对全球化带来的机遇和挑战，光靠企业单打独斗不利于愿景的实现，政府和企业应该通力合作，共同打造亲商、安商、便商、富商的良好氛围，构建新型政商关系，优化全球资源配置，实现互利共赢。

在这样的背景下，2012 年以来，顺德创造性地提出“不要勾肩搭背，也不要背靠背，而是要与企业肩并肩，向前走”，积极构建“亲”“清”新型政商关系。2015 年 12 月 1 日，顺德区召开企业服务促进大会，向企业家传达了继续加强政府服务的信号，以更实际有效的行动，提振企业家的信心，为本土企业扎根顺德发展、优秀项目引进落地、营造有竞争力的优良环境提供支撑。为此，顺德推出企业服务“10 条”，坚持“政府造环境，企业做主体”，加快解决企业反响较大、制约发展的突出问题，为企业茁壮成长、做强做大营造良好的外部环境。

2016 年底，为跟上顺德企业创新及全球化需求，顺德政府开启了全球路演活动，选择与企业“肩并肩、手挽手”，共同“走出去”。2017 年，顺德借助美的并购库卡这一重大事件带来的影响力，走进德国进行顺德城市推广。2018 年 4 月，“发现顺德 · 全球路演”再次走出国门，来到素有“欧洲心脏”之称的德国科创高地亚琛市。顺德在亚琛与德方签订一系列项目，全球合作范围从经济进一步向医疗、教育、民生等综合领域增量提质。2017 年 12 月，顺德区召开企业座谈会，再次阐述了对新型政商关系的定位：“企业家是顺德的擎天柱，呵护好、服务好企业和企业家是党委政府的天职，顺德区委区政府将坚持制造业立区不动摇，为助力企业发展造环境、拓空间；将更主动有为地服务好企业，与企业站在一起，帮助企业更好地参与市场竞争，更好地走向全国，走向世界。”

顺德构建新型政企关系的一系列举措赢得了普遍认可。在 2018 年中国营商环境百强区县中，顺德排名全国第 7 位。多年来，顺德已经沉淀出政企良性互动的氛围，也培育出一大批创新能力和市场竞争力强大的优秀企业，以及一大批具备国际视野和高度社会责任感的优秀企业家。目前，顺德聚集了家电、机械装备两大超两千亿级的产业集群，涌现出一批在全国乃至世界都有影响力的“隐形冠军”企业，培育了 39 家规模超 10 亿元的民营骨干企业，打造了“中国家电之都”等 28 个国家级品牌。

产业政策：产业升级“推手”

在宏观把握好政商关系边界的同时，顺德亦注重通过制定产业政策发挥政府对经济的引领作用。改革开放之后，顺德政府相继出台了很多与产业发展相关的措施，这些规划、政策、目录或是优惠措施，在拉动经济发展、促进结构调整、调节供求关系等方面都发挥了积极的作用，引领顺德本土乡镇企业逐步成长为国际化大集团。

率先培训农民企业家

改革开放初期，社队企业对顺德乡镇企业的崛起作用巨大。当时，顺德社队企业的负责人大都是地道的农民，他们基本没有现代管理的经验，不懂财务建账，有些企业的财务人员甚至就在烟盒的背面记数字。[①] 1975 年，全县有 1 188 家社队企业，总收入仅为 8 590 万元。那时，人才奇缺，整体素质低下，33 000 名员工中，只有 8 名学生。

社队企业的发展与现实，让顺德政府认识到，必须提升其从业人员的素质。为此，顺德在 1975 年成立了社队企业局。该局成立后的第一件事，就是从广州的大专院校请来财会方面的教师，又在县里找出几位资深的会计师，为企业举办关于财务的培训班。不仅针对会计，后来还针对企业厂长、经理、企管骨干开展培训，教授市场营销、国际贸易、目标成本管理、价值工程等现代企业管理知识，极大地开拓了“洗脚上田”的农民企业家的视野。在这些人中，后来涌现了一大批赫赫有名的企业家，包括美的集团的何享健、科龙集团第一任总裁潘宁、格兰仕董事长梁庆德，以及康宝的“消毒柜之父”罗小甲等知名人物。[②]

---

① 招汝基等,《先行者的 30 年：追寻中国改革的顺德足迹》，新华出版社，2008 年，第 57 页。

② 同上。

培育上市企业军团

20世纪90年代初，我国开始发展证券市场，顺德区政府也十分注重企业上市工作，引导股份制企业上市增资扩张。20世纪90年代初，股份制在顺德企业中开始发展起来，市委、市政府通过提倡和鼓励，引导和支持，不断总结经验，使之逐步完善。1993年11月12日，美的在深圳证券交易所挂牌上市，成为中国第一家经中国证监会批准的由乡镇企业改造的上市公司。通过上市融资，美的迅速把盘子做大，主营业务收入由1992年的4.87亿元飞速增长至1996年的25亿元，成为国内最大的家电生产基地之一。此后，万家乐、科龙（前身为珠江冰箱厂）分别在深圳证券交易所、香港联合交易所挂牌上市。

2005年，在企业上市沉寂了一段时日后，顺德出台鼓励企业上市的政策，再次掀起顺德企业上市的热潮。为更好地推动顺德企业上市，顺德区经贸局编印了《顺德企业上市手册》，重点介绍各级促进企业上市的政策措施，企业上市的基本条件、基本程序和上市成本，以及相关中介机构的情况等，为相关企业制订上市计划提供重要的决策参考依据。

2010年，顺德又印发《顺德区上市企业扶持奖励办法》，以最高1 000万元的奖励金额，鼓励区内企业挂牌上市。2018年，顺德区政府印发《佛山市顺德区加快推动企业股改上市三年行动计划（2018—2020年）》。根据计划，到2020年，顺德力争实现上市企业50家、新三板挂牌企业60家、区域股权市场挂牌企业200家。

鼓励发展总部经济

2008 年前后，在改革开放进入第 30 个年头时，顺德开始面临土地紧缺等产业发展瓶颈，美的、格兰仕、东菱凯琴等明星企业纷纷到外地设厂。就在不少人忧心顺德产业有可能落入空心化陷阱之时，顺德开始规划建设德胜商务区、北滘总部经济区、伦教珠宝首饰总部集群，大力发展总部经济。

2011 年，顺德区政府印发《加快总部经济发展实施办法》，吸引本土企业、外来企业在当地设立总部或区域性总部，引导企业将核心业务从传统制造向设计、销售、服务等高端环节延伸。到 2012 年，顺德总部企业达 21 家，行业范围涵盖制造业和第三产业，总部经济对顺德税收的贡献达 68%。

到 2018 年，顺德已有美的、碧桂园、盈峰等企业总部扎根北滘镇，万和、万家乐等知名家电品牌总部扎堆容桂街道，周大福、周生生等珠宝行业上市公司接连将区域总部迁入伦教街道，总部经济在顺德已呈多点开花的状态。

在 2010 年国际金融海啸余波未了之时，为扶持优质民营企业和中小企业做强做大，顺德出台了《顺德区优质企业成长工程（龙腾计划）实施方案》，选择 300 家优质企业作为重点扶持对象，综合施策破除制约企业发展的瓶颈。

2012 年新年元旦假期刚过，顺德区政府又以 1 号文件的形式表达了对区内小微企业的关切，出台《顺德区促进小型微型企业发展（星光工程）实施方案》，提出全方位扶持 1 000 家小微企业，培育顺德经济“后备军”。

星光工程和龙腾计划以 1 300 家优质民营企业和中小企业为抓

手，营造“小”“微”企业做大事，“大”“中”企业有做更大事的环境氛围，构建大中、小微企业共同发展的产业生态，共同推动顺德区产业转型升级步入快车道。

划定全国首个“产保区”

改革开放以来，产业成就了顺德，但顺德产业发展却面临着一系列“痛点”。尤其是在2016年进行环保督查与土地督查之后，顺德发现部分企业有囤积工业用地，伺机进行“工改商住”的现象，部分区域甚至出现产业空心化的苗头，影响实体经济的根基。

2017年，顺德区十六届人大二次会议明确提出，要“持续做强实体经济”。并指出，“顺德今天的辉煌靠的是产业，轨道时代顺德更不能丢掉产业，未来屹立珠三角还要依靠产业”。在这次会议上，顺德区政府提交人大审议《关于建设产业发展保护区暨整治提升村级工业园区的报告》。该报告指出，全区在当年12月31日前完成产业用地总规模不少于18万亩的产业发展保护区划定工作。

以法定程序来对“产保区”实行专项保护政策，不仅是为了确保“产保区”的发展能够“一张蓝图绘到底”，也是为了强化社会监督，要求各级政府每年向同级人大汇报整治提升工作，并向社会公布，接受社会监督。

2018年初，顺德区正式发布《顺德产业发展保护区划定方案》，明确了顺德10个镇（街道）“产保区”的划定范围，其中核心区面积达18.14万亩，同时划定了产业发展过渡区和产业发展整治区。方案还提到，原则上，产业发展保护区规划每5年调整一次，“三区”可实现转换，并明确了转换机制。其中，对于保护区向过渡区的调整和转换，方案提出调整后的工业用地面积须符合“占补平衡、只增不减”的原则，调整出产业保护区的工业用地面积，需由符合原则的工业用地或空地纳入，保证 18.14 万亩的刚性底线。这是顺德防止产业空心化出台的重要政策。

全球经营：走向世界的顺德经济

1978 年，全国首家“三来一补”企业大进制衣厂在顺德成立，以贸易代工模式拉开了顺德融入全球经济体系的历史大幕。

40 年来，顺德在全球化浪潮中把握住了发展的机遇，通过产业链连接迅速融入并参与全球产业分工，走过了引进、吸收、再创新等阶段，在全球产业价值链条上的地位不断攀升，成就了自身的发展。从固守乡土到布局全国，再到谋划世界，一个以顺德为总部，辐射全国、全球的顺德企业发展新格局正在形成。

以港为师，加工贸易接入全球化

此前，全球化浪潮经历了两大阶段：一是大航海时代开启的跨国贸易；二是二战后，一大批跨国公司把生产车间搬到亚洲国家，在全球范围内组织生产。这两大阶段，分别属于贸易和生产领域的全球化，是在流通和生产环节进行全球化的资源配置。

改革开放以来，顺德经济的腾飞都与港资进驻密切相关，早期的“三来一补”企业在顺德逐渐萌芽。1980 年 1 月，顺德干部组团赴香港考察，向顺德籍在港知名人士反复介绍顺德的发展规划，还专门对香港一些具有先进水平的现代化企业、高科技设施等进行详细调查。

1984年后，顺德进一步发挥邻近港澳、海外侨胞众多的优势，善用地缘、人缘、亲缘关系，走发展外向型经济的道路，继续通过“三来一补”和合资、联营等形式积极发展外向型企业。当年，合作企业发展到12家，并首次办起4家合资企业。1987年，“三来一补”企业兴办548家，年工缴费收入700万美元，港、澳、台投资企业23个，产值达1.77亿元。

面对有着强劲对手的市场竞争和缺技术、少设备的生产条件，顺德从模仿香港地区和日本的产品起家。第一台风扇、第一台空调、第一台冰箱，几乎都是把香港地区、日本的产品买来拆开后，发现自己能够生产，于是自己加工或采购零部件组装出来。20世纪80年代中期，裕华风扇厂的区鉴泉从香港买回两台鸿运风扇拆解分析，结合自身技术力量改进创新，新产品投入市场即行销全国。桂洲风扇厂与外商合作，进口了当时先进的风扇生产设备，成为内地第一家向美国出口吊扇的工厂。

主动“以港为师”，顺德外向型经济率先起步。1987年3月召开的顺德县第六次党代会，正式确定发展外向型经济的方针。会议要求：各级部门应认真研究，采取有效措施，致力于外向型产品的发展，逐步使顺德的经济从内向型转到外向型为主。这一决策，迅速使顺德的对外开放在广度和深度上发展的新局面，并使经济建设进入了一个新阶段，整个经济结构发生了显著变化。由港商在陈村兴建的捷强制衣有限公司，投资额达9 000万港元，产品全部外销。顺德制造在全球产业转移的浪潮中先行一步，涌现出蚬华电器厂、美的风扇厂、裕华风扇厂、蚬华微波炉厂、华英风扇厂、珠江冰箱厂等一大批产值超亿元的外向型企业。

外向型经济给顺德带来经济腾飞。不到10年时间，顺德创造了数以百计的名牌产品，综合实力更是跃居全省各县之首，一举奠定了顺德外向型经济之基。

海外设厂，就近生产融入全球化

进入21世纪以来，随着经济全球化的不断深入，新一轮国际产业转移浪潮逐步形成。2001年，中国加入世界贸易组织，激发了中国内在的活力，也为顺德扩大开放、发展外向型经济提供了新的机遇。

早在20世纪80年代，一些顺德企业已经率先试水出国开办企业，勒流华星风扇厂、容奇镇大进制衣厂分别到古巴和新西兰办厂。顺德出口产品结构也发生较大的变化，从原来出口农副产品转到以出口日用电器等工业产品为主。电风扇、电饭锅、文体用品、鞋类、丝绸服装、针棉织品等，远销日本、法国、德国、英国、美国等100多个国家和地区。

进入21世纪，为了进一步发挥地处沿海地区的优势，顺德在2000年将眼光向外，千方百计开拓国际市场，实现外向型经济的发展。在开拓海外市场上，做到“三个全方位”，即全方位与国际惯例接轨，全方位引入国际投资，全方位开拓海外市场。

在政府的引导下，一大批具有较强技术实力、制造能力和竞争能力的顺德企业在全球市场寻找新的突破点。

美的集团拉开了全球化大幕，加快海外分支机构的建设，建立驻欧洲、纽约的分公司和驻日本、新加坡、韩国的办事处，构建国际销售网络。2007年，美的首个境外生产基地在越南胡志明市落成投产，具备年产500万~800万台小家电的制造能力。借助生产全球化的新机遇，顺德企业积极参加国际市场竞争，国际化发展模式初步形成。科龙集团先后投入 1 亿港元和 11 亿日元设立香港科龙发展有限公司和日本科龙株式会社。格兰仕把战略重心转移至海外市场，自 1999 年起，其微波炉在全球的市场占有率超过 40%，一度成为微波炉的代名词。

目前，顺德制造的足迹已到达世界六大洲。伊之密在北美、印度布局了生产基地，出口营收大幅增长，今后将逐步提升到总收入的 30%；格兰仕在美、英、法、德等国设有销售公司或零售中心，进出口占集团总产值六成；美的在白俄罗斯、越南、巴西等“一带一路”沿线国家建厂，海外市场业务收入比重已经突破 50%。

投资并购，抢占全球价值链高端

当前，全球化进入第三个阶段，由于信息技术的发展，知识和技术的交易变得简单，全球化正从贸易与生产的一体化走向知识与技术的一体化。从 2008 年国际金融危机以来，顺德企业从“贸易便利型”驱动的对外合作，转向了“技术提升型”的合作新方式，有效利用全球价值链进行产业升级。

以美的集团为代表的顺德企业，以投资并购的方式加速向全球产业链高端迈进，通过全球化视野和资本运作能力推动公司转型升级。

2016 年，美的集团开启大规模全球扩张，对日本老牌家电企业东芝的白色家电业务进行收购，获得其 80.1% 的股权。由此，美的也获得 40 年的东芝品牌的全球授权及超过 5 000 项与白色家电相关的专利。2017 年 1 月，美的集团完成对全球领先的机器人及自动化设备供应商德国库卡集团的要约收购交割，共计持有库卡94.55%的股权。基于美的集团强大的规模效应及成熟供应链，库卡受益于其联合采购的战略，从而大幅降低了成本和提高了运营效率，当年全年的营业收入就达到34亿欧元，其中中国市场贡献了4.5亿欧元，双方的合作形成良好的协同效应。

广东伊之密精密机械股份有限公司则在2011年收购美国百年企业HPM公司的知识产权和制造资源，积极消化HPM公司的技术，并聘请了原HPM公司的技术研发骨干和管理人员。

位于顺德的广东埃华路机器人工程有限公司由安徽埃夫特智能装备股份有限公司与意大利EVOLUT机器人技术有限公司合资设立，布局广东市场。2016年，埃夫特大举进军海外，连续并购了两家意大利机器人公司，还与美国卡内基–梅隆大学机器人研究所合作，抢滩人工智能领域研究，逐步构建起国际供应链和创新网络。

通过升级出海模式，以美的、格兰仕、伊之密、万和等为代表的顺德民营企业走出了贸易—工业生产—技术合作—自主创新的开放路径。

海外研发，鼓励创新全球化

顺德企业以生产全球化、贸易全球化不断在海外攻城略地，也推动着研发的全球化加速布局。在创新全球化的新阶段，美的、伊之密、格兰仕等一大批顺德企业全球战略有效推进，通过与全球创新“尖峰”建立有效链接，进而实现人才、技术、资本等创新资源的对接，创新全球化不断提速。

美的在美国、日本、意大利、德国等国家设立了海外研究机构，以科技创新作为布局全球市场的基点，打破产业的边界，建立起新的差异化竞争力和商业模式。其中，美的在美国设立了两个研发基地，一个依托于路易斯维尔的家电研发资源优势，一个依托于硅谷的高新科技人才优势，在高新科技领域重点发力。到 2017 年底，路易斯维尔家电研发中心在美国提交超过 45 项专利申请，而成立仅半年的硅谷未来技术中心，更是成功研发了两款人工智能家电产品，并在多个人工智能领域取得了研发成果和技术、应用突破。美的集团董事长方洪波提出，要将资源投放在“看不见”的地方，占领新技术研发的制高点。

而广东伊之密精密机械股份有限公司聘请世界最大的注塑机生产商之一 ENGEL 公司的退休总工程师以及其团队，还在欧洲设立自己的研发机构嫁接整合欧洲高端技术。2017 年，公司在德国注册研发中心并成为亚琛工业大学塑料加工研究院会员，由伊之密和亚琛工业大学塑料加工研究院开发的机器人柔性制造中心加快走入产业化阶段。

格兰仕在美国、韩国、日本、英国等全世界多个国家或地区建立研发机构。2006 年，格兰仕在韩国首尔建立了“格兰仕韩国研发中心”，又在日本、英国等建立海外研发中心，前瞻性地在全球吸纳权威技术专家，从事家电产品尖端技术以及新材料、智能化的应用研究。

当下，以人工智能、工业 4.0 为代表的新一轮技术革命风起云涌。从全球研发创新版图来看，发达国家技术领先、人才丰富、科研基础设施完善，顺德企业布局这些区域的创新腹地，吸取人才、技术等优质的创新资源，通过有效吸收发达国家的技术溢出，加速产业结构的深度优化与升级，从而促进区域经济增长。

第四章 — 城市进化

工业化必然导向城市化。城市化被视为中国推动现代化建设的重大战略。过去 40 年，顺德在快速实现工业化的同时，也开启了城市化的步伐。依托庞大的工业基础，建设一个现代化的城市，成为一代又一代顺德人的梦想。

从 20 世纪 80 年代乡村城市化起步，顺德先后经历了城乡一体化、加快城市化建设、城市升级引领转型发展等阶段，一步步成长为粤港澳大湾区中的生态宜居城市。

从产业兴城到以城兴业，顺德过去 40 年并没有简单地走大都市化的道路，而是区别于北京、上海、广州，致力于打造一座兼容大城市产业效率和小城镇生态环境的现代化城市，为中国新型城市化提供了一个样板。

四次蝶变：从农村走向城市

改革开放 40 年，我国城市化发展进入了快车道。据统计，我国的城市化率已从 1979 年 18.96% 激增到 2017 年的 58.52%，特别是2008年城市化率（46.99%）首次超过工业化率（46.9%）之后，[①]城市化成为引领中国发展的新引擎。

顺德地处改革开放前沿地带，在率先实现大规模工业化后，也率先开启了城市化之路。早在2002年，顺德非农业人口已达648 301人，占总人口的58.43%。[②]这个数据意味着，顺德2002年城市化率已经接近我国2017年城市化率的平均水平。2017年底，顺德的城镇常住人口比重更高达98.58%。[③]单从人口指标来看，顺德确实率先实现了高度城市化。

回顾过去40年，可以说，顺德的城市化进程大体经历了四个阶段，从20世纪80年代的乡村城市化到90年代的城乡一体化，再从21世纪之初的城市化加速到21世纪第二个十年开启的“城市升级”，几乎每十年就有一次变革，螺旋式推动顺德一次又一次的城市“蝶变”。

今天的顺德，并没有变成钢筋水泥森林，而是小桥流水、花开四季。顺德人的腰包鼓了，车子有了，路通了，水清了，房子变靓了，一个美丽生态宜居的山水花园城市正屹立在珠三角腹地。

“村村点火”带动乡村城市化

改革开放前10年，我国处在以初级工业化为基础的乡村城市

---

① 朱鹏华，《中国新型城镇化道路》，经济科学出版社，2017年，第53、60、65页；同时参考我国《2017年国民经济和社会发展统计公报》。城市化率是衡量一个国家或地区城市化水平的重要指标，它一般指一个地区的城镇常住人口占该地区常住总人口的比例。

② 根据顺德区发展规划和统计局《1992—2003年统计年鉴》有关材料统计。

③ 顺德区发展规划和统计局，《2017年佛山市顺德区国民经济和社会发展统计公报》。

化快速发展阶段。首先是农村经济体制改革极大解放了农村生产力，大量农村剩余劳动力涌进经济发达城市特别是东南沿海地区，交通、医疗、教育等领域的诸多城市病不断显现。于是，我国开始探索新的城市化发展道路。

1989 年 12 月，全国人大制定通过《中华人民共和国城市规划法》，以国家立法形式明确规定了我国今后“严格控制大城市规模、合理发展中小城市”的新型城市化方针，国务院为此修订小城镇建制标准，建设部等多部委联合印发《关于加强小城镇建设的若干意见》。

这一时期的顺德走在了全国前列，通过初级工业化快速实现了从农业县向工业市的跨越，完成了顺德城市化的第一阶段——乡村城市化。

20 世纪 80 年代初，“村村点火、户户冒烟”，顺德开启了以乡镇企业发展建设为主角的乡村城市化探索，特色十分鲜明，即工厂工人离土不离乡、离厂不离乡，马路经济盛行，城镇呈现大分散、小集中的格局，甚至给人留下“城不像城、乡不像乡”的小城镇形象。

这一阶段，顺德人就敏锐地意识到城市规划的重要性，较早地开始了从具体事项的城市规划到全域性城市规划的演变。

1979 年 4 月，中共中央国务院批转的国家建委党组报告中就强调：“认真搞好城市规划和建设。”也就是在这一年，顺德着手编制了第一个县域城市建设规划——《大良镇 1979—1985 年建设规划》。

1984 年，顺德人认识到，搞好城镇建设是实现四个现代化建设的重要内容，为此建立起负责城市规划建设的专门机构——城乡建设委员会，加强中心城区的统一规划、统一集资、统一征地和统一建设。随后，根据顺德县第五次党代会决议，县委、县政府主持制订大良镇第二个城市规划——《大良地区 1985 年—2000 年总体规划》，明确提出“一个中心、两轴、三个城镇群”的城市化发展思路。

中级工业化推动城乡一体化

1992 年，顺德撤县设市，随后被国家确定为“乡村城市化试点县市”。以此为起点，顺德城市化进入城乡一体化的新阶段。

这一时期，顺德启动以产权制度为核心的综合体制改革，大批乡镇企业转制成为产权明晰的现代企业，推动顺德实现中级工业化。

与工业化加速相呼应，顺德城市化持续加速，一方面高标准规划建设中心城区，另一方面侧重工业区和住宅区的规划改造，出现城乡发展并驾齐驱的态势。

1992 年 5 月，顺德市国土规划局成立，组织编制了《顺德市城市总体规划（1992—2010）》，提出“一个中心、三个副中心城镇群”“大良组团为全市政治、文化、信息中心”的新时期城市化发展思路。

1994 年 6 月，顺德市人大审议通过《顺德市市域城乡一体化规划》；同年 11 月，顺德实施《顺德市城乡一体化规划纲要》。1997 年，制定《顺德市乡村城市化试点方案》，明确实现城市现代化、城乡一体化的指导思想和基本原则，提出希望走出“组团结构、水乡特色、城乡一体化”城市化新路子。

到 1998 年末，顺德全市市镇建成区 63.52 平方公里，比 1991

年增加 70% 以上，基础设施建成投资累计 120 多亿元。[①] 一批规划合理、设计新颖、功能齐全、环境优美的住宅小区相继落成，市民的居住条件大大改善，全市建成区初步形成“点成景，线成廊，面成园”的绿化美化新格局。

这一时期，顺德的城市管理开始走上法制化、规范化的轨道，城乡环境“整、洁、美”日益明显，一个以岭南水乡与城乡一体化为特色的组团结构花园河港城市已具雏形。

1993 年拆迁中的顺德县前路（摄影　邝润棠）

① 顺德区发展规划和统计局，《1992—2003 年统计年鉴》。

不过，这一时期的顺德城市化水平还滞后于工业化发展水平，陆续暴露出初级城市化的一些问题。一是建设分散，中心城区不突出。顺德 1999 年共有 12 个镇（街道）、221 个村（社区），面积最小的容奇镇 7.7 平方公里，面积最大的杏坛镇 121.09 平方公里。规划上有中心城区，但建设上还是以镇为主，力量分散、资金分散、项目分散，一些单体建筑漂亮，但整体欠缺，马路经济仍很明显，城市形象不够突出，基础设施建设落后。二是工业分散，遍地开花，大大小小的工业区有 215 个，土地粗放，利用率低，一些镇级工业区受到村级分散、无计划、无指标用地的冲击，致使大规模工业区难以成型，限制了工业发展和产业调整提升的空间。① 因此，建设中心城区、尽快提升城市化水平就成为顺德下一步城市规划建设发展的新方向。

开发新城区，建设现代化城市

2000 年，顺德市被确定为广东省率先基本实现现代化试点市。随后举行的顺德市委九届五次全体扩大会议认为，没有城市化就没有现代化，顺德进入中级工业化后伴随而来的必然是城市化新阶段。

1999 年，顺德非农业人口占总人口的 32.70%。② 此时的顺德城市化率确实不高，实际上兼具小城市和大城市的部分特征。2000 年，顺德市委、市政府印发《关于进一步提高我市城市现代化建设水平

---

① 招汝基等，《先行者的 30 年：追寻中国改革者的顺德足迹》，新华出版社，2008 年，第 428—429 页。

② 顺德区发展规划和统计局，《1992—2003 年统计年鉴》。

的意见》和《关于加快新城区建设的意见》，明确提出“遵循城市化发展的客观规律，坚持以人为本和可持续发展，紧密结合产业结构优化升级，实行高起点规划、高标准建设、高效能管理，推动城乡一体化向城市化的战略转移”。在合并容奇、桂洲组建容桂镇的基础上，又合并大良和德胜组成新的大良镇，最终形成大良—容桂—伦教的顺德中心城区框架。

2003 年顺德撤市设区后，根据佛山市编制的城市总体规划，顺德城市化被统一纳入佛山市的城市化规划与发展进程，大良—容桂组团成为与佛山市中心城区并驾齐驱的核心城区，即佛山市的“2+5 组团”，顺德迎来快速城市化的新时期。

2008 年 3 月，顺德召开中心城区管理体制改革动员会，决定把城区建设开发中心整体平移给大良街道办管理；同年底，行政服务中心、演艺中心、图书馆、德胜广场、顺峰山公园等一批市政公共设施相继投入使用，成为顺德现代化城市新形象的集中体现。

与此同时，顺德修编完善北滘、乐从、陈村、龙江等镇的总体规划，加快了各镇区建设和改貌，城市化水平得到提升。

2009 年 8 月，顺德重新制定《佛山市顺德区总体规划修编纲要（2009—2020 年）》，确定顺德未来发展的总体战略是“从镇街群到大都市区”，消除过去存在的街镇“背靠背”现象，向“全区一盘棋发展”发展战略转移，建设广佛大都市区南翼副中心城区。

不过，顺德这一时期的城乡发展仍不均衡，各镇（街道）的城市功能有待提升，城市公共服务和基础设施还很滞后，产业升级、区域融合与协调发展的任务紧迫，亟须顺德人摸索新的城市化道路。

城市升级引领转型发展

有什么规划，就有什么环境；有什么环境，就有什么产业。2011 年 7 月召开的顺德区委十一届十三次会议提出“城市升级引领转型发展，共建共享幸福顺德”的战略目标，通过实施功能片区战略、滨水组团战略和环境再造战略建设宜居顺德。

顺德之所以提出城市升级的城市化新型发展战略，主要是因为顺德之前的城市化是有明显的工业化带动痕迹的，留下了半工业化半城市化的问题。不可否认，2011 年顺德城市化率并不低，但是城市发展的质量并不高，城市开发深度不足，城市内涵、格局和功能等较为滞后，难以承载庞大复杂的经济社会活动，在一定程度上影响了产业升级、生态人居环境改善、社会管理提升和高端要素聚集。因此，2011 年启动的顺德城市升级是一次补课，突出的特点就是改善环境，满足高端创新人群的需求，用城市集聚人才，用人才来推动发展，这也是从人的需求出发的体现，最终要实现的是从产城一体到产城人一体的新型城市发展模式转型。

为此，顺德实施了《城市升级五年行动计划》，主要通过组团中心提升、“三旧”改造、公共交通和市政基础设施、生态环境和宜居城乡、产业新城、城市管理智能化建设等工程项目，来提升顺德的产业、生活与生态环境。三年城市升级行动完成后，顺德对前三年行动结果做出评估，总结经验教训，制订新的实施方案。2016 年，顺德五年城市升级行动基本完成目标任务。

2018 年 1 月，顺德区委十三届三次会议召开，提出实施强中心城市形态提升三年行动计划，坚持规划先行，推动城镇建设走向现代化，[1]既要通过强中心升级引领全区城市现代化建设，大力提升中心城区品质；又要发挥中心城区的辐射带动作用，引领各镇（街道）结合自身特点建设宜居宜业宜创新的美丽小城，让每个镇村都成为顺德版图上的一颗璀璨明珠；同时通过加强资源集聚，努力建设150万人口规模的高水平中心城区，打造顺德现代化建设成果的“展示窗”。

立体交通：打开城市建设的新空间

一个地方的城市化水平最为直观地体现为一个地方的交通基础设施状况。

顺德地处珠江三角洲的核心腹地，境内水网密布，河涌纵横，西江、北江的干（支）流从此过境，河流水面占整个顺德面积的37.4%；同时，以冲积平原为主，平原面积占了整个顺德的58.7%。这种水乡平原特色，决定了顺德工业化初期的城市基础设施建设将航道港口作为其优先的发展考虑，便捷的水路交通成为这个时期推动顺德经济和社会发展的重要引擎。

随着产业升级和城市化进程，顺德随即将构筑四通八达的区域路桥网作为城市交通规划建设重点；广佛同城与珠三角一体化、粤港澳大湾区战略的推进，让顺德又迎来轨道交通时代。

从水路优先到陆路突围，再到地下轨道拓展，顺德已经形成水陆并进、内畅外通的立体交通网络，“30：15”交通圈也正在实现，

① 郭文海，《积极践行新发展理念，凝心聚力向现代化顺德迈进》（在中国共产党佛山市顺德区第十三届代表大会第三次会议上的报告），2018年1月8日。

即区域内驾车各镇（街道）之间30分钟可以互达，15分钟可以上高速公路。

不仅如此，顺德与大佛山及广州、肇庆、中山等珠江三角洲周边城市之间的交通也变得越来越便捷，这大大提升了顺德的产业效益，改善了顺德的城市形象，促进了城际间人员、资本、商品、信息和技术等城市要素资源的流动与优化配置。

发展经济外贸，建设现代河港

由于顺德的岭南水乡特色，早期公路设施的不发达，以及水运相对于陆运的巨大成本优势，水运航道和客货港口自然成为顺德实现初级工业化时期发展公共交通基础设施的优先选择。

改革开放以来，顺德通过石埧整治、炸礁清障、疏浚挖泥、裁弯切嘴等方式，疏浚整治了甘竹溪、顺德支流、东海水道、容桂水道，以及大良河、桂畔海、羊大河、英雄河、龙江大涌等主要水上航道。同时，顺德先后规划建设了容奇港（顺德港）、北滘港、勒流港、顺德新港等重要客货港口。

容奇港的建设、扩容与改名是顺德外贸型经济发展的一个重要缩影。改革开放初期，整个大良只有一条公路，水运成为顺德破解交通瓶颈、拓展外贸经济的重要突破口。随着科龙、格兰仕等一批行业巨头的出现，企业进出口需求日益增大。为此，顺德政府在1987年选择西江下游的容桂水道开工新建顺德境内的第一个外贸港口——容奇港，随后扩容为容奇新港，成为广东省第三大内河港，建有专用集装箱码头，设计年通过能力达到300万吨/80万只标准集装箱；同时，成立顺港客运联营有限公司，负责顺德往返香港的航班运营。

1987年，容奇港进出口旅客53.70万人，货物吞吐量240.38万吨；容奇新港启用后，货物吞吐量成倍增长，1991年达258.66万吨；客载量从1988年53.7万人，增至1991年的88.04万人。1997年，容奇直航香港客运码头迁到新建的顺德港，位于大良镇德胜东路五沙大桥侧。1998年1月，为配合顺德新城区的建设和提高顺德的知名度，经广东省政府批准，由佛山市政府投资将容奇港整体搬迁并易名为顺德港。顺德港已安全运送旅客超过1 100万人次。

与容奇港一样，北滘港的规划建设也是顺德外向型经济发展的必然结果。北滘港位于北江顺德水道北岸，105国道从港口旁边经过，三乐公路连接105国道和325国道，水陆交通十分便利，为全省最大的二类口岸和全国第一家镇级外贸口岸。

20世纪90年代，北滘的小家电出口量日益增多。1991年，北滘镇涌现了蚬华电器厂、美的风扇厂、裕华风扇厂、南华电器厂、蚬华微波炉厂等一批产值超亿元的外向型企业，特别是风扇成为当时的重要出口产品。1987年外贸部门组织出口风扇37.41万台，创汇251.38万美元；蚬华风扇厂1988年直接出口吊扇，创汇3 000万元人民币，1990—1991年出口创汇达1.1亿美元，大部分出口美国。为满足货运需求，1995年，北滘港建成运营，设计年通过能力为200万吨/40万只标准集装箱。20多年过去，北滘港如今仍是北江上最为繁忙的码头之一。2017年，北滘港进出口量再创新高，达到64.7万个标准集装箱，吞吐量跃居珠江内河支流首位，进出口货值达98亿元人民币。[①]

① 骆苏艳、吴大军、廖兆森，《顺德北滘港吞吐量跃居珠江内河支流首位》，载于《佛山日报》，2018年3月10日。

伴随着经济的发展，为分流容奇港与北滘港的货运压力，顺德又选择将勒流镇北江水道的私营小码头扩建成勒流港，为货物集装箱专用码头。1999 年，勒流港经广东省政府口岸办批准为国家二类口岸，开辟至广州、深圳、香港、澳门的定期航班和世界各地远洋航线。

伴随着城市的发展，顺德选择杏坛镇建设顺德新港。该港口于 2017 年 6 月投入使用，拥有 4 个 3 000~5 000 吨级多用途泊位，设计年通过能力 200 万吨 /160 万只标准集装箱。按照港口定位，顺德新港具有二类口岸功能的内河通用码头，不仅服务顺德，还面向中山、江门等周边地区，通往深圳、南沙、香港等多个国际性港口，为顺德本土和周边城市的生产厂家、贸易商提供了便利的水路交通方式，可有效减少企业的物流成本，提升企业市场竞争力。

2018 年 12 月 14 日，广州和顺德签署港航业江海联运战略合作框架协议，这是在粤港澳大湾区建设背景下，两地港航业本着“优势互补、互惠互利、深度合作、两地共赢”和服务企业的原则，积极深化交通运输行业供给侧结构性改革，加快运输结构调整，为两地外贸型经济发展创造更好的营商环境。

高速公路密度已超大伦敦地区

相对于航道港口的规划建设成就，顺德人看待路桥网的心情可能要复杂得多。岭南水乡的特色，造就了顺德“桥多路杂”的公路建设现状。

改革开放初期，顺德就启动过大规模的公路桥梁网规划建设，1984 年完工的广珠公路四桥（三洪奇、容奇、细滘和沙口）还创造了“以桥养桥”[①] 的基础设施建设融资新模式。20 世纪 80 年代末，顺德已经形成以大良为中心，以主干线为骨架，向镇乡辐射并连通广州市、佛山市的公路网，实现了镇镇通公路、96% 的村通汽车的重大建设成就。

要致富，先修路；路通，即财通。改革开放初期的交通基础设施建设，既改变了顺德交通落后的面貌，也为顺德的对外交往和社会经济发展创造了有利条件。1992 年撤县建市以后，顺德继续投放巨资修筑公路和桥梁，从交通建设缓解性“五路八桥”[②] 工程到适应性“六路八桥”[③] 工程，再到顺德市汽车站和勒流交通中心工程项目，不但实现了顺德历史上一级公路零的突破，而且当时建成的顺德立交桥为亚洲最大公路立交桥，德胜大桥为全省第三大桥，还完成扩建 105 国道顺德段、省道 112 线顺德陈村段和新建顺番段等重要路段。20 世纪末，顺德公路主骨架网络基本完成，初步形成了境内四通八达的公路网格局。

21 世纪以来，为全面推进城市化的战略转移，顺德公路建设进入路网优化和提高充实阶段。2003 年撤市改区后，顺德重点建设广珠西线高速公路，完成 105 国道桂洲大道跨线桥，整治 105 国道容

---

① 早期广珠路上的四桥，由澳门南联公司向广东省公路建设公司贷款 1.5 亿港元建设。四桥建成后依靠过桥费还贷，即所谓的“以桥养桥”融资模式。顺德后来还创造了“以路养路”“以电养电”等模式。

② “五路八桥”：“五路”即佛陈公路、三乐公路、龙洲公路、碧桂公路、百安公路；“八桥”即顺德立交桥、百丈大桥、七滘大桥、西海大桥、德胜大桥、大沙大桥、三洲大桥、湾华大桥。

③ “六路八桥”：“六路”即 105 国道顺德段、省道 1903 线顺德路段（白陈路）、佛陈公路与碧桂公路的连接线、南国东路和西路、佛开高速公路与龙洲公路连接线、顺番公路；“八桥”即林头新桥、三洪奇新桥、容奇新桥、南浦新桥、陈村大桥、马岗大桥、甘竹滩大桥、南沙大桥。

桂段，修整 325 国道龙江段，新建顺番公路五沙段、龙江段、杏坛段，扩建佛陈公路等。2003 年实现村村通公路，区内基本形成中心城区到各镇村、镇与镇间、各镇至各村之间的三级公交网络系统。

2018 年的顺德立交桥，该桥于 1994 年 7 月竣工，为当时全国最大的公路立交桥，2010 年初增建两条匝道（摄影　杨赞民）

105 国道和 325 国道——顺德的“黄金走廊”

105 国道和 325 国道分别自北向南和自东向西穿越顺德全境，支撑起顺德四通八达的城市公路交通网主骨架，这两条国家级公路沿线为顺德最重要的产业经济带，也是彰显顺德城市升级改造的重要名片。

105 国道是我国的一条南北主干道，起点为首都北京，终点为澳门特别行政区，自北向南穿越顺德。这条交通大动脉，是顺德“马路经济”的发源地，沿线遍布了上千家企业，美的、科龙、万家乐等多个知名企业都在其中，被誉为造就顺德经济发展奇迹的“黄金走廊”。

325 国道是我国南部重要的东西通道，也是顺德的另一条“黄金走廊”，在顺德境内自东向西穿越伦教、勒流、龙江等产业名镇，沿线为顺德的家具制造、塑料建材、木工机械和珠宝首饰等支柱产业聚居区。①

2009 年，抓住国家刺激经济增长的历史机遇，顺德路桥建设迎来了另一个建设高潮期。当时，虽然区域内骨干公路网甚为发达，各街镇村居也通过公路串联起来，但是却出现内畅而外不达的现象。为此，顺德启动了新一轮交通规划建设，大力打破交通所面临的“铁桶”困境。

这一时期，顺德高速公路的建设成就尤为瞩目。2009 年，顺德全境高速公路仅 11 公里。但到了 2014 年，顺德全区的公路密度已达 223 公里 / 百平方公里，高速公路密度 11.7 公里 / 百平方公里，这一指标甚至还要优于英国伦敦大区。②

面对粤港澳大湾区的新机遇，顺德正启动新一轮的交通规划建设，谋划建设内环、中环、外环，使区内各镇（街道）交通更加便利，对外快速对接深中通道，与广州、深圳、香港、澳门等地实现互联互通。

---

① 王澍，《105 国道见证顺德变迁》，载于《佛山日报》，2018 年 9 月 23 日。

② 张培发、盛正挺、刘嘉麟，《梁维东主政八年留下怎样的顺德》，载于《南方日报》，2014 年 12 月 1 日。

拥抱地铁，连通广佛

随着产业转型、城市升级的推进，顺德对轨道交通的需求越来越迫切。目前，顺德运营中的轨道交通主要包括广珠城轨和广佛地铁，可无缝对接广州地区。

2005 年 3 月，国务院审议并原则通过《环渤海京津冀地区、长江三角洲地区、珠江三角洲地区城际轨道交通网规划》。2011 年 1 月 7 日，顺德盼望已久的广珠城际铁路通车运营。广珠城际铁路北起广州南站，南至珠海拱北口岸，全长 143 公里；其中顺德境内 29.8 公里，设碧江、北滘、顺德、顺德学院和容桂五座城轨车站。依托广珠城际铁路，顺德南下可快速到中山、珠海、澳门等地，北上可直达广州南站，然后通过地铁快速抵达广州中心城区。2016 年 12 月 28 日，广佛地铁 1 号线（二期）正式开通运营，从佛山市禅城区魁奇站延伸进入顺德乐从镇新城东站。尽管只有 5.3 公里的里程，却实现了顺德与广州荔湾、海珠和佛山禅城、南海等区域的连通。

目前，佛山地铁 2 号线、3 号线正在加紧建设。这两条地铁线路将进一步拉近顺德与广州、佛山中心城区的联系。按照相关规划设想，顺德将以区域一体化目标，构建等级明晰、功能互补、均衡、一体化的轨道交通体系，最终构筑起快速便捷的广佛都市区“3060”交通圈[①]。未来，顺德人前往佛山市区以及广州、肇庆、中

---

① “3060”交通圈作为顺德人的交通梦，是指顺德通过城际轨道，实现顺德中心—区域枢纽 30 分钟到达，顺德外围—区域枢纽 60 分钟到达；通过城市轨道，实现顺德中心—广佛中心 30 分钟到达，顺德外围—广佛中心 60 分钟到达；通过城市轨道和有轨电车，实现顺德外围—顺德中心 30 分钟到达，顺德外围之间 40 分钟到达。

山、珠海等地将变得更容易、更方便。

中心城区：建设高水平现代化展示窗

中心城区是观察一座城市的“窗口”，是一座城市建设水平的集中展示地。一个高水平的中心城区，不仅可有效提升城市的承载力，更可以成为带动区域发展的重要引擎。改革开放40年，中国城市化进程中的中心城区发展其实存在两种功能模式：向外辐射与向内吸收，前者像母鸡孵小鸡一样带动了城市周边地区乃至城乡的均衡发展，后者则像内陆盆地水流内吸一样导致城市公共资源向城市核心区的高度集中与城乡差距加剧。顺德中心城区的发展显然属于前者。

多年来，顺德不断探索和完善中心城区辐射功能的规划建设。在1992年撤县设市前，大良一直作为顺德的县城所在地和中心城区。撤县设市后，顺德中心城区不断地扩容，最初为大良、容奇、桂洲、伦教的四镇组团，接着是大良、容奇、桂洲、伦教、勒流五镇和德胜区的五镇一区组团，然后是大良、容桂、伦教的三区组团。2003年撤市改区后，顺德中心城区的核心部分大良—容桂组团纳入佛山城市统一规划中，成为与中心城区并列的两大组团之一，作为佛山市副中心规划建设。

近年来，伴随着管理体制变革，作为佛山“一老三新”强中心之一的佛山新城划归顺德管理，顺德城市化进程由此开启了“双核运作”模式。

从大良镇到德胜新区

大良镇一直都是顺德的中心城区。改革开放初期，顺德中心城区给人的印象就是两三层的低矮平房和破旧马路，大良全镇也只有一座五层的旅馆大楼。为改变中心城区面貌，顺德县委县政府主持制定《大良地区 1985 年—2000 年总体规划》，大良镇被明确定位为顺德县的政治、文化、科技、财经活动中心和以轻工业、旅游业为主的现代化城镇。

根据顺德第六次党代会决议，顺德 1984—1986 年重点发展交通、能源、电信等基础性建设；1987—1988 年重点开展旧镇区改造，拓展新区；1989 年后开始调整工业布局。到 1990 年，顺德中心城区容貌明显改观，镇区面积 21.25 平方公里，开始形成以大良到容奇、桂洲为主体，面积达 22.3 平方公里的新中心城区，成为全县政治经济文化中心，非农业人口超过 20 万，中心城区的工业总产值占全县工业总产值的 50%，设有外贸口岸、海关、边检，容奇港也与香港实现了直接通航。

1992 年撤县设市，顺德中心城区由大良、容奇、桂洲、伦教四镇组成，最初规划 2010 年城区人口 60 万人，市区城市建设用地 78.38 平方公里。

1993 年，顺德市委市政府决定成立德胜区，由原属大良镇的南江、苏岗、逢沙、五沙一村、五沙二村、五沙三村、联盛、沙坑等 8 个管理区和顺峰山农场组成，规划面积 34.72 平方公里，作为顺德新的行政、金融、商业和科技中心。中共顺德市委市政府随后发布《关于加快新城区建设的意见》，计划 2015 年将其建设成为全省中等城市中处于领先地位，具有鲜明个性和时代特色的现代化花园式河港城市中心，成为全市政治、文化、金融和信息中心。

德胜新城区1994年3月动工兴建，至2000年建起金沙大道、五横路、德胜大道、府石路、五沙大道等主干道路，绿化、兴建华桂园、宝林寺、钟岗山郊野公园、顺峰公园和德胜广场，建起华侨中学、南江中学、聚胜小学和顺德职业技术学院，建成金桂园、聚胜新型住宅区。

2001年后，德胜新城区进入新的发展阶段，全面构建现代路网，市行政大楼、顺德展览中心等建筑相继建成，顺德党政机关随即搬进新区，新城区面积达31.8平方公里。顺德中心城区后来新增勒流镇，共五镇一区，规划中心城区人口规模到2010年达到80万人，人均城市建设用地120平方米。

2003年是顺德中心城区建设很重要的一年。顺德撤市设区，中心城区建设纳入佛山市统一规划；同时，伦教、容桂也撤镇变为街道，加上大良组成顺德新中心城区，规划2020年人口规模达到98万人，人均建设用地108平方米。至此，顺德形成大良—容桂—伦教三区组团的中心城区。根据顺德中心城区总体规划（2003—2020），顺德中心城区是珠三角区域性中心、重要的制造业基地，具有岭南滨水特色的佛山市的两个百万人口以上中心城区之一。

规划百万级人口聚集区

顺德新城是佛山最早启动的新城区，又名德胜新城、东部新城，位于顺德东南部传统中心良桂片区，如今由大良、容桂和伦教三街道组成。

1993年，顺德决定开发建设德胜新城区，最初规划面积6.5平方公里。2001 年，顺德新城进入全面建设阶段，顺德市委市政府决定将顺德新城面积扩大至 31.8 平方公里，增加逢沙等相邻片区的规划。到 2005 年，作为佛山新城标志性的三产项目——嘉信城市花园、嘉信城市广场以及顺德演艺中心先后落成，标志着顺德新城启动区建设基本完成，顺德新城初具规模。

2009 年，顺德区十四届人大四次会议确立“一城三片区”（东部、南部和北部三大功能片区）城市发展战略后，顺德区政府编制《佛山市顺德区总体规划修编（2009—2020 年）》，确定“顺德水道以南、佛一环南延线以东的地区，包括大良、容桂、伦教的全部，以及勒流、杏坛的东南部部分区域，为顺德的中心城区”。

2010 年，顺德新城德胜商务区启动招商。2011 年，顺德新城规划面积超过 70 平方公里，扩展为德胜河、桂畔海“两河四片”：一是中心片区，为顺德政治、文化、金融商贸中心；二是大门南苑片，为以轻工业为主的现代化工业区和以低层高密度花园式住宅为主的居住区；三是顺峰山公园片区，主要以公园绿地、旅游度假为主，生活居住为辅；四是逢沙片区，主要承担科技信息中心和水陆交通枢纽的作用。后来，又增加东片区和马岗片区。

2015 年，顺德区政府将顺德新城定位为顺德未来的“城市强中心”和广佛南部“城市副中心”，以此提速顺德产城互动，打造桂畔海、德胜河沿岸优美环境，建设高品质生活区和高端服务业集聚区，积极推动与广东自贸区的有效对接。

2015 年后，因战略调整，顺德新城演变为顺德东部新城，总用地面积 40.6 平方公里，整合大良、容桂、伦教三个街道资源，创新性采用“投资人 +EPC（设计、采购、施工）”模式，希望打造展示顺德“创新乐土，魅力水乡”的重要窗口。

顺德新城区德胜广场（摄影 叶伟涛）

打造城市“强中心”

2016 年底，国务院批复同意《佛山市城市总体规划（2011—2020 年）》，顺德大良—容桂组团定位为佛山市城市副中心。

2018 年 1 月，顺德区十三届三次党代会提出，大良—容桂组团将被打造成为顺德城市的“强中心”，通过区域内一体化将其建设成为 150 万人口规模的高水平中心城区和顺德现代化建设成果“展示窗”，对全区其他镇（街道）的现代化城市建设起到引领、带动作用。

按照规划，顺德强中心将通过“东望、南联、西融、北接、中聚”战略，成为粤港澳大湾区交通枢纽，全方位提升其城市能级：东面作为“接广深、连中山”的前沿阵地，容桂推进南顺大桥建设，同时加快推进外环路及周边道路改造；南面将确保 105 国道南头路口立交工程改造尽早动工，推进细滘片区建设现代物业、中小企业总部集聚区；西面对接佛山军民融合创新示范区，将马冈打造成大健康产业岛；中部则致力于环境营造和提升城市管理水平。

“一河两岸”城市客厅

一条德胜河，北岸是顺德政治文化中心大良，且拥有顺德区最密集的服务业集群；南岸是“千亿大镇”容桂，两镇（街道）常住人口已接近100万，随着城市面貌的提升、新兴产业的聚集和生活配套的增加，两镇已成为大家认可的顺德宜商宜居核心。

作为大良容桂融合发展的先行区——德胜一河两岸成为顺德此次中心城区城市形态提升的“重头戏”。根据顺德发布的《城市形态提升三年行动重点建设工作》文件显示，德胜河一河两岸景观提升工程被列为大良—容桂三年内重点建设项目。根据规划，德胜河北岸原顺德糖厂将被打造成“顺德工业文化展示及体验区”，同时加快北岸河滨公园建设，推动德胜西路改造提升工程；南岸容桂将重点打造德胜河南岸夜间亮化工程，与北岸呼应融合，强化中心城区地标建筑；而位于两镇之间的大汕岛和顺风岛将打造农业观光旅游项目。

“双核”驱动城市升级

佛山新城又称东平新城，是具有现代岭南特色的中心城区，与顺德新城共同推动顺德城市进入“双核”驱动时代。

2003年顺德撤市改区后，佛山市调整行政区划，整合佛山市域规划，实施“2+5 组团”，并推动中心组团跨过东平河，启动建设新城区，规划面积 44.3 平方公里，北起禅城区同济路，南至乐从三乐路，打造佛山现代化大城市的标志性地区。随后佛山市中心组团新城区建设办公室成立。

2007 年，佛山市中心组团新城区定名为东平新城，明确定位为“佛山市的中心城区，中央商务区、总部经济发展区、公共服务配套区，具有浓郁岭南风貌的绿色新城”。东平新城管委会随即成立。

2008 年，佛山市东平新城“南延东拓”，总规划面积从原来的 44.3 平方公里拓展到 88.6 平方公里；2009 年开始，东平新城文化中心、交通枢纽中心、CBD（中央商务区）A 区、汾江路南延、岭南大道南延、东平学校等十余个重点项目全面铺开，东平新城管委会获省政府批准为行政机构。

2010 年，佛山市要求新城建设要“大提速、大动工、大招商、大发展”，新城建设全力提速。2011 年，佛山市实施城市“强中心”战略，东平新城正式更名为佛山新城，东平新城管委会被佛山市政府赋予区级行政管理权限。

2012 年 7 月，佛山中德工业服务区在佛山新城挂牌，开启佛山与德国开展区域性合作的全新尝试。2013 年 12 月 11 日，为推动佛山强中心扩容提质，扩大佛山新城发展空间，佛山市委市政府正式做出佛山新城（中德工业服务区）由顺德代管的决策，佛山新城与顺德乐从镇区镇融合、联动发展。顺德进入“双核”驱动时代。

2015 年，佛山新城成为顺德北部片区一体化发展核心；同年顺德对佛山新城的代管调整为全权管理，佛山新城的定位由行政区调整为功能区，管委会仅作为招商引资机构；佛山新城此前的行政职能全部属地化，划归乐从镇和顺德区政府。

魅力小镇：打造乡村城市化升级版

我国乡村城市化开启于建制镇，而顺德的建制镇最早可追溯到1983年。1983年11月，顺德县委发出《关于公社改区的意见》，撤销人民公社建制，改设10个区、2个区级镇，14个乡级镇。

后来，顺德的镇（街道）几经撤并变革：1987年顺德撤销区级建制[①]，改设12镇；1993年撤销大良、德胜、伦教、勒流四镇，改设街道，新成立德胜区，设德胜街道办事处；2000年撤销大良与德胜街道办事处，改设大良区办事处（街道办事处）；2002年撤销容桂镇，改设容桂区，设街道办事处；顺德撤市改为佛山市顺德区后，下辖四街六镇至今。

其实，顺德街镇建制的撤并变革，是不同时期顺德村镇城市化和镇（街道）升级的重要反映。因为，顺德的城市化不仅是中心城区的城市化，也包括村镇的城市化。让村民拥有城市般的公共服务，同时享受乡村般的慢节奏。从工业卫星镇到产业集群镇，再升级到魅力小镇、特色小镇，顺德乡村城市化成为中国城市化进程的一个样本。

“一镇一品”的城市化

珠三角区别于长三角的重要一点是其发达的镇域经济。伴随着乡镇企业的崛起，顺德在城乡之间也出现了遍地开花、繁星般点缀于城乡之间的小城镇群落，走出了乡村城市化的关键一步。

---

① 这里的区级建制，是介于县和乡之间的一种行政区划建制，一个区管辖几个乡，这有别于后来作为镇建制并设办事处的区（如今的大良区、伦教区和容桂区）、市辖区（县级或地市级或副省级的特别区）和自治区等行政区划建制。

1985 年 10 月，容奇、伦教、北滘、陈村、龙江、勒流、桂洲等七镇被广东省政府批准为珠江三角洲工业卫星镇；1986 年 6 月，乐从、杏坛、均安等三镇被广东省政府批准为珠江三角洲工业卫星镇。发达的镇域经济带来了专业协作网络，资金、信息、人才等产业经济要素逐渐在一个个镇域集聚，从而催生城镇的升级要求，实现产城的有机融合。

实际上，实现初级工业化后，顺德经济已从农业为主转为工业为主，以高新技术产业为龙头的外向型经济和商品经济比较发达，顺德市委市政府适时提出“在初级工业化的基础上实现中级工业化，达到中等发达国家水平”的经济发展战略。而顺德市第八次党代会则明确提出，到 20 世纪末形成“一镇一品”“一镇多品”的产业集群镇特色，实现产业化与城市化的有机结合。

1997 年，容奇、桂洲、北滘三镇的工业产值分别达到 56 亿元以上，勒流、杏坛、伦教、龙江、乐从五镇的工业产值也分别达到 30 多亿元；11 个镇的工业产值 430.4 亿元，占全市工业产值总额的 81.6%。龙江家具专业镇、乐从家具产业镇、伦教木工机械镇、北滘家电专业镇等各具特色的产业集群镇崛起，也推动了顺德村镇升级改造进程，加速了顺德村镇城市化趋势。

产城人融合，建设魅力小城

21 世纪以来，顺德开启镇（街道）升级改造，一改千镇一面的格局，以特色魅力小城为核心进行重新规划建设。其中，城产人融合的北滘模式为顺德乃至广东探索建设未来理想城市提供了重要样本。

改革开放以来，北滘依靠自主创新成就举世瞩目的“家电王国”，2008 年实现工农业总产值首次过千亿，达到 1 023 亿元；2011 年实现工业总产值 1 463 亿元，成为顺德名副其实的第一大工业镇。然而，在 20 多年来的工业化带动城市建设的进程中，北滘却落下了半工业化半城市化的毛病，具体表现为：工业气息过重，商业氛围不足，传统制造业持续发展乏力，缺乏创新设计人才，等等。因此，家电专业镇转型升级迫在眉睫。

2012 年，北滘提出“智造北滘　魅力小城”的发展目标，出台实施《北滘镇发展三年行动计划》，针对不同城区采取不同的升级改造策略：一是在旧城区，按照“以人为本，环境再造”的思路，实施“减量、增绿、留白、整容”，在保留城市发展痕迹和历史记忆的同时，致力于创造更适合已有人群居住的城区环境；二是旧工业区采取“老瓶装新酒”的办法，以工业设计为主题，建设“广东工业设计城”，营造适合设计创意人才成长的产业氛围；三是在新城区，重点发展带动产业升级转型的总部经济以及现代服务业，大力发展人才、技术、资金聚集度高的都市型产业和金融资本行业，营造与国际小镇接轨的生活环境。

经过 3 年的升级改造，北滘初步完成从专业工业镇到魅力小城的转型。如作为新地标，美的新总部大楼和日美总部大楼拔地而起，图书馆、音乐厅、体育综合基地、广场、医院、五星级酒店和行政服务中心一应俱全，潭洲水道滨河景观带与佛山新城滨河景观带贯通，一个产业与城市相互融合、工作和休闲相得益彰、服务设施配套完善的魅力小城充满生机和活力。

以产促城、以城兴产、城产人融合，北滘魅力小城建设效果显著。2015 年，北滘实现工农业总产值 2 018 亿元，继续成为顺德第一产业强镇。与此同时，总部经济、工业设计等新兴产业加速成长，聚集了一大批高学历、专业技术人才，改变了北滘的人才结构，他们给北滘本地居民带来新思想、新文化，促进居民整体素质提升。

“十三五”期间，北滘坚持城市、产业、人居、文化“四位一体”和生产、生活、生态“三生融合”的发展目标，有望打造成为产业特色鲜明，服务配套完善，宜创、宜业、宜居、宜游的智造小镇。

顺德北滘新城区率先探索建设产城人融合的魅力小城

（摄影 戴嘉信）

北滘的实践成为顺德推动美城行动和城市升级的重要范本。中国综合开发研究院主任研究员李津逵认为，北滘眼下城市建设实践与国际先进地区的发展经验是不谋而合的，可以为破解中国新型城市化进程出现的“大城市病”、“工业区病”和“乡村病”提供有益的探索。[①] 而顺德也及时总结北滘经验，通过 5 年城市升级行动和

① 张培发、何翔威、曾文华，《顺德北滘建设魅力小城探路理想城市》，载于《南方日报》，2012 年 9 月 11 日。

魅力小镇建设将北滘经验推向全区。

打造特色小镇集群

2016年，国家提出新型城市化建设目标，开始在全国评选特色小镇[①]。跟魅力小城产城人融合的理念相似，特色小镇也要求产业发达，特色产业明显，最终形成产城人一体化功能聚集区。

北滘“智造小镇”以全省第一的成绩成为第一批国家级特色小镇。随后，乐从以“国际品牌小镇”被评为第二批国家级特色小镇。2017年佛山公布首批市级特色小镇创建名单，北滘、龙江“家居名镇”，乐从“乐商小镇”和陈村“花卉小镇”榜上有名。而同年广东省发改委公布的省级特色小镇创建工作示范点名单中，北滘、龙江、乐从和陈村四镇组合而成的顺德特色小镇集群示范区成功入选。2018年广东省发改委公布第二批省级特色小镇培育库入库名单，杏坛“智控小镇”、勒流“五金创新小镇”顺利入围。如今，顺德初步形成了一个特色小镇群。

城市升级：再城市化的探索

顺德走工业化带动城市化的道路，经济方面取得了令人瞩目的成就，但由于城市化滞后于经济社会发展，目前顺德面临发展受

---

① 特色小镇以建制镇的行政区划单位为基础，是建制镇的核心聚集区。它是指相对独立于城市地区，具有明确产业定位、文化内涵、旅游功能和社区特征的发展空间载体，是实现生产、生活、生态融合的未来城市发展方向。参见陈炎兵、姚永玲,《特色小镇 —— 中国城镇化创新之路》，人民出版社、中国致公出版社，2017年，第32页。

限、环境问题突出、社会管理压力增大等诸多问题，影响了技术、资本、人才等高端要素进一步聚集和经济社会发展转型升级。

对此，顺德从 2010 年起，确立“城市升级引领转型发展，共建共享幸福顺德”的发展目标，明确了打造兼具大城市产业效率和小城镇生态环境的网络型城市的目标。随后，顺德大力推进美城行动和城市升级计划，一改以往作为制造业城市的形象。

城市管理：从管理到服务转变

我国专门的城市管理主体出现较晚，但顺德却一直走在全国前列。1988 年国务院在批转建设部的“三定”方案中，明确“由建设部负责归口管理、指导全国城建监察工作”。为此，建设部于 1991 年设置城建监察办公室。1992 年 5 月，顺德市委市政府出台《关于顺德市建设系统管理体制改革的决定》，决定成立顺德市规划委员会，由市委书记挂帅，组成一个强有力的决策机构，指挥全市的城镇建设；同时设立市规划国土局和市政建设局，直属市政府领导；各镇相应设立建设国土办公室，由一位镇领导主管。

1995 年 1 月，顺德又成立市城市管理监察大队，各镇（区）设城监中队，开展城市管理的执法工作。1998 年，市城市管理监察大队更名为市城市建设管理监察大队，明确为具有城市规划建设、市政设施、公用事业、市容环境卫生、园林绿化五大监察职能。

2000 年，顺德经国务院批准承担相对集中行政处罚权试点工作，成为全国第一个县级试点单位。2001 年 9 月，顺德市行政执法局正式挂牌运作，履行相对集中行政处罚权职责。2003 年撤市改区后，顺德市行政执法局更名为顺德区行政执法局。2004 年又更名为佛山市顺德区城市管理行政执法局。

2005 年 11 月，顺德区城市管理委员会挂牌成立，各镇（街道）也陆续设立相应的城市管理机构，成立镇（街道）城市管理领导小组，并确立了以村（社区）为基础、镇（街道）具体实施、区宏观调控的城市管理体制（即“三级城管网络”）。2006 年 6 月，顺德区第一个城管工作站——容桂街道华口社区城管工作站挂牌成立，全区“三级城管网络”的城市管理体制也逐步得到完善。

2009 年大部制改革后，顺德区城市管理行政执法局的主要职能和人员并入佛山市顺德区环境运输和城市管理局，随后各镇（街道）设立顺德区环境运输和城市管理局分局，各分局受区局和所在镇人民政府、街道办事处双重领导。

在日常运行中，顺德重视计算机信息技术的综合运用，智慧顺德、数字城管工作也一直走在佛山市乃至广东省前列。2009 年 6 月，顺德以大良街道作为试点开始推行数字城管工作。2012 年 10 月，顺德成立区数字城管指挥中心，2013 年，又成为国家首批智慧城市试点（区、乐从镇）。顺德区数字城管指挥中心自 2014 年 9 月投入运营以来，有效地开展了全区城市管理案件的信息采集、案卷受理、任务派遣、督办核查和综合评价工作，全区数字城管案件受理量和处置效率逐年提高。2017 年，顺德区数字城管有效处置各类案件 601 932 宗，应当结案 407 875 宗，实际结案 407 146 宗，结案率 99.80%；2018 年上半年，顺德区数字城管有效处置各类案件 350 834 宗，应当结案 311 736 宗，实际结案 311 371 宗，结案率 99.88%。[①] 数字城管的全面实践，既拓宽了顺德城市管理渠道，提

① 顺德区文化体育局，《数字城管让顺德城市管理更精细》，索引号：40000017055/2018-21441，详见顺德区人民政府网，http://www.shunde.gov.cn/sdpubgov/xxgkml/view.php?id=40000017055/2018-21441&sid=1。

高了城市管理的效率，也提升了城市管理的精细化、科学化水平，有力地推动了城市管理从管理型向治理型、服务型的转变。

“美城行动”提升城乡环境

“美城行动”在顺德被称为2011年“一号工程”，是顺德为提升整体城市品质而实施的城乡环境综合整治专项行动。改革开放以来，顺德很快实现了工业化和初步的城市化，但是城市与农村环境并没有得到相应的改善，“垃圾靠风刮，污水靠蒸发”曾被用来形容顺德当时存在的城乡环境问题，因此，弥补顺德的城市建设与农村环境管理短板势在必行。从2011年起，顺德区委区政府决心以“坚持一个机制、实现两个目标、推进三个转变”的工作思路，以净化、绿化、亮化、序化的“四化”为工作过程，强势推进城乡综合环境整治和提升系列工程。

为保证科学性和可操作性，顺德聘请国内城市管理权威机构——扬州大学城市管理研究所为“美城行动”量体裁衣，量身定制了系列量化考评标准和配套规范指引。有别于其他城市一刀切的做法，顺德采用分阶段、分区域、分步骤的方式推进美城行动考评，先开展“八个一”试点，即每个镇（街道）按照一条主干道、一条内河涌、一条商业街、一个公园、一个村（社区）、一个工地、一个农贸市场、一个临时摆卖点作为城市管理综合整治提升内容，以点带面改善城市市容环境。

随着“八个一”试点工作趋于成熟，顺德将考评范围扩大到全区各镇（街道）的中心建成区，后又扩展至全区50%的村（社区），进而扩展至全区所有村（社区），并将城乡生态环境全方位综合治理的理念和实现“青山、碧水、蓝天、绿地”的发展目标融入“美城行动”考评体系中。

随着“美城行动”的推进，顺德城市管理工作也逐渐实现了从重建设轻管理到建管并重，从突击运动式管理到规范常态化管理，从政府单打独斗到公众主动参与城市管理的诸多转变。

“美城行动”考评体系

“美城行动”考评体系是第三方机构和市民参与并存的考评机制，实行“以奖代补”的考评奖惩办法。具体说来，一是聘请第三方专业机构独立开展日常考评。第三方考评机构通过每日抽样暗检，专项检查、季度评比和年度总评“四结合”的方式进行评分。当第三方发现问题时，将通过手机上的专用应用程序上传到监督考评系统。为保证第三方考评的客观公正，顺德从2014年第四季度开始实行区城管办考评中心与第三方考评机构相结合的考评模式，加强对第三方的监督检查。二是创新公众监督机制，鼓励市民参与“美城行动”。在常态化考评、精细化管理的同时，顺德专门聘请社会专业机构开展“美城行动”的市民满意度调查，并将其分值加入季度成绩考核中，使考评体系更加完善。同时，组建美城义工服务队，开展环保骑行随手拍美城、文明交通劝谕活动、“欢乐校园行”、推广车载垃圾桶等活动，呼吁市民爱护城市环境。三是建立公开透明的考核点评制度和督促落实资金奖励制度。随着“美城行动”的逐步完善，顺德在每季度召开现场点评会，点评全区各镇（街道）、部门工作推进情况；并通过“以奖代补”的方式，奖励工作推进得力的镇（街道）。

数年下来，顺德“美城行动”成效显著，一改“最差的城市、最好的农村”形象，获得各方高度认可：在佛山全市城市管理季度考评中，顺德连续多次获得冠军；杏坛镇逢简村 2013 年荣获“中国最美乡镇典范奖”；勒流街道江义村在“牵手 2014 中国最美村镇”评选中，获得循环发展奖；大良街道代表顺德参加佛山市城市管理考评工作，拿了 8 次五区冠军。在 2018 年“美城行动”满意度调查中，市民对城市市容环境的满意度比 2012 年同期上升了近 20 个百分点。

城市升级改写工业区刻板印象

在“美城行动”铺开的同时，顺德于 2012 年推出城市升级五年行动计划，以提升城市发展质量为核心，通过优化城市功能、城市形态、城市环境，全面推动规划、基础设施、环境、绿化的升级，增强城市对高端人才和高端项目的吸引力，打造生态与智慧并重的城市，明显提升城市综合实力和竞争力。

随后，顺德大手笔推进多个重点项目，在交通基础设施建设方面，形成了区内“三横四纵”高速路网；在绿化景观提升方面，打造了以区镇中心公园为绿核，骨干路网、主干河涌、绿道体系为绿带，村居公园为绿心的立体化生态绿廊体系；在村居改造提升方面，83 个村（社区）荣获省级以上部门授予的“传统村落”“宜居城乡”“名镇名村”等称号；在公共服务设施建设方面，完成顺德博物馆、佛山青少年宫、北滘文化中心等项目。

从注重硬件建设到软硬件并重，从集中在城区到城乡并举，顺德城市升级让城市环境得到改善，城市功能愈加完善，城市价值也得到极大提升。

顺德的“三旧改造”

“三旧改造”是顺德实施产业升级和城市升级的需要，目的是为顺德产业升级腾挪和盘活土地资源，推动经济转型和城市品质提升。“三旧改造”始于2009年，坚持“创新、协调、绿色、开放、共享”的发展理念，包括旧工厂改造、旧村居改造和旧城镇改造，其中以村级工业园升级改造为工作重点，在实践中创造了社会资本参与以村居名义进行土地整理的容桂恒鼎模式、政府国资协助村居进行土地整理并参与建设运营的乐从上华模式以及企业自行改造的天富来模式等“三旧改造”新模式。2017年底，全区共认定纳入“三旧改造”村级工业园改造项目271个，其中已完成改造项目85个，已动工建设项目45个，开展前期工作项目43个。

2017年，佛山提出，要站在第二个一百年目标的高起点科学谋划城市治理工作，实现佛山城市发展由城市升级到城市升值，再到城市治理现代化的大跨越。于是，顺德开始探索城市治理现代化的新模式，开展42大类、150个城市治理三年行动项目的实施工作，总投资额达1 450亿元，以加快建成宜居宜创业的高品质现代化城市。

第五章 — 民生服务

现代化不仅是高楼大厦，更重要的是提升人民群众的生活水平和幸福感，使老有所养，幼有所教，病有所医，弱有所恤。从桑基鱼塘到工业都市，民生优先是顺德县域发展的重要经验，因为只有人们安居乐业，才能无后顾之忧地干事创业。

由于经济率先发展，顺德民生问题也较早显露，从 20 世纪 80 年代起，顺德每一步改革，都得力于将解决民生问题放在首位，先行一步的社保改革既为企业转制铺平了道路，也为改革赢得了人心；布局均衡的高水平教育不仅培养了合格的技术人才，也成为顺德留住外来人才的条件；慈善和社会服务弥补了政府服务的空白，也为顺德乡土社会增添了一份情谊。如今，每年的民生支出已经占到顺德全区地方财政总支出的 70% 以上。

持续满足人民对美好生活的需要

多年来，顺德围绕满足人对美好生活的需求这条主线，探索社会保障体系完善与经济发展同步、民生发展与城市建设同步的均衡发展理念，紧跟国家发展战略部署，率先探索新制度、新机制，通过持续推动民生事业的发展，给发展奠定了民心基础，为广大人民群众投入社会主义市场经济建设解除了后顾之忧。

办好医疗教育，全面恢复民生事业

改革开放初期，一方面社保、医疗、教育等领域百废待兴，另一方面中国持续高生育率带来的人口潮对落后的民生保障体系提出挑战。国家提出改革开放就是要恢复生产，满足人民群众日益增长的物质文化需求。同时随着计划经济体制逐步瓦解，原有保障体系无法将新的劳动者纳入保障范围，这也是顺德社会民生事业的新挑战。尽管政府财力不足，但 1980 年的顺德县第四次党代会还是提出要进一步办好教育、医疗事业，不断提高人民生活水平，使群众安居乐业，过上更加幸福的生活。

除了政府努力筹措资金、群众自力更生外，海外顺德乡亲的捐助成为顺德民生事业的“第一桶金”。顺德充分利用海外乡亲多的优势，一面加快落实侨务政策，一面派人到香港、澳门等地拜访乡亲，宣传祖国政策和家乡变化。许多身在港澳、心系桑梓的顺德乡亲竞相奔走，组团回乡考察捐助。1980 年由郑裕彤、李兆基等捐资倡建的顺德医院，占地面积 6 万平方米，建筑面积 28 748 平方米，分设 4 个门诊部、9 个病区、120 张病床，成为当时顺德最先进的医院。

同时，顺德大力恢复基础教育，全县大办“扫盲班”和文化补习班，对青年人和在职人员进行再教育培训。从 1980 年起，大力兴办职业教育，先后办起凤城职业高中、林头职业中学，复办县工业学校，新办电视大学，培养有文化的职业技能人才。从职业教育入手解决技术人才问题，后来成为顺德几十年坚持不变的思路。1984 年顺德成立县成人教育委员会办公室，通过成人扫盲、在职职工岗位培训等方式带动了职业教育的初步发展。

为解决集体企业职工的养老和医疗问题，顺德在 1984 年率先开启了第一轮社保改革，将集体所有制企业职工纳入社保范围，开启了全面社保和费用统筹的探索。

打造大社保，推动民生服务一体化

20 世纪 90 年代是民生发展的关键阶段，社保等民生事业改革成为综合体制改革尤其是企业转制顺利实施的基本保障。

党的十四大明确了建立社会主义市场经济体制的目标和集中精力把经济建设搞上去的任务。1993 年召开的顺德市第八次党代会提出，此后 5 年顺德经济建设重点是全面实施综合改革、教育和社会保障等八项系统工程。其中，1994 年启动的社保改革是关键，这次改革实现了社保政策、征收、管理、调节的统一。顺德从 1992 年开始大力推进企业产权改革，涉及全市上百万人。然而如此复杂而深刻的利益调整，竟没有引起大的社会动荡，一个重要的支撑就是顺德建立起了多层次社会保障网络。

90 年代是顺德城乡教育、医疗一体化建设的重要阶段。各镇加强了乡村卫生院的改造建设，部分新建的卫生院普遍装备 CT（电子计算机断层扫描）、彩色 B 超、全自动生化分析仪、全自动细菌分析仪、多功能监护仪、麻醉机、呼吸机、纤维结肠镜、体外震波碎石仪等先进设备。1994 年，在职工基本医疗保险之外，顺德实行了户籍城镇居民基本医疗保险，通过个人承担一部分、政府和集体补贴一部分的形式，在全国率先实现了城乡居民医疗保险统筹。

至 1998 年，顺德又初步实现了普及城乡高中教育的目标，高中升学率达 52.13%，中考升学率达 91.6%，小学升率达 99.65%，学龄儿童入学率达 99.96%，城乡教育发展相对均等。

这一阶段，顺德城乡民生领域一体化工作取得初步成效，农业人口进一步降低，城乡居民基本获得了相对均等的水、电、气、道路及医疗、教育等公共服务。

购买服务，推动公共服务专业化

2003 年，顺德提出实施从城乡一体化向城市化转移的重大战略决策，人的城市化需要加大公共服务投入。这一阶段顺德经济发展迈入较快增长期，为加大民生投入提供了底气。

2006 年，顺德区全面推行免费义务教育，免收义务教育对象杂费。是年，全区涉及免费义务教育的学校 224 所，受惠对象 175 056 人，免收杂费 4 500 万元。明阳学校等三所民办学校相继成立，成为解决异地务工人员子女入学问题的重要力量。

为弱势群体参加社保提供便利。2000 年顺德在全市全面实行失业保险，将在顺德工作的全部人员纳入保障范围，尤其是对非顺德户籍的异地务工人员采取免缴保险费的方式，不但提高了异地务工人员的职业保障，也提升了这些“新顺德人”的向心力。

2009 年，顺德启动新一轮综合改革，开始试水将公共服务向社会转移，推动公共服务的专业化。社会组织和慈善组织成为顺德基本公共服务的重要提供者。顺德通过设立法定机构等方式，大力培育社会组织，购买社会服务，推动社区营造等社会服务活动。发达的区镇村（社区）三级慈善组织和充沛的慈善资金则为抚恤社会弱势群体、助学助医等活动提供了支持，有效弥补了政府服务的空白。同一年，顺德在广东省率先推出完全被征地农村居民基本养老保障制度，基本实现新农保制度全覆盖。随后，顺德又在全国县域率先实现全部镇级医院成功创建二甲医院，并通过挖潜学位，基本保证政策性借读生入读公办学校。

进入新时代，我国社会主要矛盾已经转化为人民日益增长的美好生活需要和不平衡不充分的发展之间的矛盾。为提升民生保障质量，顺德提出加强教育、医疗改革，打造珠江西岸教育医疗高地的目标，形成城市竞争力，吸引产业人才。教育上，顺德推动树标杆造品牌行动，推进集团化发展，打造基础教育品牌，同时破解职业教育分散、重叠等问题。医疗上，顺德大力引进高水平医科大学，通过“政校合作”，共建高水平医院。

社保改革：破解市场化后顾之忧

早期，社会保障仅是一种单位福利，只有国有单位职工才能享有。顺德由于经济率先发展，也率先遇到各种社保问题，顺德率先推动社保覆盖乡镇企业职工，并在以后的改革中进一步推动社会保障事业回归社会基本民生保障服务的本位。在解决问题的过程中，顺德始终坚持以优先保障民生促进改革，以改革提升社保水平的思路，不断扩大覆盖人群，提高保障水平，走出一条极具特色的改革之路。

第一次改革：率先覆盖乡镇企业职工

改革开放之初，社会保险制度逐渐恢复，但是尚未恢复社会统筹功能，社保制度只是由企业承担成本的“企业保险”，即仅能保障国有企业的职工退休和公费医疗。但在20世纪80年代初，乡镇企业经济已经成为顺德工业经济和农村经济的主力。1985年，顺德全县有乡镇工业企业3 779家，从业人员11.26万人，只有部分乡镇企业参照国有企业实行社会保险。社保制度按企业性质分成三六九等，各自为政，这使得多数乡镇企业职工享受不到社保待遇，这种状况不利于进一步调动乡镇企业职工的工作积极性。

1984年，顺德在全国首次实行了把乡镇企业职工纳入社保的改革。当年，顺德成立“顺德县劳动保险公司”，这是中国第一个“劳动保险公司”。公司采取个人不缴费，按“以收定支，略有积累”的原则，每月以企业全部在职干部职工的工资总额加粮差和物价补贴以一定比例提取退休金。县镇两级相继成立了劳动保险公司，对职工退休、离休、退职实行统筹基金。[①]

这次社保改革把参保范围从原来的国企扩大到集体企业，无论是覆盖的人群还是社保缴费来源都有了大幅扩充，而且把原来由企业发放的退休金，改为由各级劳动保险公司统一支付，实现了社保费用的县级统筹，初步形成了“社会共济”的保险网络。到1992年企业转制前，全县参加退休金统筹的国营、集体企业（含乡镇企

① 顺德档案馆网上档案“1980年至1989年大事记”，http://www.shunde.gov.cn/da/main.php?id=36235-2010530。

业）共 968 个，职工 56 000 多人。

但是，由于这次改革并没有从本质上改变“企业保险”的模式，各企业职工的社保费用仍由各自的企业负担，同时，缺少失业保险等主要险种，未能建立应对结构性失业、竞争性失业的保障机制，注定了这次改革只是小修小补，没有从根本上解决国营企业负担过重的问题。由于退休职工的数量日益增多，国家和企业方面的支出越来越大，尤其是退休人员比例较高的企业已难以应付，企业盈利有相当大部分用来支付退休费用，在一定程度上减少了在职人员的收入，影响了企业的活力。以顺德糖厂为例，这家号称中国糖业之父的企业，1992 年在亏损 2 400 万元的情况下，还要负担离退休人员费用 257 万元，厂办医院、医务室、粮站的福利支出 37 万元。[①]

虽然存在上述问题，顺德在 1984 年开始推行的这次破茧之举依然有非常重要的意义：使人民群众理解到社会保障网络建设对于经济社会改革的重要作用。

第二次改革：构建全面的社会保障体系

1993 年，十四届三中全会通过《中共中央关于建立社会主义市场经济体制若干问题的决定》，系统提出“重点完善企业养老和失业保险制度，强化社会服务功能以减轻企业负担”“建立多层次的社会保障体系”“普遍建立企业工伤保险制度”等要求。一系列

① 招汝基等，《先行者的 30 年：追寻中国改革者的顺德足迹》，新华出版社，2008 年，第 261—262 页。

战略部署为顺德开展企业转制、开展社保改革探索提供了依据。从1994年到2000年，顺德建立起包括养老、医疗、工伤保险、社会救济等项目在内的社保体系。这6年是顺德社会保障体系建设史上具有非凡意义的6年。

20世纪90年代初，高速发展的顺德经济看似一帆风顺，实则深藏隐患，尤其是社保问题已成为潜在的重大社会风险。

一方面，随着国有、集体企业亏损面扩大，政府需要兜底的社保风险持续增加，社保问题成为推动经济进一步改革的障碍。据1993年7月的统计，顺德企业转制后，遣散下岗的职工超过3 500人，市、镇两级企业退休人员达32万人。另一方面，脱离农业生产进入工商业领域的数量庞大的就业人口，游离于社保体系之外，给社会增加了不稳定因素。1984—1991年，顺德占全市职工人数3/4的乡镇、街道、民营和私营企业员工及个体户没有纳入社保范畴，社保的代表性和保障作用严重不足。

针对上述情况，从1994年前后开始，顺德市委、市政府进行了一系列制度和体制创新，为企业转制和人员分流织就了一张安全网，保证了企业转制的平稳过渡。

养老保险基金来自用人单位为员工的投保缴费和员工个人缴费。单位每月按员工工资总额的10%为员工缴费参保，单位的缴费划入基本养老保险统筹基金。员工本人每月按月工资的5%缴费参保，员工个人缴费部分划入个人专户累积计算。改革效果明显，1993年，顺德职工的退休工资平均为每月120元，1994年升至286元，1998年提高到390元。

1993年7月，顺德市政府参照商业保险模式，启动医疗保险制度改革。[1]为方便病人就医，顺德还首创了社保机构现场结算模式。[2]1994年全市有1 647家单位、6.9万人参加住院医疗保险，到1999参加单位达到2 800多家，约16万人参加住院医疗保险。[3]

工伤保险也成为社保的重要内容。到1997年6月底，全市参加工伤保险的各类企业有3 452家，投保人数达21.41万人，累计征收保费2 484万元，赔付工伤保险54宗，基本实现了工伤保险全覆盖。

随着产权改革的发展，解决好下岗职工的基本生活保障和再就业，成为迫切的问题。1993年3月，顺德市委、市政府发出《关于发展混合型经济的若干规定》，提出转制企业遣散人员应控制在50%左右，并尽量在本系统或本镇企业内重新安置，下岗职工要按工龄比例发给遣散费。同时，采取一系列措施，从政策、资金、税收等方面，鼓励引导下岗工人自主创业。为此，顺德劳动管理部门陆续举办各类技能培训班，为下岗工人再就业创造有利条件。到1999年，城镇失业率下降为1.4%。

除此之外，1995年7月1日，顺德在全国率先创立城乡两条最低生活保障线，建立"持扶贫证救济制度"。2000年，顺德进一

---

① 根据《顺德市社会统筹住院医疗保险暂行规定》，住院医疗保险分为甲乙丙三个档次。企业一般要参加甲种保险，家庭居民参加乙种，农村农民参加丙种。甲种保险按公费医疗有关规定全额报销；乙种一年最高可报销2万元；丙种一年最高可报销7 000元。保费由企业和个人各承担50%，效益好的企业可以由企业全部承担。

② 社保机构在全市各定点医院设立了医疗保险办公室，派驻工作人员负责办理住院登记和出院结算支付业务。病人出院时，只要把支付的费用给医院即可离开，其余的医疗费用由社保局和医院结算，极大地方便了病人。

③ 招汝基等，《先行者的30年：追寻中国改革者的顺德足迹》，新结出版社，2008年，第368页。

步完善最低生活保障制度，当年全市用于城乡贫困户救助经费达到2 200多万元。另外，顺德还提高优抚对象的生活水平。困难群众不仅能享受最低生活保障、特困人员供养、低收入家庭补助、低收入居民临时生活补贴（物价补贴），还可获得医疗救助、临时救助和教育救助等三项专项救助。

这一轮社保体系改革，为完善顺德社会保障系统奠定了基础，实现了“三个重大突破”：一是突破所有制和用工形式限制，率先建立统一覆盖全市的社会保障体系；二是突破企业自保式的社保模式，创立社会共济与个人专户储蓄相结合的社会保障模式；三是健全社会优抚救济制度，建立了社会上的特殊困难者的救济制度。

第三次改革：推动社会保险全覆盖

20世纪90年代末，随着社会主义市场经济体制的建立和结构调整的不断深化，1994版社保改革成果与社会发展之间开始脱节。

从数据看，1999年，顺德参加工伤保险（为强制险）的在职职工人数为36.8万人，而参加养老保险的只有10.94万人，表明近2/3的企业在职人员没有享受养老保险。同时，随着市场化发展程度的加深，失业风险广泛影响到每一个人。失业保险和社会救助是社会安全网络中处于相对底层的安全机制，对维持相关群众基本生活保障，维护社会安定和谐有重要意义。

对此，顺德在2000年前后启动了新一轮社会保障制度改革，以编织一张全覆盖的社会保障网。

在养老和医疗保险方面，顺德从1999年初开始要求以参加工伤保险的人数为指标，全面参加养老和医疗保险。当年7月，顺德参加社会养老保险人数达到35万人，住院医疗保险参保人数达到36.3万人，社会保险全覆盖初步实现。[①]

失业保险方面。顺德于2000年7月起在全市推行失业保险，规定失业保险要覆盖全市所有企业事业单位及其职工。失业保险基金采取单位和个人共同缴费的形式筹集。对于顺德户籍人员，单位按其缴费工资基数的1%缴纳失业保险费，参保人员按1%缴费；对于非顺德户籍人员，由单位按其缴费工资基数的1%缴费，参保人不用缴费。失业保险金的发放标准为：顺德户籍人员按市政府公布的最低工资标准的80%计发，再按照市政府公布的最低工资标准的10%加发医疗补助费；非顺德户籍人员发给一次性生活补助费，连续缴纳失业保险满一年的，按其失业前月平均缴费工资的12%发给。[②]

由于失业保险起步较晚，顺德采取了失业保险与养老保险同步推进的方式，凡参加养老保险的人员同时参加失业保险，短期内就覆盖了大部分劳动者。2000年失业保险的参保人数为19万，2001年即大幅增加到40万人，2007年增加到54万人，与养老保险的参保人数同步增长。[③]值得一提的是，在失业保险实施后，顺德又持续提高失业人员的基本生活保障，使参加失业保险人数逐年增加，到2014年，全区参加失业保险职工达79.75万人。

在推进社保全覆盖改革的同时，从2000年1月起，顺德落实

① 招汝基等，《先行者的30年：追寻中国改革者的顺德足迹》，新华出版社，2008年，第372页。

② 参见《顺德市实施〈广东省失业保险规定〉办法》（顺府发〔2002〕27号）。

③ 招汝基等，《先行者的30年：追寻中国改革者的顺德足迹》，新华出版社，2008年，第374页。

广东在全省范围内实行社保费用由地税部门统一征收的部署，大大提高了社保费用征缴能力。当年 7 月，市政府召开全市保险工作会议，要求建立起真正独立于企业事业单位之外的社会保障体系，为建立统一、规范、完善的社会保障体系进行了有益的探索。

为实现社保信息的数字化和系统化，2002 年 12 月 30 日，顺德推出了广东省第一张完全符合部颁标准的“社会保障卡”。这张卡不但记录了参保人的各种实时社保信息，还可以方便参保人办理劳动就业、社会保险、社会救助、优待抚恤等各种社会保障事务。

此外，顺德还专门出台相关政策把市属机关、事业单位的工作人员和农村两委干部纳入社会保险范畴。2001—2007 年，顺德把全区三万名机关事业单位工作人员全部纳入社会保险，其间又把全部农村的两委成员和退休村干部纳入社会保险。后一举措显然是一项具有创新意义的探索，因为广东省直到 2008 年才提出理顺村干部两委成员参加社会保险工作的要求。

第四次改革：建构多层次社保体系

十九大报告提出：“按照兜底线、织密网、建机制的要求，全面建成覆盖全民、城乡统筹、权责清晰、保障适度、可持续的多层次社会保障体系。”对此，顺德早在 2004 年就进行了深入的探索。

2003 年，针对原有医疗保险的城乡二元模式下，低收入人群出现“因病致贫”和“因病返贫”现象，国务院发出《国务院办公厅转发卫生部等部门关于建立新型农村合作医疗制度意见的通知》。为响应中央政策要求，2003 年底，顺德正式颁布《顺德区城乡居民合作医疗保险管理暂行办法》，规定从 2004 年 1 月 1 日起，率先实施城乡居民合作医疗保险制度，将未纳入职工基本医疗保险的顺德户籍城镇居民纳入保障范围，采取政府、集体、个人共同承担的形式。顺德建立了全国第一个城乡居民医疗保险统筹体系。

由于保障水平较高、个人负担较小、覆盖面较广，面向包括农民在内的全体市民的医疗保险模式得到广泛支持。到2007年，全区198个村（社区）有197个村（社区）的79.8万人参保。2008年，全区所有村（社区）全部参保，而99%以上没有职工基本医疗保险的居民都参加到合作医疗中来，基本实现了全民医保。从2008年起，顺德开始实行城镇居民基本门诊合作医疗制度，对门诊部分进行区级统筹，解决门诊看病难、看病贵问题。

不过，从2004年开始的这次政策创新没有提高大病、重病的保障能力，“因病致贫”“因病返贫”的问题还没有得到缓解。2013年，顺德区又出台相关方案，规定区内所有职工医保参保人和居民医保参保人都能享受“大病保险”，最高可获20万元的大病保险基金报销，大病保险不受疾病种类限制。自此顺德形成了较为完备的全民医保体系。

在推进全民医保之外，顺德积极探索了农民养老保险的制度改革。2009年6月，顺德在广东首创实行“大社保”和发放老年津贴两种保障方式相结合的方式，尝试解决全征地农村居民养老问题。这项政策规定，按年龄将符合条件的居民分为老（60岁以上）、中（45~60岁）、新（45岁以下）三类，三类人群都可参加“大社保”，并可获得不同额度的补助，“老人”也可以选择不参保而领取养老津贴。与省、市的政策相比，顺德的参保补贴更高，个人负担比例更小，受到全征地农村居民的欢迎。2009—2013年，顺德政府累计发放津贴和参保补贴两项待遇共计2.16亿元。

2014 年，顺德调整相关政策，年满 60 周岁的老人无须每月缴纳 100 元，便可领取每月 250 元的老年生活津贴。同时，从 2014 年起，老年生活津贴标准按广东省上年度在岗职工月平均工资额的增幅，每年进行一次调整；45~60 周岁的“中人”补贴标准也有所提高。

近年来，顺德持续不断完善多层次社会保障体系的建设。一方面，最低生活保障标准逐年提高，困难群众市外就医医疗救助机制得到建立和完善，包括资助困难群众参加居民医疗保险制度、门诊特定病种医疗救助制度、大病医疗救助制度（含首次和二次救助）在内的综合型医疗救助体系都全面建立。另一方面，通过出台民办养老福利机构扶持政策，以及提供政策优惠和资金补贴，建立和推动养老服务体系；通过出台建立孤儿基本生活最低养育标准自然增长机制，提高儿童福利院建设投入经费，以及建设区重症精神残疾人托养中心和区自闭症康复服务中心等康复机构，顺德推动完善了孤儿、残障人士保障制度。

教育发展：从均衡布局到打造标杆

加快教育现代化，办好人民满意的教育，是教育作为民生工程的核心内容。在工业化、城市化进程中，顺德不断探索办学方式，创新办学理念，贯彻让教育为人民服务的理念，均衡的基础教育既为普及教育、提高广大人民群众文化素质提供了帮助，又为留住人才提供支撑。与基础教育同步发展，高水平的职业教育还培养了数量庞大的各类技术人才。党的十八大以来，顺德坚定加大教育投入，坚定树立不仅将教育作为吸引人才的基础性公共服务，还将教育作为一个地方的核心竞争力进行锻造。

基础教育：广东教育现代化先进区

基础教育是整个教育事业的“地基”。改革开放以来，顺德不断恢复和发展基础教育，突出公平、均衡、规范的特点，是佛山全市最早实现义务教育“零择校”的区之一。

1978 年，顺德教育系统落实中央和地方政策，对教育进行拨乱反正，利用各种途径推动中小学教育回到正常轨道。例如，针对师资不足的情况，顺德一方面为被错划右派的教师平反，鼓励他们走上学校领导岗位，[①] 另一方面充分利用寒暑假开设短训班、函授班，提高教师业务水平，解决英语等师资不足的问题。

为解决刚回归校园的学生质量参差不齐的问题，顺德县教育局要求各校开展假期补习，按学生水平重新编班，并为入学前儿童办班提前教授拼音、算术，为准备参加高考、水平较高的学生配备辅导老师。

又如，在改革开放初期，由于长期得不到修缮，校舍倒塌压伤学生的情况屡有发生。1981—1983 年，通过县、公社（镇）、乡集资和华侨港澳同胞捐资，共筹集资金 1 711 万元，新建初级中学 30 所，建筑面积 3.3 万平方米，维修、新建校舍 11 万平方米，新建、扩建托儿所、幼儿园 4.15 万平方米。1983 年经广东省检查验收，全县校舍实现“一无两有”（无危房，班班有课室，学生有桌凳）。

---

① 据顺德县教育局 1978 年工作总结《解放思想，拨乱反正，努力提高教育质量》，共有 78 名教师受到“文革”冲击，其中 54 人平反后重返工作岗位，另有非正常死亡 7 人，其中 6 人得到平反昭雪，恢复名誉。

到 1985 年，顺德学校建设基本满足需要，被评为全国校舍建设特级县。

为调动基层办学积极性，提高教育投入，顺德于 1984 年实施“三级办学”体制，通过推行县、镇、村“三级”办学模式，把教育的管理权、财权、人员使用权“三权”下放，形成“三级办学，分工管理”的新体制，吸引当地教育投入，大大调动了各级政府办学的积极性，使长期以来教育经费严重不足的情况有所缓解。通过这一系列举措，顺德基础教育取得了快速发展：1982 年，小学数量达到近 300 所，基本普及小学教育；1986 年，顺德县取得历史上最好的高考成绩，当年被国家教育委员会评选为全国基础教育先进县；到 1987 年，初中达到 60 所，顺德基本普及了初中教育。

之后，顺德持续加强对教育事业建设的扶持和投入。1992 年，顺德市成为广东省综合教育试验市，以此作为推动教育跨越式发展的重大契机，当年顺德重新修订了教育“八五规划”和十年发展规划，提出在 1998 年实现普及高中教育的重要目标。[①]

在这一新目标面前，1989 年制订的当时看来雄心勃勃的计划——教育投入每年以 15% 递增，就显得力不从心了。[②] 为筹措资金，顺德政府通过征收城镇配套设施费及增容费的方式，为普及高中教育筹集校舍建设资金。1992 年顺德市教育总投资首次突破 1 亿元大关，达到 1.099 8 亿元，其中大良、容奇、北滘、勒流、龙江、杏坛、桂洲等镇的投资均超过 1 000 万元，掀起了顺德教育大手笔投入的高潮。1994 年，在进一步推行“分级办学、分工管理，学

① 顺德市政府制定了《顺德市普及高中教育规划》（顺府发〔1992〕35 号文件）。

② 1989 年，顺德县政府出台《关于中小学正常办学经费执行标准的规定》（顺府发〔1989〕88 号文件），要求确保对教育投入每年以 15% 递增。

校自主发展”体制的同时，顺德实施“校长聘任制”，将竞争机制引入学校内部，推动了学校的办学活力。

1999年，顺德获批为广东省率先基本实现现代化试点市，教育现代化被提上日程。2001年初，顺德发布《关于加快教育现代化进程的决定》，提出“要实现经济社会发展的现代化目标，必须要有高质量的现代化教育来支持”。据此，2002年，顺德教育投入首次超过10亿元大关，达到10.6亿元，随后也继续保持高速增长。

经过多方努力，顺德在2002年成为广东省首批教育强区，2004年全区10个镇（街道）全部成为广东省教育强镇。2009年4月，顺德区顺利通过广东省推进教育现代化先进区督导评估验收，成为继深圳市南山区后第二个通过“广东省推进教育现代化先进区”评估的区域。

顺德教育现代化的步伐没有停滞。2016年10月，顺德第十三次党代会提出“开放引领、创新驱动”战略，并指出城市竞争归根到底是人才的竞争，教育、医疗、住房是引才留才的核心要素。为此，顺德启动全面深化教育综合改革，提出“树立标杆，面向广深，打造珠三角教育高地”的改革目标。在这个决策思想指引下，顺德实施了一系列引入优质资源、打造标杆学校的措施，满足市民对高质量教育的需求。

首先是改革学校管理体制。从2016年开始，顺德实施区统筹管理高中的改革，打破原来一镇一高中、一镇一职中的格局，全区高中阶段学校收归区管，义务教育及以下学段由镇（街道）管理，创造全区高中竞争格局。

其次是改革高中全区统筹招生政策，强化学校之间的竞争压力，倒逼学校提高教学质量。2017年顺德高考成绩揭晓，全市理科总分前 10 名中顺德区占 6 席，其中，佛山市理科最高分连续第二年花落顺德。全区重点本科上线 2 986 人，上线率 23.44%，比 2016 年增加 437 人，增幅为 17.1%；本科上线 8 969 人，上线率 70.39%。

同时，顺德鼓励区内优质高中学校与省内外优质高校、高中合作办学，扩大优质高中教育资源。2017年，顺德一中、李兆基中学、郑裕彤中学、容山中学、乐从中学、伦教中学等一批优质高中学校分别与中山大学、南方医科大学、华南师范大学、广州大学以及华师附中、广雅中学、常州一中、株洲二中等省内外优质教育资源开展合作办学，促进区域高中教育优质发展。

顺德还推动 144 所普通中小学共建了 35 个跨学段或同一学段的松散型、紧密型教育集团，有效推动优质教育资源共享，提高优质教育覆盖面；采用集团化、学区制的方式，统筹中心城区与相对边远地区教育资源，以优质品牌学校为龙头，扩大优质教育资源覆盖面。

职业教育：培育产业技术人才

作为全国领先的制造业基地，顺德对熟练技工的需求催生了职业教育的新机会。1997 年，顺德决定把教育目标从应试教育转到国民素质教育上，撤销 7 所中学的附设职中班，开办了 3 所职业高中。除区属两所外，每个镇建有一所职业中学,13 所职业中学齐头并进。顺德还分别在 1994 年、1997 年投资 6 000 万元和 3 000 万元建成梁銶琚职业教育中心和市工业中专职业教育中心。全区共计建有高标准的完全中学共 19 所，每镇办有 1~2 所完全中学，县（市）办有 4 所，形成普通高中和职业高中“两条腿”走路、基础教育和职业教育两翼齐飞的局面。得益于职业高中的发展，到 1997 年，顺德就已经基本普及高中教育。

1999 年 3 月 30 日，教育部正式下文批准建立顺德职业技术学院，职业技术学院列入国家正规高校范畴，顺德的高等职业教育拉开了序幕。2000 年 3 月 26 日上午，顺德市委、市政府举行兴建顺德大学筹款万人行活动，全市各界人士、机关干部、港澳和海外乡亲、上级来宾共 1.3 万人参加了声势浩大的万人行活动，沿途助庆师生达 1.2 万多人。截至 4 月 5 日，全市共有近 3 000 个单位和 63 万多人参与捐款，认捐金额达 2.7 亿元。[①] 同年，顺德职业技术学院建成，首届招生 1 195 人。

在 2016 年启动的教育改革中，顺德全区 13 所中职学校建立起四大职教集团，打破中职学校“一镇一校”的旧格局，建立“一片一团”新框架，根据区四大产业集群片区，对全区 13 所中职学校 15 个校区进行调整与合并，建设北部、东部、中部和南部四个 8 000 人左右规模的中职教育集团。突出优势专业整合，改变职业教育资源重复投入的现状。

从 2012 年开始，顺德还办起了研究生教育。这一年，顺德与中山大学、卡内基 – 梅隆大学合作，成立广东顺德中山大学卡内基 – 梅隆大学国际联合研究院，2013 年成立广东工业设计研究院。随后，顺德相继与暨南大学、华南理工大学等高校合作开办研究院，希望培养符合现代化发展需求的高素质人才，为产业转型升级

① 资料来自顺德档案馆网上档案“顺德当年三月”，http://www.shunde.gov.cn/da/main.php?id=21-2010074。

提供智力支持。

2019 年 3 月，北京科技大学顺德研究生院正式启用，该院由北京科技大学与顺德区政府共建，是北京科技大学在全国范围内异地办学的第一所研究生院，将整合大学优势学科师资力量、科研技术与地方资源，开展研究生培养，并围绕区域急需发展产业，大力促进科研成果转化落地，提高地方创新驱动发展能力。

顺德职业技术学院为区域产业发展培养了一大批优秀的技能人才

（摄影　叶伟涛）

民办教育：多种形式蓬勃发展

1993 年，顺德市政府出台《关于鼓励私人办学的试行办法》，首次提出“调动私人办学积极性，逐步形成多形式、多层次的新型办学模式”，鼓励探索民间办学，改变国家办学的单一模式。

1994 年，容奇镇振华房地产公司和北滘镇三和物业公司分别投资800万美元和1亿元人民币兴办顺德雅加达学校和碧桂园学校，开创了公办教育和民办教育共同发展的格局。民间资本的参与，补充了政府教育投入的不足，也满足了市民多样化、个性化、优质化的教育需求。

顺德第一所民办学校—广东碧桂园学校

创办于1994年的广东碧桂园学校是顺德第一所民办学校，由三和物业公司投资建设，实行全寄宿制度。碧桂园学校在建设上颇多创举，例如采取收取教育储备金代替学费、面向全国招聘教师、与北京景山学校合作办学等。

学校拥有学生4 000名和教职员工千余人，提供从幼儿园到大学预科的IB课程[①]和初中到高中的国内课程。2016—2018年连续三年QS世界大学排名[②]或《美国新闻与世界报道》世界大学排名前50强录取率超90%。

为扶持社会办学发展，顺德政府采取了一系列措施：教育局出面帮民办学校请校长。只要民办学校看中哪一位校长，教育局就出面帮助做工作；政府请专家帮民办学校设计先进的管理制度，共同研究如何使民办学校的制度突破公办学校制度的局限；制定政策鼓励部分优秀教师到民办学校任教。最初优秀的教师都不愿去民办学校，教育局为此向民办学校准备聘用的30名优秀教师承诺：公办

① IB课程即国际文凭组织IBO（International Baccalaureate Organization）为全球学生开设的从幼儿园到大学预科的课程。

② QS世界大学排名为英国一家国际教育市场咨询公司Quacquarelli Symonds（简称QS）所发表的年度世界大学排名。——编者注

学校给他们保留编制，3 年后愿留愿回自己选择。

2002 年，碧桂园控股集团公司创始人杨国强捐资兴办国华纪念中学，开创了全国民办高中免费的先河。该中学面向全国招收家庭生活贫困、学习成绩优异的初中毕业生。学生从报考国华纪念中学开始，直至大学本科或研究生教育，学习、生活、交通等一切费用全部由学校承担，每人的培养费用超过 30 万元。学校建校以来，每年高考本科上线率接近 100%，其中一类重点本科上线率达 95% 以上，连续多次培养出佛山市理科状元。2011 年学校成为佛山市当时唯一的校长实名制推荐上北大的学校。[①]

2016 年，顺德又创新民办教育的管理模式，通过区教育基金会与国资公司联合创办非营利性的国有民办学校，实行学校属国家所有，品牌和管理则由教育基金会提供的合作模式，相继创立了京师励耘实验学校、大良顺峰幼儿园等学校，由学校理事会担任学校实际决策团队。这种国有民办体制比公办学校体制更灵活，但不以营利为目的，办学方向可控，防止在资本逐利性影响下纯民办学校可能出现的弊端。

积分入学：外来人口子女也有学位

改革开放以来，以制造产业为主的顺德经济高速发展，企业数量多，异地务工人员数量庞大，孩子上学成为困扰异地务工家庭的大事。以 2017 年为例，当地义务教育阶段在校学生 25.99 万人，其

① 参见国华纪念中学网站学校简介，http://www.sdgh.net/sitecn/xxjj/1600.html，最后访问日期为 2018 年 9 月 26 日。

中非户籍生 14.06 万人，占义务教育在校生总数的 54.1%。

多年来，顺德有关部门坚持包容性发展理念，将异地务工人员子女入学当作一项重要的民心工程，不断降低非户籍儿童入学门槛。2006 年，第一所主要以外来人口子弟为招生对象的学校——明阳学校在北滘镇林头开办。[①] 招收小学一至六年级的学生，次年扩大规模至九年制。

近年来，为落实国务院关于流动儿童少年接受义务教育，以流入地政府为主、以全日制公办中小学为主的政策要求，顺德各街镇纷纷采取积分入学制来解决外来人口子女入读公办小学的问题。

2011 年容桂率先推行积分入学制以解决外来人口子女入读公办小学的问题，后来其他镇（街道）也纷纷“尝鲜”。但各镇（街道）积分入学规则各异，镇（街道）之间积分互不相认，给外来人口子弟入学造成一定困扰。2014 年，顺德教育局出台《顺德区异地务工人员子女入读义务教育公办小学“积分入学”实施办法》（以下称《办法》），首次对各镇（街道）积分规则进行统一规划，规定积分由“公共积分”和“个性积分”两部分构成。“公共积分”部分由《办法》统一规定并实行全区互认。

异地务工人员子女除了可跨镇（街道）参与积分，还可以跨镇（街道）申请入学。《办法》规定，各镇（街道）在完成本镇（街道）积分入学招生工作之后，可将富余学位继续供给其他镇（街道）。未获得入学资格的学龄儿童可以凭其申请时核定的“公共积分”跨镇（街道）申请入学，转入地教育部门根据积分由高至低进行录取。

① 顺德以招收异地务工人员子弟为主的民办学校后扩展到容桂新蕾、北滘明阳、乐从颖林水藤等三家。

医疗改革：让基层享受优质医疗服务

改革开放以来，顺德医疗走出了一条极具特色的道路：借助海外乡亲的捐助，较早实现了相对均衡和高标准的医疗基础设施建设；快速发展的经济实力和人民群众对医疗水平的要求不断提高，推动顺德在城乡医疗一体化、医疗管理体制改革和社区医疗体系建设等方面进行深入探索。

截至 2017 年底，顺德区建有卫生机构 587 个，全区医疗卫生机构拥有床位 10 631 张，有 3 家三甲医院，10 个镇（街道）医院均为二级甲等综合医院。

侨捐助力改善医疗设施

如何在财力紧张的条件下，健全医疗卫生设施，改善农村地区的医疗条件，提高医务人员业务水平是顺德在改革开放初期医疗建设的首要任务。

随着拨乱反正和各项侨务政策的全面落实，海外侨胞和港澳同胞爱国爱乡热情得到激发，侨捐成为顺德医疗设施建设的重要来源。

1979—1991 年，海外侨胞、港澳同胞在顺德捐资兴建、扩建、新建医院、医疗站 40 所。1980 年由郑裕彤、李兆基等捐资倡建的顺德医院，占地面积 6 万平方米，建筑面积 28 748 平方米，分设 4 个门诊部、9 个病区、120 张病床，成为全省中西医结合试点医院。1990 年，由旅港同胞梁銶琚以其夫人的名义捐资 500 万元，县人民政府拨款 800 多万元，新建县妇幼保健院，建筑面积达 11 260 平方米，是珠江三角洲较为大型的现代化妇幼保健医院。[①]

1980 年 9 月，顺德县第四次党代会确定今后一个时期卫生工作是仍然以农村为重点，继续办好县、社、队三级医疗机构，加强医院建设，继续开展爱国卫生运动，防治对人民群众危害最大的疾病，农村卫生事业要继续巩固和健全合作医疗，提高赤脚医生们的医疗水平。

1980—1983 年，各公社生产大队和医疗卫生管理部门通过各方筹资和华侨港澳同胞捐助，投入 1 418 万元，扩建了一批卫生医疗机构，开始引进一批国外先进医疗设备，项目共有 60 多个，并分别举办妇幼、护理、药剂等学习班，对初级卫生人员和赤脚医生进行定职考核，医疗队伍总体素质有了显著提高。至 1983 年，顺德基本实现大中手术不出县，中小手术不出公社，治愈率从 1980 年的 73.56% 提高到 79.67%，农民的医疗条件有了初步的改善。

缩小农村同城镇卫生工作的差距，关键在于加强农村医疗机构建设。1992 年起，各级党委、政府进一步加强乡村卫生院改造建设，实现“一无三配套”，即医院无危房，病房、设备和人才配套的目标，乐从、勒流、北滘、均安等镇建起新的卫生院。至 1997 年，全市有综合医院 3 个，精神病院和妇幼保健院各 1 个，卫生院 12 个，门诊站（所）144 个，农村卫生站 206 个，拥有医疗用房 35 万平方米，病床 3 085 张，卫生工作人员 5 438 人，形成以村卫生站为基础、镇卫生院为枢纽、市级医院为中心的医疗保健工作网络。

2011 年，顺德区开展新一轮医院等级评审。顺德区第一人民医院成功创建为三级甲等综合医院，顺德区妇幼保健院创建为三级甲

① 顺德市地方志编纂委员会，《顺德县志》，中华书局，1996 年。

等妇幼保健院，所有镇（街道）医院及新容奇医院均成功创建为二级甲等综合医院。

建设社区卫生服务圈

新医改以来，我国大力推行分级诊疗政策，以优化卫生资源配置，实现规范合理的就医秩序，缓解居民看病贵和看病难的问题，但一直成效甚微，依然是大医院水泄不通，社区医疗机构门可罗雀，医疗和公共卫生衔接不畅。大小医疗机构之间的信任机制不足，利益驱动不一致是根本原因。

对此，各地进行了不同的探索，顺德采取了“医联体+家庭医生签约服务”的混合式分级诊疗模式。通过整合区域大医院、街（镇）医院和社区卫生服务中心，建立医联体，打通利益链条，实现区域协同。

早在2011年，顺德就大力推进以基层医疗卫生机构综合改革为重点的医药卫生体制改革，[①]提出每个镇（街道）建设一个社区卫生服务中心。然后启动以全科医生、社区护士为重点的基层医疗卫生队伍建设，按照每1万~2万人设置一个社区卫生服务站的标准建设“步行15 ~ 30分钟”的社区卫生服务圈。

社区卫生服务中心为财政全额供给公益性事业单位，实行收支两条线管理，主要以全科医生和社区护士为主，与公立医院错位发展。前者主要负责常见病、多发病、慢性病的诊疗服务，以及为群众提供

① 顺德出台了《顺德区完善社区卫生服务机构管理体制暂行办法》（顺府办发〔2011〕134号）。

预防、保健、医疗、康复、健康教育和计划生育技术指导等六位一体的综合服务；后者则主要承担危重急症和疑难杂症病人的诊治。

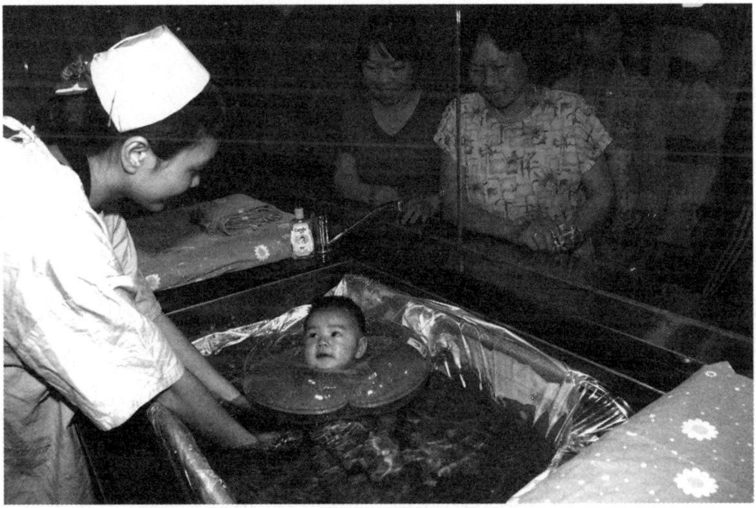

顺德区较早实现了相对均衡的医疗基础设施建设，图为 2004 年顺德区人民医院收集的地情照片

依托社区卫生服务中心，从 2012 年开始，顺德区大力推广家庭医生签约服务模式，发挥家庭医生作为居民健康“守门人”的作用。通过建立社区医生责任制和签约式家庭保健上门服务制度，主动上门为居民建立家庭健康档案、家庭病床、巡回医疗、家庭健康评估，开展定期上门随访、电话回访等公共卫生服务，推行“网格化管理、组团式服务”的社区卫生服务工作新模式。家庭医生签约服务将基本医疗和公共卫生融为一体，互为支撑，实现了基本医疗和基本公共卫生服务双促进、双提升。居民签约后可从家庭医生服务中享受慢性病长处方、优先预约、医保支付比例倾斜等优惠政策。这些政策的实施，让稳定的慢性病患者在社区得到更便捷的药品支持和健康管理，让急症患者在社区得到优先的诊疗流程，让在社区首诊的患者享受到诊疗费用的优惠，从而有效地引导了市民首诊在社区。

政校合作，打造高水平医院

在优化医疗服务的同时，顺德也不断进行医疗管理体制改革的探索。

早在 2004 年，顺德区政府就出台了《关于深化医疗体制改革的意见》，提出探索产权清晰、权责明确、政事分开、管理科学的医疗管理新体制的工作思路。提出今后将不再兴办新的公立医院，并将逐步从医疗卫生市场退出，推行公立医院股份制改革，职能从办医院向管医院转变。区卫生局的主要职能是负责拟定实施区域卫生发展规划和医疗机构设置规划，贯彻落实医疗机构、卫生技术和医务人员准入制度。

顺德区第一人民医院开创“区镇合作办医”模式，2010 年 6 月接管杏坛医院，2012 年 12 月接管陈村医院。托管期间，两家附属医院从以前相对落后的镇（街道）医院，实现了跨越式发展，医疗技术实力、服务能力和医院管理水平发生了质的变化，诊疗水平不断提高，受到当地群众的称赞。这两家附属医院逐步将“输血”变为“造血”，形成了自己的品牌，并逐渐成为顺德西部和北部片区的医疗中心。

更大的改革动作出现在 2017 年。这一年，顺德把医疗卫生事业作为城市竞争的核心要素，深化公立医院体制改革。对内，组建以三级医院为龙头，二级医院为骨干，社区卫生服务中心为基础的“3+2+1”紧密型医疗联合体，引导镇（街道）医院走好“大专科、强综合”之路，形成三级医疗机构功能错位、协同发展的医疗服务体系，逐步构建分级诊疗、双向转诊的诊疗格局；对外，坚持开放引领，以“政校合作”为突破口，引入优质高校资源，增强医院的内生活力，力求建成一批立足顺德、辐射华南、面向全国的集医疗、教学、科研于一体的高水平医院。

短短4个月，顺德先后引入广州中医药大学、南方医科大学、广东医科大学、暨南大学和广州医科大学5所省内甚至国内临床医学专业名列前茅的医科大学，把区内多家公立医院托管给大学，开始探索区校合作共建公立医院的全新模式。

表5–1 2017年顺德区政校合作办医签约情况表

合作高校（医院）	合作医院	签约日期	合作后名称
广州中医药大学	区中医院	2月16日	广州中医药大学顺德医院
南方医科大学	区第一人民医院（附属陈村医院、附属杏坛医院）	2月28日	南方医科大学顺德医院（附属陈村医院、附属杏坛医院）
广东医科大学	区妇幼保健院 龙江医院	4月20日	广东医科大学附属妇女儿童医院 广东医科大学附属第三医院
暨南大学	区第二人民医院 大良医院	5月8日	暨南大学附属顺德医院 暨南大学附属口腔医院
广州医科大学	乐从医院	5月26日	广州医科大学附属顺德医院
广州中医药大学顺德医院	勒流医院 均安医院	10月12日	广州中医药大学顺德医院附属勒流医院 广州中医药大学顺德医院附属均安医院

数据来源：顺德区卫健局。

本轮政校合作提出了“六个不变”和“五个融合”的原则：“六个不变”即医院的公立非营利属性不变，产权归属顺德不变，立足顺德、服务顺德不变，投入渠道和使用范围不变，依靠的主要力量不变，遵守“以案治本”的制度不变；“五个融合”即通过合作共建，达到管理融合、品牌融合、人才融合、技术融合、学科融合。在坚持公立非营利的属性不变、原有隶属关系不变、原有人员身份不变的原则下，以高校为纽带，探索具有顺德特色的“高校—附属医院—社区卫生服务机构”紧密型纵向医联体建设模式。

社工服务：求解公共服务专业化

顺德率先发展，也率先遭遇难题。面对经济和社会两个建设“一条腿长，一条腿短”的现实，顺德在 2011 年就启动了社会体制综合改革，提出培育大社会的目标。

在这场改革中，顺德通过引入法定机构、培育专业社会组织等方式，加大了社会服务的供给，统筹兼顾市民生存、生计、生活等不同层次的需求，推动公共服务从保障弱势群体为主的传统福利型服务，逐步拓展到全体市民共享的现代公益型服务，不仅能让困难市民过上相对体面、有尊严的生活，也让普通市民享受更多元化的服务。

网络全覆盖：区镇村都有社工服务

2012 年，顺德开始筹建三级社会创新服务体系——顺德区社会创新中心、镇（街道）社会服务中心和社工机构。

在区一级，顺德成立了区社会创新中心，中心的任务是建立公益创新扶持机制，培育社会组织和社会企业，培养社会人才，研究解决社会问题；在10个镇（街道），分别建立了社会服务中心，作为镇（街道）各社会组织开展活动的组织枢纽；在社区，依托198个村级福利会、96个社工服务站，通过“两社三工”等社区服务模式，为广大基层群众提供便利的社区服务。

目前，顺德已基本形成了门类齐全、层次互补、覆盖广泛的基层社会组织体系。截至2017年底，顺德全区登记在册的社会组织有1 730家，其中社会团体824家，民办非企业单位898家，基金会8家，服务范围覆盖家庭服务、养老服务、青少年服务以及社区矫正、戒毒康复、异地务工人员服务等领域。

养老服务方面，2006年、2007年顺德区分别推行上门服务及平安钟服务，并于2011年实现全区10个镇（街道）服务全覆盖，形成了由平安钟服务平台提供（远程）座席服务，当地居家养老服务中心提供（实体）支援服务的相互配合的格局。2017—2018年，顺德区社会建设“众创共享”和“众创共善”计划，累计扶持社区养老项目28个。参与式社区长者服务计划项目通过挖掘社区居民，培养本地的社会组织，促进社会组织参与社区养老服务，倡导居民互助。这些社区养老项目在两年内累计直接服务59 556人次，间接服务33 694人次。

社区服务方面，乐从大罗村家庭综合服务中心推行重点项目——五点学堂，主要是在17:00—18:30期间免费为放学后的孩子提供安全健康的学习、活动场所，解决了大罗村双职工家庭的后顾之忧，填补了家长照顾儿童的真空期。又如容桂街道的伍威权庇护工场的定位为帮助残障人士进行职业培训，让残疾人参与简单劳动，并帮助他们融入社会就业。

同时，顺德还推动村（社区）工作社工化，对全区900多名社区“两委”工作人员开展社工培训，逐步提高社区专业化服务水平，创新异地务工人员服务管理，出台异地务工人员融入顺德的政策，在异地务工人员中招聘流管协管员和组织企业义工队，为新顺德人提供各种服务，推动新旧顺德人融合。

社区营造：探路社区发展共同体

近年来，随着经济发展，大量异地务工人员涌入顺德，形成人口多元化和文化多元化的局面；随着城市快速扩张，顺德本地人也离开乡村购买商品房。一边是城市里陌生人相邻而居，一边是传统乡村日益凋零，传统依托行政体系的治理模式开始跟不上城市发展的现实需要。自 2013 年起，顺德结合本地基层治理的突出问题，尝试通过培养社区人才、培育社会组织、完善社区服务、建设社区文化、美化社区环境和发展社区经济等社区营造方式方法，解决社区问题，实现基层善治。

2014 年开始，顺德区政府借鉴日本和中国台湾的经验，引入“社区营造”的概念，并连续几年将“社区营造”列入社会体制综合改革重点工作，希望“推动社区营造，挖掘社区资源、培育社区组织、促进社区参与、发展社区经济，打造社区发展共同体，为促进社区全面发展探索经验”。[①]

顺德在开展社区营造时因地制宜创设服务项目，避免一刀切：借力专业的第三方社会组织，在空心化的农村社区开展帮扶弱势群

---

① 顺德区人民政府办公室印发《顺德区社会体制综合改革 2014 年工作要点》《顺德区社会体制综合改革 2015—2016 年工作要点》。

体以及助力长者养老服务；在城市社区加强社区共融，通过社区文化、教育活动、搭建居民交流平台，活跃社区居民；在城乡接合部推动文化融合和公共服务均等化，营造有人情味的、共同参与社区事务的社区活动。

在社区资源投入方面，政府跳出大包大揽的传统思维误区，政府投入以服务社会组织建设为主，以政府购买服务引导社会资源投入。2013—2018 年，仅区社工委对社区营造的投入资金就达 1 656.5 万元，为村（社区）“两委”和社会组织提供基础运营条件。政府协助社区组织争取当地企业及政府资源支持，例如伦教仕版村、乐从路州村、杏坛马东村，结合区财政资金和镇（街道）配套资金，引入社工机构驻村。

社工团队开展社工服务的同时肩负开展一系列社区环境改造及公共文化活动，与居民建立情感纽带，形成公共参与氛围的任务。通过开展公共活动，发掘和培育居民骨干、社区组织和志愿服务团体，培养居民自我组织、自我管理、自我服务的能力。逢简村、仕版村还尝试推动合作社、互助社等社区经济项目，挖掘当地产业资源，探索从经济领域推进社区营造。黄连社区则推动企业家和社区人员成立了社区营造协会，同时成立社区大学，专门培训居民、社区组织及企业家如何参与到社区发展中。

现代慈善：让弱势群体感受顺德温度

“积善之家，必有余庆”，在中国传统文化中，行善积德是遗泽后人、敦化家风的重要方式。自古以来，举凡条件好的顺德家族都有施粥、施药、施葬的传统，大户人家更以修桥补路为荣。

改革开放以后，崇善乐施的传统在顺德这个乡土社会焕发出新的生机。蓬勃发展的慈善事业通过扶助社会弱势群体，化解社会边缘领域问题，极大地缓解了经济发展带来的社会焦虑，填补了政府救助和家庭个人自助之间的空白，提升了社会温暖度。

顺德历史上有明确记载的慈善机构，晚清时有5个，民国时有近20个。到2017年底，在顺德区民政部门登记的慈善组织多达240个，1 199名慈善组织专职从业人员，注册义工超过13万名。慈善，对顺德社会安定发挥着越来越重要的作用。

近几年，顺德第一代企业家逐渐淡出企业管理转入慈善领域，又为慈善带来新的活力，丰富了慈善的内涵，并推动其向现代慈善的深度转型。

共济互助是一种传统

新郎在迎亲途中溺水而亡，新娘守节终身，捐出嫁妆建桥，使行人再无溺亡之恨。这个发生在宋朝嘉定年间的凄美爱情故事是顺德慈善记忆的开端。从吴妙静捐建贞女桥（1211年）开始，顺德慈善已有800多年的历史。

作为手工业重镇，顺德历史上就形成了乐善好施、共济互助的传统，如兴建于1916年的容奇养生善所，当时每年花出的费用就超过110万元。新中国成立后至改革开放前，由于特殊的历史背景，赈灾救济和社会福利事业均由政府包办，民间慈善团体一度退出历史舞台。

改革开放初期，顺德的慈善事业主要是由旅居港澳、海外的顺德同乡带动的，其捐献的动因多是出于对家乡的眷恋。尤其是“文革”后全面落实各项侨务政策，激发了海外侨胞和港澳同胞爱国爱乡的热情。1979 年全县侨汇总额为 20 世纪七八十年代最高年份，达人民币 2 871.6 万元。1979—1991 年，海外侨胞、港澳同胞捐赠顺德兴办公益事业款项共 3.75 亿港元，兴建中学 24 所、小学 91 所、图书馆 2 所、幼儿园 51 所，捐款最多的梁銶琚、郑裕彤、李兆基、胡锦超、刘胜昭、梁开等人，捐资金额均逾 1 000 万港元。所捐款项，除了用于兴办教育、卫生医疗事业外，还修筑乡村公路 239 公里、桥梁 95 座、会堂 9 座、康乐体育中心 6 家、敬老院 16 家。

随着本地企业的迅速发展，土生土长的本地人开始成为慈善捐赠的主力。2000 年的“兴建顺德大学筹款万人行”活动中，顺德社会各界捐赠总额达 2.7 亿元，参与捐款的单位达到 3 000 家，参与捐款的个人超过 6.3 万人。

本土企业热衷做慈善

顺德的乡土社会保持得较为完整，基本上还是熟人社会，社会资本丰厚，互助、关爱、共赢的精神品质和价值取向相当强烈，因此企业家有强烈愿望去建设好、发展好自己的家乡，企业慈善在教育助学、扶贫济困、灾害救助等领域发挥了举足轻重的作用。

胡润研究院发布《2016 胡润全球华人大慈善报告》，共有 51 位在世华人历年捐赠超过 5 亿元人民币，其中李兆基、杨国强、郑裕彤和何享健四名顺德籍人士上榜。“为何我本人及家人那么热心捐钱做慈善？”何享健在解释自己的捐助行为时说，“我一直在家里强调，我自己的财富，除了因为自己的拼搏努力、美的人的共同努力，还得益于国家发展、改革开放，以及政府的支持，为我们营造良好的创业发展环境。”[①] 这番话反映了顺德企业家热衷做慈善的动机。

近年来，顺德区慈善组织联合会创新善款募集方式，拓宽了慈善参与路径，搭建广大社会组织和群众参与慈善的统一平台，为顺德区内慈善组织、个人及企业开展项目认领、在线筹款、善品售卖、信息公开和公众监督等活动提供一站式服务。仅 2017 年，顺德慈善捐赠总额超 100 亿元，接受侨捐累计总额超 21.54 亿元人民币，捐建项目超过 1 000 个，并创设国内最大规模的慈善信托。

顺德区慈善会积极鼓励企业、社团和个人采取“冠名”方式设立专项慈善基金或项目，发展推广冠名慈善，其中，国强公益基金会影响最大，累计捐资接近 5 000 万元。

所谓“冠名基金”，就是以捐款的企业、单位或个人名称命名，捐赠人一次性或长期陆续向顺德慈善会认捐一定数额的善款用作特定的救助项目。与一般的个人慈善相区别的是，冠名基金具有系统性。顺德慈善会希望用企业家的示范作用带动更多人投身慈善。只要捐款符合慈善会的章程，用到顺德本土，慈善会不收取任何管理费用，这对企业而言，相当于基金全额用于项目救助，零成本管理。

公益捐赠税收减免、公益股权捐赠、慈善信托等一系列政策和法律法规的出台，更进一步推动顺德企业慈善的发展。2008 年 1 月 18 日，顺德区机动车维修协会冠名的顺德机动车维修行业慈善基金成立。这是顺德第一个通过正规慈善机构成立的冠名基金。

---

① 谢舒，《详解何享健家族慈善体系》，载于《中国慈善家》，2017 年 8 月刊。

建立三级慈善网络

慈善资金的募集和监管从来都是一个难题，顺德在这方面走出了一条路。

改革开放初期，尽管民政事业费逐年增加，但政府全额负担的民政保障任务越来越重，遇到突发天灾人祸，需要增拨经费和特殊补助经费时，往往捉襟见肘。为筹集更多资金，发展民政福利事业，1988 年，顺德开始探索“社会福利社会办”的路子，全县共设有各类民政福利基金会 8 个，涉及敬老、赈灾、儿童福利、救济福利事业等。

1991 年开始，顺德向深圳宝安学习，整合改造各类各种福利基金会，完善社会保障网络。1993 年，全市 11 个镇都成立了镇级民政福利基金会。同年，顺德慈善基金会正式成立，政府投入 200 万元作为启动资金，展开全城筹款活动，在电视台滚动播出认捐者姓名，以起到示范作用，筹得款项高达 2 000 万元。

顺德区慈善会在日常运作过程中发现，仅靠区慈善会的力量，难以调动起全顺德的资源，亟须把镇（街道）、村（社区）的资源盘活。为此，顺德区不断完善三级慈善体系，包括区慈善组织联合会、区慈善基金、19 家基金会、10 个镇（街道）慈善会、209 个村（社区）福利会。

2016 年，为了实现慈善组织工作规范化，区、镇（街道）慈善会共 11 家主动参加社会组织等级评估，全部获得 3A 以上评级，其中获最高 5A 评级的有 6 家，获 4A 评级的有 4 家。

现代慈善创新不断

以往企业家在做慈善时，以捐物捐钱的“输血”模式为主，这种传统模式可救急，难救穷，可以解一时之困，却很难从根本上解决社会问题。随着越来越多企业家转身成为慈善家，慈善创新不断涌现。

2018 年 10 月，国强公益基金会宣布，未来 10 年内将向清华大学教育基金会捐资 22 亿元，这是截至当时中国教育界最大的一笔捐助。长期以来，碧桂园集团创始人杨国强及家族对捐助教育情有独钟。据说杨氏童年时家境贫寒，全靠政府给予的 7 元助学金才重拾书包上学堂。感念于此，他事业有成后，便多方捐助教育事业，帮助同他当年一样贫寒的学子。

1997 年，事业略有小成的杨国强便以母亲的名义设立“仲明大学生助学基金”，从 1997 年起每年捐资 100 万元，2006 年增至每年 200 万元，截至 2014 年累计超过 2 500 万元，让广东高校 8 000 多名家庭经济困难的优秀学子获得资助。

2002 年，杨国强又以其兄杨国华之名创办国华纪念中学，这是一所实行全面免费、全寄宿的民办高级中学，面向全国招收家庭生活贫困、学习成绩优异的初中毕业生。学生从报考国华纪念中学开始，直至读大学本科或研究生，学习、生活、交通等一切费用全部由学校承担。

杨国强对教育的捐助不止于资助学生。2008 年 5 月，汶川发生 8.0 级地震，碧桂园集团主动接收汶川桑坪中学 1 700 多名师生在广东复课。此举是中国首例初中整体搬迁异地复课，也是灾后人数最多的一次异地复课。2008 年 12 月 5 日，杨国强及女儿杨惠妍获得2008年度中华慈善奖特别贡献奖。2009年7月，杨国强及“汶川桑坪中学异地复课项目”分别获得“中华慈善突出贡献人物奖”和“中华慈善突出贡献项目奖”。

杨氏乐善好施，截至2017年底，他和家人21年间累计捐出善款42亿元，用于办学、助学、兴教。

顺德另一位乡贤何享健也是慈善的引领者。2017年7月，他偕夫人及儿孙公布了60亿元慈善捐赠计划，包括1亿股美的集团股票（7月24日收盘价43.42元）和20亿元人民币。其中，用5亿元现金设立顺德社区慈善信托，这是当时国内最大的一单慈善信托。另外15亿元现金涵盖了精准扶贫、教育、医疗、养老、创新创业、文化传承及公益慈善事业发展等多个领域。而计划中更大额的1亿股权捐赠也是设立“和的慈善信托”。

相较于传统捐物捐钱的“输血式”慈善，何享健家族的慈善模式针对社会问题，打造了系统性、组织化、可持续的解决方案，并联动多方资源共同参与。何享健也非常关注慈善资产保值增值的重要性，他认为不能让资金闲置，要让资金创造更大价值，造福更多人。其捐助的善耆养老家园、和园等重大公益项目建成后都将采用市场化管理和运营，让公益项目能自我造血、产生利润，利润再用于项目的持续发展。这些都进一步刷新了顺德慈善的理念。

新市民服务：来了就是顺德人

从跻身广东“四小虎”，到连续4年居中国百强县榜首，再到连续7年被评为中国市辖区百强区之首，顺德在过去40年里一路高歌猛进，除了本地居民的勤劳奋斗外，更离不开庞大的外来人口的努力与付出。甚至可以说，没有大量外来人口的进入，顺德今天的成绩可能会大打折扣。

如今，顺德常住人口已达260万，其中有一半是外来人口。对他们的称呼，也从当年的打工仔、捞仔，变成了异地务工人员、新顺德人、新市民。每一个称谓变化的背后，折射出顺德在接纳外来人口上的新认识、新定位。在改革开放40年后的今天，新顺德人已经可以和本地人一样享受越来越多的公共服务。

借脑发展，造就“星期六工程师”佳话

1978年8月，全国最早开办的“三来一补”企业——容奇大进制衣厂建成投产。是年，国家调整产业政策，顺德县农机厂、机械厂等社队骨干企业相继转产家用电器产品。1979年1月，桂洲柴油机配件厂（桂洲第一风扇厂前身）试制出第一台吊式电风扇，翌年起进行批量生产出口，成为全省第一家电风扇出口定点厂。

随着更多顺德人“洗脚上田”，投身家电产业，乡镇企业在顺德蓬勃发展。但在计划经济转型的初期，大量的资源掌握在国营企业手中，乡镇企业则有点像计划外出生的小孩，没有户口，不仅要面向市场，更需弥补人才和技术短板。

如何锻造竞争力？依托靠近广州的地利，顺德人找来了省城的研究机构、国营企业及高校的技术人员，以优厚的酬金吸引他们利用周末空闲时间到顺德加班，帮助企业提升技术水平，这些人被称为“星期六工程师”。

他们不为顺德所有，却为顺德所用，在提升顺德工业技术水平的同时，也让顺德人认识到外来人才对经济发展的重要性。

今天，在世界500强企业美的集团总部的博物馆内，一处星期六工程师骑自行车来指导生产的场景设置，总会吸引参观者驻足观看。这背后确实有一段故事，博物馆的记载称："(20世纪)70年代初开始，美的邀请远东风扇厂副厂长、自身技术人员龚品师协助研发发电机。"

当年，美的集团起步时还是一家不起眼的"街道小厂"。由于交通不便，广州的星期六工程师来北滘时可谓"折腾"，得先在广州白鹤洞坐渡船，经南海平洲进入顺德陈村，再经由南涌大桥、林头大桥后才能到达目的地。将星期六工程师的形象陈列在企业博物馆内，反映出这家企业经营者对于外来人才的重视，美的是顺德的一个缩影。科技人员的到来，改变的不仅仅是一家小厂，更推动着一个县域经济的发展。

全国求贤，缔造"孔雀东南飞"盛景

20世纪80年代，随着乡镇企业的发展，星期六工程师已很难满足需求，顺德开始大量引进人才。为建"人才联络网"，顺德县人事局派出工作人员奔赴北京、上海、武汉、南昌、昆明、西安等城市，收集顺德所需人才的相关信息。以"情感留人""事业留人"是顺德当时就已采取的办法，1986—1988年，顺德每年都以人事局的名义，给联系上的人才与"人才联络网"的咨询专家发慰问信，并寄送顺德企业制作的新年挂历，展现"顺德风采"和"顺德魅力"。

慰问信发到第三年，北京某大型机械厂的一位顺德籍工程师李国盛回到了家乡，进入当时的顺德无线电一厂工作；华中工学院（华中科技大学前身）的周冠雄教授则回到家乡北滘镇，当时顺德还成为外省第一个到华中工学院“打广告”招聘人才的县市。1987年夏天，顺德区人事局还派出工作人员到江西冶金学院找人，并动员了24个非顺德籍、机械和自动化专业的毕业生来到顺德，大部分人作为紧缺人才，进入万家乐集团工作。

踏入20世纪90年代，顺德成为广东全省综合改革试点市，在建立社会主义市场经济体制改革上“先行一步”，顺德对于外来人才的吸引力更加凸显。

1991年，一位叫马军的年轻博士从华南工学院热能工程专业毕业，他放弃了留校任教的机会，进入美的。当时，美的给马军开出的月薪是2 000多元。

同年，另一位在湖南衡阳工作的青年才俊王韶峰，南下顺德参加由顺德经委、人事局联合举办的招考，在3 000名竞争者中脱颖而出，而后进入容桂的德力集团担任总经理助理，在内陆地区还月薪100元时，他在顺德的月薪已是500元。此后在德力于1994年产权改革转制时，他进入董事会成为第三大股东。

1992年，安徽籍文艺青年方洪波从湖北的一家国企转投顺德的美的，此后他从企业内刊《美的报》的编辑工作做起，很快凭借自身的才华和稳健的性格获得了创始人何享健的赏识，晋升制冷事业部高管。

顺德政府和企业在引进外来人才过程中释放的诚意，缔造了“孔雀东南飞”“过江龙南下”的盛景。2005年，顺德人才总量达到了162 400人，人才密度为13.5%，大大高于全省、全国的人才密度。而且高层次人才出现了“扎堆”之势，顺德的企业博士后工作站数量居全国县区级之首，顺德的院士俱乐部也运作得相当良好。

为进一步营造“尊重知识、尊重人才”的氛围，顺德从2005

年开始设立首届“金梧桐奖”和“金凤凰奖”，作为人才工作先进集体和优秀人才的最高荣誉，每3年举行一次，分别奖励5万元和3万元。

近几年，伴随着产业转型的推进，人口红利逐渐消失，人才再次成为城市竞争的焦点。顺德也顺势启动新一轮的引才计划，通过出台人才新政、提供人才公寓、办德才卡、启动“顺德全球合伙人”计划、成立粤港澳大湾区招才引智联盟等多项举措，在全社会形成爱才、惜才、留才风尚，为人才发展创造了良好环境，鼓励各类人才发挥所长，进入顺德服务。

服务转型，为外来人口提供便利

“工业化浪潮在珠江三角洲古老的大地上奔涌。昔日弥漫着田园牧歌情调的桑基鱼塘、蕉林稻海上，梦幻般地冒出了一座座气势恢宏、神情冷漠的工业厂房。钢筋水泥吞噬着良田沃土。伴随着耕地令人忧心地锐减，一个人口几何学无法解释的奇迹出现在人们眼前：昨日每亩只能承载两三人的土地，今天爆发出承载二三十人、二三百人乃至上千人的魔力。劳力严重过剩迅速被人口短缺危机所替代。”

20世纪80年代末，新华社记者王志纲、江佐中创作的《百万人口下珠江》一文，描述了外来劳动力从贵州等欠发达省份向珠三角地区转移的盛景。其中，顺德的传统制造业也吸引了大量的外来劳动力。

到2002年末，顺德成为佛山市辖区前，常住人口已近169.42万人，其中外来人口达64.1万人。占比1/3的外来人口，打破了水乡的宁静，一度成为本地治安管理的一个难题。为了让社会治安更加有序，地方政府适时转变惯有的管理思路，不断加强对异地务工人员的管理与服务。

2005 年是顺德在管理外来人口工作方面的一个分水岭。那一年，顺德将公安、房管、计生等部门分别负责的流动人员和出租屋管理工作进行合并，成立区、镇（街道）和村（社区）三级综合管理机构，对流动人员和出租屋实施综合管理与服务。

一方面通过加强管理，管好大多数外来人员居住的出租房屋，减少各类违法犯罪案件的发生，让外来流动人员能够安居乐业；另一方面是在管理的同时推行人性化服务，如“一站式”服务、上门服务、卫生咨询、儿童免疫和保健服务、孕妇孕情检查、办理临时有效的“婚育证明”等。

数据显示，2005 年顺德区外来人口占全区人口数量的 43%，有 61% 居住在出租屋，27.6% 以上居住在厂企、店铺，5.8% 入住在员工村。对此，顺德区流管部门对外来人口、出租屋实施分类型、分层次的管理。到次年 10 月，顺德区已在 10 个镇（街道）全面铺开流动人员和出租屋综合管理服务工作，全区共有 198 个村（社区）成立了流动人员和出租屋综合管理服务站，全面实施对流动人员暂住户口登记，办理暂住证、计生验证、就业免费中介等一站式登记、办证和管理，及出租屋的登记备案工作与日常检查。

同时，有关职能部门推出了一些新措施，赋予持有暂住证的流动人员部分与本地居民同等的待遇。通过提供这些优惠和待遇，为他们创造安心创业的社会氛围，充分调动了他们参与社会管理和经济建设的积极性。

2006 年 9 月 28 日，顺德首届“金雁奖”颁奖文艺晚会在顺德演艺中心隆重举行，王碧庭等 10 名“金雁”和 100 名“优秀外来务工人员”受到表彰。这次“金雁奖”评选表彰活动，旨在充分肯定广大异地务工人员对顺德经济和社会各项事业所做出的贡献，营造尊重和关爱异地务工人员的社会风尚，增强广大异地务工人员的归属感、自豪感和责任感。

2010 年 1 月 1 日起，广东在全省范围内推行全省通用、一证多能的居住证制度，取代原有的暂住证制度，将对外来人口的服务置于管理前面。这一年，顺德全区常住人口已达 246.48 万人，外来人口数量已与本地户籍人口数量持平。截至当年 12 月 6 日，顺德共受理居住证登记 716 694 个，制发居住证 675 979 张。以推行居住证办理为契机，顺德通过在各村（社区）及大型工业园区设流管站，对流动人员和出租屋主实行一站式、一条龙的办证、验证、孕妇孕情检查及上门服务，并根据有关政策规定，对流动人员劳动就业、子女入学、户口迁移提供便利。

消除歧视，让新市民融入本地

为促进产业工人本地化，使他们在顺德工作有价值、生活有奔头、内心有归属，享受到人性化关怀、同城化待遇、均等化服务，在 2012 年 5 月，顺德区委区政府引入第三方研究机构，围绕如何让“异地务工人员更好地融入顺德”开展深入调研，形成《关于进一步推动异地务工人员更好地融入顺德的工作意见》。意见从顶层设计的角度，围绕“就业有扶持、技能有提升、劳动有尊严、福利有保障、居所有改善、子女有教育、管理有参与、维权有渠道、入户有机会、幸福有共享”的“十有接纳目标”，着力推进“公共服务均等化”、“第二故乡”、“价值实现”和“人文关怀”四大工程。

2014年10月1日，《佛山市流动人口和出租屋服务管理办法》正式施行，明确将流动人口改称“新市民”，这是佛山推动外来人口市民化的一个里程碑，区、镇流动人口和出租屋管理机构，加挂了“新市民服务和管理办公室”的牌子。

顺德探索对新市民开展积分制服务管理，外来人口“挣”够积分便可入户、子女入学享受同城化待遇。相关积分指标包括四部分，即基础指标、加分指标、特殊指标和各镇（街道）自定指标。其中基础指标包括个人素质、参保情况和居住情况三项，加分指标包括急需人才、特定的公共服务领域、专利创新、表彰奖励、竞赛获奖、社会贡献、投资纳税、卫生防疫、住房公积金缴交、计划生育等项目，各镇（街道）还有20分作为自行加分项目。

2015年，顺德区共受理10 086名新市民积分入学资料，教育部门录取了5 094名新市民子女入读公办小学一年级；2016年共受理6 353名新市民积分入学资料，录取3 037名新市民子女入读公办小学一年级；2017年共受理2 960名新市民积分入学资料，录取1 439名新市民子女入读公办小学一年级；2018年共受理2 117名新市民积分入学资料，录取1 360名新市民入读公办小学一年级。

近年来，在推动户籍管理制度改革方面，除统一按照佛山市制定的入户政策迁移户口外，顺德还进一步优化了异地务工人员积分制入户操作规程，10个镇（街道）均设立服务窗口，咨询、受理异地务工人员积分制入户，对入户申请进行审批。

顺德还出台了《顺德区住房保障实施办法》，实现将住房保障范围扩大至无房异地务工人员和新就业职工，并积极改善异地务工人员居住环境。

共建共享，新市民也能参与社会治理

2014 年 8 月，顺德成立新顺德人服务协会，依托社会组织为广大新顺德人提供更多贴心服务。近三年来，新顺德人服务协会以“共建共享幸福顺德”为目标，以新市民生活融城、思想融城为切入点，各项工作不断取得新进展，包括充分吸纳热衷新顺德人服务事业的会员入会，截至 2017 年 12 月，会员总数达 75 个，其中单位会员 48 个，个人会员 27 人。

在此基础上，顺德稳步有序推进非户籍常住人口参与社会基层治理工作开展。2017 年，在村（社区）“两委”换届选举，顺德选取符合条件的 15 个非户籍常住人口和党员参与“两委”换届选举试点，选出非户籍党组织委员和居委会委员共 15 名，100% 实现非户籍“两委”交叉任职，平均年龄 35.1 岁，本科以上学历 9 名。此举开拓了非户籍常住居民参与城乡社区治理的渠道，实现政府治理、社会自我调节和居民自治良性互动的目标，促进社区和谐稳定、共融发展。

在完善异地务工人员的社会荣誉机制方面，顺德积极推荐优秀异地务工人员担任党代表、人大代表、政协委员，通过推进“顺德好人 · 友善之城”文明品牌系列活动、“好学顺德”活动，进一步培育异地务工人员的社会主义核心价值观。

目前，新市民凭有效居住证就可享受政府提供的各项基本公共服务，覆盖积分入学或政策性入学服务、基本公共卫生等 18 项便利和服务，基本实现了公共服务的“底线均等”。而外来优秀人才与异地务工人员组成的生机勃勃的“新市民”群体，为顺德的新一轮高质量发展提供了澎湃的动力。

第六章 — 农村家园

“基础不牢，地动山摇。”农村基层是经济社会发展的基石，如果农民没有勤劳致富的机会、农村没有发展、城乡居民没有安身立命的所在，国民经济就无法均衡增长，整个社会也无法保持和谐与繁荣。在维护基础稳固的前提下，将坚持农村与城市的同步发展作为核心目标，是推动协调发展的一个重要路径。

20 世纪 80 年代初，顺德开始探索“贸工农”经济体系和集体经济发展方式；进入 90 年代，为应对土地权利细碎化等弊端，顺德进一步深化农村体制改革，推动土地连片承包，探寻对接市场的路径；新世纪前后，在城市化的浪潮下，顺德全面推进及完善农村股份制改革，“使农民变为股民”；迈入新时代，顺德又掀起新一轮基层大治理，综合施策推动乡村振兴。

顺德的改革实践，始终把握了农村基层作为经济社会发展基石的重要意义。在工业化和城市化快速发展的进程中，不仅有效防止了农村地区大面积衰败，更通过积极建设，推动了城乡资源双向流动，让农村继续成为当地居民安身立命的家园。

四次农改：顺德跨越式发展的基石

改革开放初期，顺德农村改革以“双包”改革激活农村生产活力，为集体经济大发展奠定基础。随后，顺德进行四次大改革，每一轮改革都以相应的农村改革作为重要配套内容，切实推进农村发展和农民生活水平提升，维持基础稳定、基石不动。

在20世纪90年代初的以企业产权为核心的综合改革中，顺德农村改革通过完善土地承包制和建立股份制，推动农村和农民融入市场化发展的进程；在新世纪初期成为率先基本实现现代化试点时，顺德农村改革着力解决历史遗留问题，促进城乡一体化；在2009年以践行科学发展观为核心的综合改革中，顺德农村改革重点是革新基层治理体制、提升农村公共服务水平；在新时代，顺德率先建设广东高质量体制机制改革创新实验区，又启动新一轮基层大治理，推动乡村全面振兴。

1993年：让更多农民从土地上解放出来

顺德是经济作物产区，作物品种多，技术要求高，很早就形成了以注重效益为核心的农业生产管理传统。早在全国推行家庭联产承包责任制改革之前，顺德就已经自发尝试多种创新举措。例如，在20世纪60年代贯彻“农业六十条”政策过程中，顺德就出现过鱼塘包产到户、“包死上交，超产全奖”的做法；70年代，很多生产队又推行如“四定一奖”的责任制[①]、定额管理和联系产量计算报

① “四定一奖”责任制指大良公社1978年2月开始推行的“允许水稻生产的某些工种包工到组或包工到人；甘蔗生产可以包工到户，定产计算报酬，塘鱼生产按产量实行奖励与处罚；花生、豆类包干到户”等措施。

酬、边远鱼塘包到农户等。1977年，顺德县委甚至决定突破当时的农业政策，从桑蔗地中挤出15 000亩土地来种花生，以解决全县的食油短缺问题。[①] 但是，这些自发性探索也受到旧体制的严重束缚，农民的致富意愿无法得到充分伸展。

1980年，中共中央下发《关于进一步加强和完善农业生产责任制的几个问题》，正式突破以人民公社制为核心的旧的农村生产管理体制，许多农村地区在当时自发探索的"包产到户""包干到户"的实践，获得了合法地位。

1980年9月，顺德县委召开第四次党代会，提出"千方百计发展农村集体经济，使农村尽快富裕起来，把全县建设成为农林牧副渔五业兴旺，农工商综合发展，文化科学水平提高，人民生活改善，繁荣富裕的社会主义城乡"。

这次会议，通过改变"以粮为纲"的农村经济指导方针和"队为基础"的农村结构性财产关系，顺德与全国其他农村地区一道解放了农民的生产自主性和积极性，促成农民的增收和农村的发展。

在改革浪潮推动下，顺德复活了多年来被压抑的工业化和商品化生产传统，并且通过政府有意识的扶持，形成大批量专业户、重点户以及新经济联合体，逐步打破单家独户经营的局限，把农村的闲散资金、技术、劳动力与自然资源结合了起来，集约化、规模化农业生产的发展势头逐步显露。

同时，农村开始出现富余劳动力，并向二、三产业转移，推动

---

① 招汝基等，《先行者的30年：追寻中国改革的顺德足迹》，新华出版社，2008年，第44—45页。

顺德形成“农林牧副渔、工商运建服”十轮齐动的集体经济综合发展格局和乡镇企业的发展，为顺德的初级工业化奠定基础。在顺德人的历史回顾中，联产承包责任制改革被称为“顺德各项改革的总源头、启动力和催化剂”。[①]

但是，在农村地区经济得到快速发展、迅速解决温饱问题的同时，顺德“人多地少”的困境也显现出来。到1990年前后，顺德共有35.5万农业劳动力，但耕地只有61.5万亩，平均每个劳动力耕种的土地只有1.7亩，严重制约了农业集约化、规模化发展。[②]究其根源，联产承包责任制的不完善是最大的障碍。

20世纪90年代初期实施的农村体制改革，是对80年代推行的联产承包责任制的完善和创新。顺德人认识到，要进一步实现农民富裕和农村发展，仅停留在考虑农民“吃饭”问题上是远远不够的，需要将更多的农民“从土地上解放出来”，并往二、三产业转移，促进传统农业向现代化商品大生产转型。当时，与联产承包责任制相配套的“队为基础”的行政建制，对顺德农业转型造成一定程度上的阻碍：由生产队组建的经济社数量多、规模小、土地少，无法组织开展农业规模经营；社设机构繁杂，干部众多，农民负担大，无力进行基础设施建设。因此，对农村行政建制和土地承包经营机制进行改革，就成为90年代顺德农村体制改革的重点。

1993年8月，顺德推出深化农村改革措施，核心是对联产承包责任制进行“三改”。

---

① 《顺德改革开放20年回顾与展望》（顺字办〔1998〕29号）。

② 招汝基等，《先行者的30年：追寻中国改革的顺德足迹》，新华出版社，2008年，第312页。

改“分包制”为“投包制”，即改按人口均包为按需投包，使土地向“有资本、有技术、有市场”的“三有”种田能手集中。

改“长包制”为“短包制”，即将土地承包期从15年改为3~5年，剩余投包金归股份社，80%用作股红分配，20%提留作集体积累，加强村集体提供公共服务能力。

改“分散承包制”为“集约承包制”，将每户零碎的承包地集中起来，发展适度规模经营、集约经营。

这些符合地方实际的改革措施推进迅速，成效突出：到90年代中期，顺德全市优质高值蔬菜、花卉、果树面积达到8.3万亩，比90年代初期增加了1万多亩；全市优质鱼养殖面积达到12.4万亩，比90年代初期增加3万多亩。[①] 顺德建立起水产养殖业产、供、销、贸、工、农一条龙的服务体系，农业现代化进程加速。

更大的变化是，土地投包制改革使一部分不愿耕作的农民“洗脚上田，进城赚钱”，实现了农民与土地的分离：到90年代中后期，顺德个体工商业发展到22 609户，仅当时的桂洲镇，在民营经济行业中就业的人员就超过7万人。

同时，为巩固土地制度改革成果，顺德还推行农村管理体制改革。1994年2月，顺德出台改革村委会建制、推行农村股份合作制等措施，规定取消经济社一级建制，以管理区即村为单位设置村委会，组建股份合作社。农村同步进行清产核资，折算成为股份，将农民变为股份社的股东。农民占有股份，可获集体收益分红，与股份社共同承担风险。

这次农村体制改革，顺德进一步完善农村土地承包制度，使

① 顺德市十一届人大三次会议上的《政府工作报告》，1995年3月17日。

土地能满足规模化经营要求，提升了顺德地区农业现代化水平。经济社的取消进一步打破了计划经济时期的农村生产管理模式；而股份合作社的建立，使离土不离乡的农民获得了分享集体土地增值收益的机会。农村富余劳动力的析出，为顺德工业化进程做出了重要贡献。

2001 年：股权固化、量化资产，接入大市场

20 世纪 90 年代的农村改革并没有完全摆脱“三级所有、队为基础”的旧管理体制的影响，在改革之后又出现了集体资产分配矛盾等一系列新问题，严重阻碍着顺德的现代化进程。

新的矛盾既然已经显露，就只能通过新的思路进行解决。1999 年 7 月，顺德市获批为“广东率先基本实现现代化试点市”。随后，顺德提出全面推进建设、发展、改革三大战略转移，以市场化、城市化为目标，对全市农村结构、行政构架、管理方式和运作机制等方面实行战略性的调整和改革。[1]

从 2001 年下半年开始，以“固化股权、量化资产”和“区域重组”等为核心内容的顺德农村综合体制改革全面铺开。[2] 这次改革的最大亮点，是改革集体资产的权属、收益和管理机制：将合作社股份分为集体股和个人股，规定集体股占 20%，个人股占 80%，农民获一次性配置的股份；股份不再随农民年龄、人口的变化而变化，即“生不增、死不减”的原则；农户扩股可采用现金购买方

---

① 沈涌，《解码顺德：走向现代化的裂变与再造》，花城出版社，2002 年，第 230 页。

② 《关于固化农村股份合作社股份，量化股份合作社资产的实施细则》（顺办发〔2001〕22 号）、《关于合并村和村委会改居委会的实施细则》（顺办发〔2001〕22 号）。

式，股份是可以继承、转让和赠予的。

同时，顺德对股份合作社的管理制度实施全方位改革，规定村（社区）集体资产不量化到个人，成立集体资产管理公司或资产管理办公室负责管理营运。资产管理公司具有独立法人资格，受村（社区）委会领导，资产管理办公室由村（社区）委会任命，村（社区）两委成员不得兼任资产管理公司或资产管理办公室负责人。为与这项改革相配套，顺德出台了一系列干部改革措施（详见本章下一节“村居治理体系的四次跃迁”）。

这一系列措施起到了规范集体资产管理运作的作用，保证了集体资产管理公司能够不受村（社区）干部干涉，而是作为独立的经济实体按照市场规律进行运作。

这次农村体制改革同样推行迅速，效果明显。在股权固化方面，2002 年初，顺德市已有 72 万股份社股东获一次性股权配置，其中外嫁女及其子女 2 万多人分到了股份。[①] 到 2003 年初，顺德区各农村已量化 18 亿元的集体资产个人部分，占应量化金额的 64%。[②]

在区域重组和村委会职能转换方面，到 2002 年底，顺德农村数量从 191 个减少到 109 个，居委会数量从 31 个增加到 88 个，村（社区）总数减少 25 个，居委会总管辖面积增至 314 平方公里，[③] 村（社区）两委人员从 2 000 多人减少到 1 200 多人。[④]

---

① 顺德市十二届人大五次会议上的《政府工作报告》，2002 年 3 月 5 日。

② 顺德区十三届人大一次会议上的《政府工作报告》，2003 年 3 月。

③ 同上。

④ 招汝基等，《先行者的 30 年：追寻中国改革的顺德足迹》，新华出版社，2008 年，第 328 页。

农村基层管理体制的精简和优化，保障实现了以社区管理和服务转变为主要特征的基层机构职能的“三大转变”：从农村型行政体制向城市型行政体制转变，从以发展集体经济为主向营造环境促进社会化资本发展转变，从以经营集体资产为中心向社区管理和社区服务转变。[1]

2010年前后，国内许多地方开始学习顺德“固化股权、量化资产”的做法，但当时的集体土地价值、农村发展状况已经发生巨大变化，相关政策难以推行，很多到访的外地干部都感叹“顺德改革占了先机”。

2011年：破解城乡二元格局

新世纪以来，顺德大力推进城市化的同时，农村各种体制性弊端也日益突出：农村集体土地急剧减少，而相应的补偿却远远跟不上土地增值的速度；农村公共服务硬件与软件严重不足；城乡二元结构的对立，集体经济造血功能的乏力，造成城乡发展日渐不平衡。

有一个现象反映发展不平衡问题导致的矛盾：在顺德工业产值已经“富可敌省”的光环背后，顺德农村年人均收入在佛山市五区中排名靠后。[2]种种问题已经形成了全面性、系统性、体制性的矛盾，因“三农”问题引发的上访案件逐年增多，对顺德农村经济社

① 招汝基等，《先行者的30年：追寻中国改革的顺德足迹》，新华出版社，2008年，第330页。

② 刘嘉麟、张培发，《顺德：农村变局为基层中国破题》，载于《南方日报》，2012年9月10日。

会发展造成相当程度的负面影响。[①]

为从根本上解决问题，顺德再次掀起改革浪潮，启动新一轮农村综合改革（基层治理体制改革）。

土地方面，规范农村股权（股份）的继承、转让和赠予等流转原则和办理程序；开发全区性股权股份管理系统，完善登记、流转、分配、统计、查询、备案等工作。

农民方面，开展就业培训，实现社会保障覆盖，以解决农民日常生计问题。

农业方面，促进农业现代化，主要是发展精品农业，培育农民合作社，发展现代农业园区，提升农业产业化水平。

农村（社区）方面，通过三旧改造等政策，改造村容、村貌，推进城市化进程；建立村（社区）行政服务站，实行政务、村务相分离，合理设置全征地，并且加大对全征地社区建设的财政扶持。村委会（社区居委会）统筹城乡公共服务，提高公共服务水平。

顺德希望：通过规范农村股权（股份）的流转管理，在体制和机制上保障农民的财产性收入；通过实现社会保障全覆盖，同时开展就业培训，为农民发展“兜底”；推动以精品农业、合作化农业、现代农业园区为主要形态的农业现代化，提升农村集体自造血功能；通过农村村容村貌改造、基层公共服务设施建设，推进农村现代化。

顺德的这一轮农村综合改革，虽然是直接针对顺德发展过程中出现的问题而实施的，然而却具有超出顺德本地问题的重大意义。

① 刘嘉麟、张培发，《顺德农村改革迈入深水区》，载于《南方日报》，2011 年 9 月 16 日。

2012年召开的党的十八大，提出了城乡发展一体化是解决“三农”问题的根本途径，当时全国出现了重庆、成都等国家级的城乡统筹试验区，而顺德作为一个县级行政区域率先进行了新的探索。

新时代：引领乡村全面振兴

在城乡二元体制制约下，我国农村长期只是作为资源（土地和劳动力）输出地，既难以培育内生发展动能，也难以跟上城市发展步伐。长期以来，农村资源只有流出，没有流入，农村普遍呈现“单向流出性衰败现象”，[①] 许多地方出现村庄衰败、基层组织涣散、乡镇财政危机、公共服务落后、人居环境恶化等。党的十九大报告首次提出“实施乡村振兴战略”，2018年的中央一号文件以此为主题，制定三步走的策略。

顺德的农村集体经济发展到今天，也面临着发展空间受限、转型升级乏力的问题。过去“村村点火、户户冒烟”建设起来的村级工业园，在产业形态、生产环境、资源占用等方面，已与顺德发展的新要求不相适应。例如，全区382个村级工业园占地13.5万亩，占全区投产工业用地的70%，而土地利用率和经济贡献都非常低下，税收占比不到4.3%，而且还带来各种污染、消防、安全等隐患。

为解决上述问题，顺德在2018年启动村级工业园改造攻坚战，将其作为全区“头号工程”，在用地审批、空间规划、项目报建等方面先行先试，希望再造一个新顺德。

① 郑永年,《中国农村的贫困与治理》，载于《公共政策研究季刊》，2016年第3期。

与村级工业园改造同步，顺德于 2018 年 3 月出台了《关于加强基层治理推动乡村振兴的意见》系列文件，从党建、自治、法治、德治和化解农村突出问题方面提出了具体的三年行动计划，选派 102 名干部下基层驻农村，选聘 205 名优秀大学生到农村工作锻炼，通过加强基层资源统筹综合利用等措施推动乡村振兴。

在一系列农村建设措施中，顺德专门设置了化解农村突出问题的政策，包括通过村庄规划编制和土地利用总体规划修编，落实征地留用地和固化宅基地选址；推动农民以宅基地指标置换成城镇住房或公寓式村民住宅；按比例提留土地处置收益或商业物业，用于保障本村（社区）或农村集体经济组织的长期收益；等等。

这次基层大治理改革，还广泛动员区、镇（街道）、村（社区）、企业的负责人，实施吸引社会力量共同参与乡村建设的制度创新。2018 年初，勒流街道黄连社区成立了顺德首个“乡村振兴促进会”，以“社区主导、居民主体、企业参与、乡贤支持”为机制开展村企结对合作共建工作，引导社会力量参与乡村振兴工作，营造“自己的家园自己建”的良好氛围。

2019 年 2 月，顺德召开十三届四次党代会，提出启动新一轮农村综合改革。坚持和加强党对农村工作的全面领导，进一步完善农村管理体制机制，构建农村崭新的政治生态、良好的社会秩序，以农村综合改革引领乡村振兴。

新一轮农村综合改革包括完善农村股权固化分配政策，规范村务公开及股份社经营管理；推进农村集体产权制度改革，建立健全集体资产各项管理制度，实现各类集体产权和资产流转交易公开规范、运行顺畅、保值增值；结合村级工业园改造，探索农村集体经济发展新模式；研究出台化解农村历史遗留问题的具体方案。

经过改造的容桂恒鼎工业园已变身为现代环保工业园（摄影　戴嘉信）

村居治理体系的四次跃迁

人民公社制的解体为产生新的基层治理制度留出空间，但在相当长的时期内，农村基层却未能寻找到妥善的治理模式，造成许多地方出现基层组织涣散、治理不力等现象。在农村改革历程中，从中央到地方，都在基层政权形式方面进行了大量的探索。顺德也同样面对这种发展中的问题，因此一直致力于推动农村基层治理变革与创新：20 世纪 80 年代推行政社分立，90 年代建立股份合作社，新世纪初期探索集体资产管理体制改革，近年来实施进一步的政社分立，推动公共服务下沉和建立议事监事会等制度，每一种举措都有制度创新的意义和影响。

政社分立，推动管理职能转型

20世纪80年代初期，顺德实施政社分立改革，一方面突破了以人民公社制为核心的旧体制的束缚，另一方面又承接和发展了社队制度对于集体经济的推动职能，为顺德农村基层治理体制转型、为基层社会提供公共服务建立了基础。

改革开放之前，中国农村实行政社合一的人民公社管理体制，公社管理委员会管理生产建设、财政、粮食、贸易、民政、文教、卫生、治安、民兵和调解民事纠纷等诸项工作。1982年《宪法》第一百一十一条规定“居民委员会或者村民委员会是基层群众性自治组织”，为打破政社合一体制提供了依据。1983年1月，中央下达《关于当前农村经济政策的若干问题》的通知，首次提出“人民公社体制改革”，要求将公社和生产大队的行政管理职能单独设立，分别改为“乡”和“村”。1983年10月，中共中央、国务院发出《关于实行政社分开，建立乡政府的通知》明文指示，建立村民委员会作为群众性自治组织。

按照中央部署，1983年11月23日，顺德县委颁布《关于公社改区的意见》，在全县推行人民公社体制改革，实行政社分开，设区建乡。全县设立10个区、2个区级镇，区、镇下设220个乡和14个乡级镇。区设立区公所，作为县人民政府派出机构，镇、乡成立人民政府。1984年2月，全县完成了政社分开、设区建乡的工作。

废除人民公社、建立政社分立的基层治理体系，为顺德大力发展集体经济提供了前提条件。顺德县委在1984年3月提出了“改革农村经济管理，加强社会服务”的指导思想，要求农村基层组织工作重心转到以“指导、组织、管理和服务”为主，致力于为建立开放型的农村经济实施基础性服务。1987 年，为适应商品经济发展的形势，顺德进一步提出撤区建镇，乡政府改设为管理区，下设村民委员会，以便更好地为农村经济发展提供引导和服务。

在突破旧有社队体制的基础上，顺德建立了真正有利于农村工业化和现代化发展的政社分立体制，使基层管理体制从管理转向服务于集体经济发展和农村工业发展。

改革经济社，组建股份合作社

顺德虽然在 20 世纪 80 年代前期大量实施分户经营的集体经济发展模式，但实践表明：只有突破包产到户的某些制度约束，如过短的承包期、过于分散的承包权，才能进一步发展。

承包责任制规定了集体统一经营和家庭分散经营相结合的双层经营体制，然而，集体内部的产权关系并不清晰，哪些资产是集体的，哪些是个人的，各占多少份额，经常没有定论。

统分结合的体制并没有为哪种经营方式占据优先地位做出规定，在顺德，自然村经常被分割成若干个经济社，以单家独户分散经营为主，非常不利于规模农业的发展。

进入 80 年代中后期，伴随农村工副商业等领域的活跃，大量农村劳动力往二、三产业流动，承包地被撂荒的现象更显严重，既有的农村经济管理体制成为农业现代化发展的阻碍。其实，早在 1984 年的中央一号文件中，就有“鼓励土地逐步向种田能手集中”的政策。80 年代末期，在佛山南海已经试验以土地折价入股的方式组建股份合作社。而顺德则开展了具有自身特点的制度创新探索。

从 1992 年开始，顺德陆续设立试点，以村为单位，组建起股份合作经济社。按照当时的一份调查报告的总结：试点实践结果表明，“农业股份合作制是一种在土地公有制的前提下自愿组织起来的……使集体和农民的经济利益紧密地结合起来……的好形式”。[①] 1993 年下半年，顺德在全市范围内推广股份合作社改革，取消以生产队为单位设置村委会和经济社的建制。

1994 年 2 月，顺德市委颁布有关改革村委会建制和推行农村股份合作制的政策规定，明确提出彻底改变人民公社遗留下来的“队为基础，三级所有”的体制，实行以管理区为单位设置村委会和股份合作社，把原来的经济社（生产队）的各种生产要素集中到股份合作社来优化组合，形成适应市场经济和城乡一体化要求的优势和竞争力。同时，更详尽地规定了清产核资、作价入股、股权配置、分红措施等股份合作制改革操作办法：废止了旧有的按人头分配的平均主义方案，规定集体股占 20%~30%，村民股占 70%~80%，村民按份额占有股份，成为股份社股东，共享利益，共担风险。[②]

村委会改制和股份合作社组建的实践对于顺德集体经济发展有积极效益：第一，有利于集体统一规划，高效集约利用土地。顺德的很多股份合作制种养场都是由集体统一规划，集体投资，农户将土地入股，对边远落后低产地进行改造，兴办股份制“三高”农业的生产基地。以这种方式，低产地可以获得连片承包、连片改造，经营者也增大集约经营、资金投入和技术改良的激励。第二，有利于打破分散性经营，促进规模农业的发展。农户合股经营优质鱼类养殖场和花卉种植场等，把分散在单家独户手中的土地集中到规模

① 冼润洪，《顺德农村经济体制改革文集》，第 319 页。

② 招汝基等，《先行者的 30 年：追寻中国改革的顺德足迹》，新华出版社，2008 年，第 316 页。

经营专业户或集体农业企业，推动了规模经营农业的大幅发展。第三，有利于释放农村劳动力，流入更多样的生产经营领域。因缺乏技术或资金而没有成为规模农业专业户的农民，一方面由于土地入股分享了集体经济发展的效益，另一方面从土地上解放出来，获得进入其他生产经营领域的机会。

总之，股份合作社的组建带来了顺德农村集体经济的大发展。以均安镇南浦管理区为例，1992 年初该管理区农民以土地入股方式对 300 多亩地产落后地进行连片开发，将之改造成为有 230 亩鱼塘的规格化基塘地，养殖鳗鱼和其他优质鱼类，当年年底就实现总产值 786 万元，利润 202 万元，一举摘掉困难管理区的帽子。[①]

政经分离，村委会不参与经济经营

20 世纪 90 年代后期，顺德在集体经济蓬勃发展的同时也遭遇到了基层治理体系上的严重问题。根源在于，此前的政社分立改革和股份合作社组建，都没有改变人民公社体制遗留下来的社队制度，村一级仍然政企不分，村民委员会既是基层行政管理机构，又是集体经济管理机构。这种体制性弊端造成了三个结果。

一是集体经济体产权关系模糊。搞集体“挂靠”企业，为企业或个人提供担保，在企业或个人经营失败之后，给村集体留下数额不小的债务。

二是基层腐败现象。村委直接参与投资和其他经营行为，财务不分开也不公开，贪污腐化问题让农民群众十分不满。

---

① 冼润洪，《顺德农村经济体制改革文集》，第 323 页。

三是阻碍城市化进程。许多村的规模太小，一方面不利于自身的发展，另一方面也加大了政府在征地项目中的谈判成本，一旦有个别村谈判失败，就成了周边被征用土地的“城中村”，严重影响了顺德的城市化进程。

在90年代末，农民对村集体财务不透明的不满和因为股权没有固化而导致收益不稳定产生的不满交织在一起，成为农村基层纠纷频生的主要诱因之一。

2001年7月，顺德市委市政府做出进一步深化农村体制改革的决定，这轮改革的核心是推动政资分离，规范集体资产管理。具体措施包括以下三点。

第一，规定村级集体资产实施量化管理，避免集体资产的流失。2001年8月，市委出台实施细则，要求各镇以该年6月30日为基准日，对各股份合作社进行清产核资，量化股份合作社资产，对扣除债务后的净资产按20%留归集体、80%分配给村民的办法进行量化处理。股份合作社固化股权、量化资产的方案，必须经股东代表大会讨论决定后方可实施，并报镇（区）农业办公室备案。

第二，成立集体资产管理机构。即要求对村级集体资产实行政企分开、政资分离的管理方式和运作机制，具体办法是由各村组建成立集体资产管理公司或集体资产管理办公室，负责村一级集体资产的管理和运营。规定村委会和股份合作社理事会成员不得兼任资产管理公司或集体资产管理办公室的任何职务及领取工资报酬。

第三，完善村级集体财产财务管理制度。2001年，全市统一编制农村财务会计科目和会计报表，要求村委会及集体资产管理公司统一在银行开立账户，办理存款、取款和转款等结算业务。规定各镇结合实际，定期开展对村集体经济的审计。从2002年开始，推行村财务公开制度。

为了与集体资产管理公司建设相配套，顺德还出台了规范基层干部管理、转变其管理职能的相关规定，以防止基层管理机构干预集体资产管理公司的运作。顺德的基层干部管理体制改革内容包括：改变村委会职能不清，干部角色错位，管理不规范，职责不明的现状；通过调整和精简村级组织架构，推行“五定”改革措施[①]，规定村委会干部的报酬由市区两级财政给予补贴，并统一纳入社会保险范畴；规定村委会不再直接参与任何经济经营活动，主要职责是履行村民自治范围内的工作责任，协助政府开展社会行政管理，发展本村公共事务和公益事业。

通过政资分离、政企分开以及基本干部制度调整，将农村管理的重点转移到社会管理和社区服务上来，使基层干部不再承担以发展集体经济和经营集体资产为中心的工作责任，一方面解决了因管理者与经营者角色不分导致的矛盾及冲突，另一方面也缓和了基层社会的干群关系紧张问题。[②]基层干部集中力量从事社会管理和社区服务，使得顺德农村基层社会在较短时间内取得了公共服务设置建设完备、服务网络完善、管理规范有序等成绩。

政社分离，村委会回归自治职能

2011年，伴随着简政强镇改革的推行，为理顺基层自治组织关

① “五定”即定职能、定机构、定人员、定经费、定分配。

② 由于基层行政费用、干部薪酬和教育经费逐步纳入市、镇（街道）两级财政支出，仅2002年，全市农村减轻负担达1.77亿元。根据顺德区档案馆2018年8月31日提供的资料。

系，顺德在全区村（社区）推行“政社分离”，将基层行政事务从村（社区）自治组织中剥离出来，由镇（街道）政府设立行政服务中心进行管理。

该项改革把农村基层事务分为行政事务和自治事务。政府统筹基层行政事务的管理和开支，在每个村（社区）建立行政服务站，作为镇（街道）党委政府在村（社区）的综合办事机构，承担原来下派给村（居）委会办理的人口户籍、社会治安、流动人口管理、安全监管、计划生育、民政救济、劳动就业、国土房管等各项行政事务。其工作人员主要从村（社区）党组织成员和村（居）委会工作人员中聘任，享受政府聘员待遇，实行合同制管理和工作问责制。而村（居）委会则回归自治职能，履行自治工作，兴办福利事业。

行政服务站的建立，解决了党和政府职能在基层管理缺位、村（居）委会职能错位的问题，党的执政和政府的行政工作在农村基层有了机构、人员、场地、奖惩等资源，管理有了抓手，比原先做得更到位、更高效，加强了党和群众的联系，群众“足不出村”就可以享受到基本的行政服务。

在改革中，顺德也鼓励各镇（街道）将更多的财政资金和公共资源投向基层。如有的镇（街道）统筹了基层行政事务的管理费用，对行政服务站工作人员工资待遇、行政经费、环境卫生和绿化等实行全覆盖，在村（社区）开展社工服务。大大减轻了村（社区）的负担，也有利于解决穷村、富村发展不平衡、地区差距拉大等问题，加快实现基本公共服务均等化。

公共服务下沉的另一项重要举措，是顺德在近年推进实施的基层党建。顺德按照“一体两翼”的结构化设想推动基层党建实体化：“一体”是以村（社区）党组织为主体，“两翼”是以村（社区）行政服务中心和驻点联系工作室（党代表工作室）为两大运作平台。这个实体化的基层党建体系主旨是用工作成效和服务质量来赢取基层对于党的信任。全区205个村（社区）全部建立了行政服务中心，成立了247个驻点联系工作室。行政服务中心与村级党组织实行“合署办公、交叉任职”，通过驻室接访、入户家访、意见交办的制度体系，实现党群联系的实体化运作。[①]

推动政社分离、公共服务下沉，必然要求基层形成具有自主意识的治理体系。实际上，顺德农村有深厚的自治传统，经常通过议事会等形式邀请民营企业家等乡贤参与本村本乡的公共事务。

随着社会公共事务日益复杂，农民自治意识更加强烈，农民群众对于村集体决策的要求也越来越高。顺德农村已设有村务监督委员，对所在村（社区）账务进行监督。2014年，顺德有60个村（社区）全面建立议事监事会，有权对村务透明度提出质询意见，并且对村委会的现场解答进行评议。议事监事会的建立和推广，使顺德全区形成决策权、执行权、监督权既独立运作又互相制约的基层自治体制，[②]是一项意义深远的制度创新。

农民增收的顺德路径

回顾顺德农村发展历程，能发现其在农村领域的改革尤其注

---

① 中共佛山市顺德区委组织部，《顺德基层党建：让群众更满意》，2017年3月，第60页。

② 刘嘉麟，《顺德约60村居将建立议事监事会》，载于《南方日报》，2014年5月22日。

重增加农民收入的实际效果。为持续增收，“双包”责任制改革后，顺德鼓励和推动出现以“两户一体”为代表的农村经济和乡镇企业，完成了向多样化经营转型。从20世纪90年代初完善土地承包制度到21世纪之初固化股权改革，再到新时代基层大治理创新，无不致力于发展农村集体经济、增加农民收入。

工农并举促农民增收

十一届三中全会前，高度统一的计划经济体制、“平均主义”的分配制度严重打击了广大农民的积极性，并直接造成了顺德农业生产的停滞和倒退，农民处于普遍的贫困之中。根据调查数据，改革开放前，每年人均分配在100元以下的后进生产队占全顺德生产队总数的14%。有一部分生产队生产水平低，负债极高；而另一部分生产队中，甚至出现了合作医疗因负债而被迫停办、农业设备无财力购买等现象。[①]

20世纪80年代初开始“双包”责任制改革之后，顺德农村逐渐选择了附加值高的“三高”农业作为主业，形成以“两户一体”（专业户、重点户、新经济联合体）为经营主力军的基本生产经营模式。

两户一体的出现，打破了单家独户经营的局限，甚至突破了行政区域的桎梏，把农村的闲散资金、技术、劳动力和自然资源结合起来，在生产和市场竞争中充分发挥“包、专、联”的特点。顺德的集约化和规模化农业在“两户一体”的推动下迅速发展起来，水

① 招汝基等，《先行者的30年：追寻中国改革的顺德足迹》，新华出版社，2008年，第15页。

产、禽畜、饲料加工、花卉、果蔬等生产基地得以建立，完善的生产资料服务和农产品流通服务及农业技术服务网络逐步形成。

顺德县委对专业户、重点户、联营户积极支持，提供服务，允许雇工经营，保护他们的合法利益，这在当时并未得到上级部门的政策支持，是较为超前的思想意识。这种发展态势，不仅迅速改变了顺德农业生产落后的面貌，使农民摆脱贫困，也为农业经济向市场经济迈进探索了成功的经验。

值得关注的是，“两户一体”农户在发展的过程中开始探索将经营范围扩展到农业以外的其他产业，有部分甚至已不再将农业作为主业发展，从某种程度上促进了顺德农村的分工分业。

顺德农村从 20 世纪 80 年代中后期开始大量出现富余劳动力，并向二、三产业转移。改革开放前，顺德县有 78% 的劳动力从事农业生产，到 1991 年，这个数字已下降为 10%。大部分文化程度较高、受过职业教育的青壮年农村劳动力已成为全民所有制或集体所有制单位的在册职工、私营工业企业的职工、第三产业的个体户。[①] 就业结构转变不仅直接推动了顺德农村经济结构的转变，加速了农村现代化进程，还从根本上促进了乡镇企业的大力发展。

不过，顺德一直坚持工农结合、以工补农、互相促进的方针。例如，1985 年，顺德县委要求加大“工业反哺农业”政策的实施力度，规定在乡镇企业、工业企业和经济合作社年利润或纯收入中，划出相当比例作为农业发展基金，以工补农，促进农业持续发展。1989 年，顺德要求县、镇、村三级都建立农业发展基金，用于支持农业开发性项目、外向型农业项目、农副产品深度加工项目

① 顺德市地方志编纂委员会，《顺德县志》，1996 年。

等，发展基金主要通过县财政划拨专用款、镇办企业利润提留、村办企业利润提留等途径筹集。[①]

“以工补农”反过来又有助于农民的收入提升。整个 80 年代，顺德农民的收入迅速增长，农村生产力、农民人均收入都得到极大提升，实现了年人均纯收入增长近 8 倍的成就（见表 6–1）。

表 6–1 联产承包责任制改革前后顺德农民收入及银行存款

年份	人均纯收入（元）	环比增幅（%）	人均银行存款	环比增幅（%）
1957	85		3.35	
1978	226	72.52	58.79	38.52
1984	888	19.19	573.98	110.00
1990	1 500	4.82	2 432.56	–9.27
1991	1 612	7.47	3 290.10	35.27

数据来源：顺德市地方志编纂委员会，《顺德县志》，中华书局，1996 年。

增加农民财产性收入

所谓“财产性收入”，也称资产性收入，指的是通过资本参与社会生产和生活活动所产生的收入。党的十七大提出“让更多农民增加财产性收入”，这是一项重大历史任务。回顾历史可发现，顺德从 20 世纪 90 年代开始探索和逐步完善的土地制度改革及集体资产管理体制改革，正是为确保农民获得财产性收入而实施的制度创新。

农村集体资产是农民获得财产性收入的重要途径。1993 年，顺

① 冼润洪，《顺德农村生产关系演变概要》，第 231—232 页。

德率先在全国开展土地经营权流转的制度改革，取消经济社一级建制，组建股份合作社，推行股份合作制，农民自此开始成为股份社股东，可获集体收益分红。通过组建股份合作社，原经济社的人、财、物力被集中起来，在优化生产要素配置、通过集体收益分红调动农民发展经济积极性的同时，也管好、用活了集体积存资金，实现了农村集体经济可持续发展。[①] 而股份合作社成立后，集体所有的工商企业转为由私人承包者直接经营管理，股份合作社仅向承包者收取承包款和管理费，这促进了农村经济的市场化发展，使集体企业有可能做大做强。另外，农民通过责任田入股，一方面分享了集体经济发展的收益，另一方面也有资金和条件对土地进行“投包”，转型成为农业专业户。通过这次探索，仅仅两年之后的 1995 年，顺德 31 万城镇居民储蓄存款达到 20.3 亿元，其中农民存款是城镇居民存款的 3 倍还多。

2002 年，顺德开始制定集体非农建设用地的流转办法。顺德参照国有建设用地市场流转的有关制度，明确了集体非农建设用地的产权界定、流转范围、流转方式、流转收益金的收取标准、流转城乡、流转年限等。顺德集体建设用地流转制度的实施在保障农民利益、增加农民收入、保护集体土地使用者合法权益等方面都发挥了积极作用。2003—2008 年，顺德地区农村集体经济组织取得流转收益达 7.09 亿元。

为了与顺德城市化发展战略相配套，2012 年，顺德区在启动农村综合改革时推出一项民生举措，即财政扶持全征地社区，支持全征地社区的社区管理与公共建设。所谓“全征地社区”，是指土

① 部分合作社将征地所得补偿金存入金融部门收取利息。

地已被国家全部征用的社区。全征地社区没有了土地，失去了经济收入的重要来源，社区管理、社区建设方面的资金问题变得突出，尤其是成为全征地社区年代久、积累下的集体资产将耗尽的社区，只能依靠有限的物业、下拨财政等作为经济收入来源。顺德推出的这项民生政策，从 2013 年开始正式实施，当时的 13 个全征地社区被列为扶持对象，每个社区能得到区财政最高 100 万元的扶持，镇（街道）配套 50 万元（均安镇为 25 万），用作公共服务、基础设施建设等。

回顾顺德农村的经济发展历史，能够认识到顺德人较早就有意识地推动土地流转制度改革，通过推动农民以承包土地的经营使用权折价入股，为增加财产性收入创建基础。在土地流转制度不断得到完善的过程中，顺德不但形成了如股权固化、股权继承和转让等村庄内部系统的制度规定，也因为城市化进程的加快，征地项目的增多而出现了“土豪村”，即一次性获得大额征地补偿款的农村。

重塑环境，再造文明宜居家园

跟全国各地相似，由于产业发展的粗放性特点，顺德也曾导致农村地区出现环境污染、土地资源利用效率不高等问题。但是，作为一个城乡融合度比较高的地区，顺德在较早时候就已经意识到要加大投入，重塑农村环境。因此，在多年的发展中，顺德并没有出现其他很多地方那样过度的乡村凋敝、生态恶化等情况，而是通过村容村貌的全面整治，重现岭南水乡特色风情。

随着城乡融合发展的重要性日益受到关注，顺德这种看得见山、看得见水、留得住乡愁的乡村发展状况，成为经济社会建设与生态文明建设协同布局的一个重要样本。

改善基础设施，缩小城乡差别

农村现代化，首先是基础设施的现代化。由于城乡二元体制的存在，导致城乡基础设施建设投入存在巨大差异：城市的基础设施建设由财政负责，农村的基础设施却是村民自治事宜，由村统筹负责。在集体经济发展不景气，农民收入普遍不高的内地，村庄里的修桥铺路、环境保护、污水治理等事宜长期无人问津，出现人居环境变差的农村衰败景象。[①] 但顺德却出现了不同的发展情况。

早在1984年，顺德县委就提出建设目标：实现村的“七化”“八风”[②]，包括村自来水管道铺设、禽畜专栏饲养、保洁工作、村绿化美化工作等农村公共事务治理方面的基础设施建设。1986年，在党的十二届六中全会指引下，顺德县委大力开展创建文明镇活动，并且提出“以镇带村，以村带户，整治镇村容貌，建设文明镇风村风”的策略。

经过这轮整治，一方面，顺德农村地区公共文化、群众性文娱体育活动得到了振兴，另一方面，带动了农村配套设施建设、环境综合整治，例如解决了广大农村地区的“吃水难”“用电难”等问题，使全县农村自来水人口普及率在20世纪90年代初期达到

① 王亚华、高端、孟庆国，《中国农村公共事务治理的危机与响应》，载于《清华大学学报（哲学社会科学版）》，2016年第2期。

② 所谓“七化”，是村头标志化、道路渠道硬底化、吃水自来化、厕所卫生化、禽畜专栏化、保洁经常化、村前村后绿化美化；“八风”是爱国爱乡风、遵纪守法风、兴文重教风、敬老爱幼风、邻里和睦风、计划生育风、婚事新办风、丧事简办风。

39.35%。又比如建造了一大批基础设施，全县整治渠道和下水道达 10.89 万平方米，在许多乡村推广了“三格化粪池”的卫生厕所，同时实行圈棚养畜和严格管制牲畜粪便。

1993 年召开的顺德市第八次党代会提出加强城乡基础设施建设，而且特别指出“缩小城乡差别，是实现城乡一体化的关键”。到 90 年代后期，顺德在农村基础设施建设方面已经取得了一系列的成就：

改造和新建设乡村公路达 507.7 公里，基本实现村村通公路；

在 1997 年完成乡村电网设施，提高供电质量，实现了顺德城乡供电一体化；

按照“民办公助，多方集资”的方针推进农村供水系统改造，基本实现农村地区的自来水管线全覆盖；

建设城乡一体化的通信网络设施，基本实现了农村的通信设施全覆盖；

开展环境综合整治定量考核，综合整治城乡环境污染，同时筹建垃圾处理厂和污水处理厂和推进河涌疏浚，改善了顺德的水质。

从 2000 年开始，顺德市（区）镇两级财政每年拨出 4 000 万元，对高标准连片整治基塘给予大力扶持。这项反哺农业的资金很大一部分投入水利建设和内河涌整治，不但改善了顺德的农业生产条件，而且提升了顺德的水利信息化水平。[①]

新世纪初期，面对顺德城市化进程缓慢、乡村建设停滞在低水平的城乡一体化程度上等问题，顺德除了实施综合性体制改革推动城市化建设之外，还加大各村“六个一”工程建设：各村一条入村

① 招汝基等，《先行者的 30 年：追寻中国改革的顺德足迹》，新华出版社，2008 年，第 347—349 页。

大道、一个公园、一个集贸市场、一个住宅小区、一个篮球场、一个文化室。①

近年来，顺德在农村公共文化建设方面也加大投入。2010 年，顺德区在广东省“五个有”的基础上，全面铺开社区（行政村）文化设施“六个有”建设，② 至 2015 年，全区 204 个社区（行政村）文化设施“六个有”已全覆盖。

从 2010 年开始，顺德在全区开展“顺德区文化建设示范村居”评选活动，至 2016 年，共分 7 批评选出 59 个示范村（社区）。2014 年，顺德区开始推进 108 个行政村的数字农家书屋工作；之后的 2015 年，相继推进 96 个社区图书室数字化提升改造工作。通过两年的努力，到 2017 年，顺德行政村农家书屋和社区图书室已实现全覆盖。

为实现基层公共文化资源有效整合、统筹利用，顺德还在近年充分整合和依托行政村（社区）场地设施和服务功能，建设集宣传文化、党员教育、科学普及、普法教育、体育健身等功能于一体的基层综合性文化服务中心。根据统计，2015 年已建设 22 个基层综合性文化服务中心，2016 年建设 147 个，2017 年建设 35 个，实现了行政村（社区）综合性文化服务中心全覆盖。

从 2013 年开始，顺德大力推进城市升级延伸计划暨百村升级

---

① 顺德较早已经实施“五个一”工程，之后是在省里统一部署下增加了“一个集贸市场”的指标。

② 所谓“六个有”，指有一个总面积不少于 300 平方米的综合文化楼（或文化活动室）；有一个不少于 60 平方米的公共图书阅览室，社区图书藏书不少于 1 000 册；有一个面积在 500 平方米以上的文体广场（或一个有文化内涵的公园）；有一个不少于 80 平方米的戏台；有一个面积不少于 40 平方米的文化信息共享工程服务网点（或公共电子阅览室），室内不少于 5 台电脑；有一批文化活动和体育健身器材。

行动计划、文化升级行动计划、花色主题绿化景观等工程，力争走出一条城市与乡村同步升级、和谐共存的新路。[①]

大力整治环境，再现水乡风貌

众所周知，我国改革开放从东部沿海地区起步，当年由于缺乏资金、缺乏技术，处于国际产业链的低端，存在高能耗等问题。

顺德从第一家“三来一补”企业诞生之日起，就通过大力发展乡镇企业和集体经济，实现经济初步起飞。和广东珠三角许多地方一样，顺德经济高速增长是以低端加工制造业为支撑的。

随着工业的迅速发展，顺德的环境污染日趋严重：至 2002 年，顺德的水道污染指数达 0.28，一些村庄河涌鱼虾几乎绝迹；全区空气综合污染指数达 0.69，噪声平均声级 55.4 分贝，全年酸雨频率达 56.3%。如果不采取有效措施加以治理控制，污染问题将成为脱缰的野马，给人民生活带来严重的灾害。

进入 21 世纪，顺德意识到严重污染的危机。当年 10 月，顺德市委要求：“要加强环境生态保护，全面实施‘青山、碧水、蓝天’环保工程，不断提高城市环境质量。”之后，顺德启动“青山碧水蓝天环保工程”，实施了一系列举措，如：调整工业布局，分行业开辟高标准集约工业园区；推进城市环境综合治理、工业污染防治；开展整治水环境，包括整治旧基塘和内河涌；实施青山绿化改造。

2011 年，顺德提出“城市升级引领转型发展，共建共享幸福顺

① 作者不详，《岭南水乡，宜居顺德》，载于《中国青年报》，2013 年 11 月 18 日。

德”的战略目标，推进“美城行动”，推动城乡综合环境整治和提升，效果显著。杏坛镇的逢简村是顺德通过环境整治重现岭南水乡风貌的典范。

逢简村自西汉开始就有人聚居，到唐朝形成村落，至今仍保持岭南古村格局，村内古树遍布，古道纵横，加上自南往北的河涌网络，是珠三角保存比较完整的岭南水乡古村落。但在工业化发展过程中，逢简村受到了相当程度的污染：村内有 140 多家企业，1 500 多户居民长期无序地排放污水，导致河涌水质变差，水乡环境遭受破坏。2009 年，顺德投入 600 多万元在逢简村整治河涌。2011 年，顺德投资兴建了 4 个小型污水处理站，对企业生产和居民生活污水实行集中治理后排放。一系列整治措施使逢简村的水质得到改善，河涌逐渐恢复自净能力。在此基础上，区、镇、村联动对河涌两侧体现岭南水乡传统特色的临水景观实施保护，对反映逢简水路文明的建筑予以专门保护，并在 2012 年确立打造逢简文化创意村的目

杏坛逢简水乡景色（摄影　戴嘉信）

标，通过举办大众参与的“逢简墟”创意市集等活动，活化逢简水乡文化。2013 年、2015 年、2017 年，逢简村连续获得两年一评的“中国最美村镇”称号。2016 年 11 月，逢简村被住房和城乡建设部等列入“第四批中国传统村落名录”公示名单。

综合施策，推动乡村整体升级

“绿水青山就是金山银山。”在新时代，中央实施乡村振兴战略，提出内外结合打造乡村绿色发展之路、善治之路。顺德持续加大农村生态建设投入，以古村落活化、新农村建设、美丽文明村建设为抓手，立体推进乡村提升。

农村生态建设方面，2012 年，顺德新增（改造）绿化面积 1 832 亩，绿化提升效果明显，新增 5 个国家级生态乡镇、3 个省级生态乡镇，同时优化水网质量，整治内河涌 565 公里；2014 年，依托主干水道打造 24 公里滨水绿带，依托骨干路网打造 118 公里生态绿廊，实现人均公园面积达 19.2 平方米，中心城区绿化覆盖率达 40%。

古村落活化方面，2014 年，顺德推动 28 个村（社区）入选“佛山市百村升级行动计划建设方案”，其中有 8 个村（社区）入选“古村落活化名单”。建设方案要求，对古村历史建筑进行保护，“在外观、装饰、装修上保持岭南传统建筑风格”，“整治与传统风貌不协调的建筑”，并且要恢复一项村镇节日习俗，不允许有污染型工业等。[①] 经过从 2014 年到 2016 年三年的建设，北滘镇的碧江、林

① 《佛山市人民政府办公室关于印发佛山市百村升级行动计划建设方案的通知》（佛府办函〔2014〕641 号）。

头，杏坛镇的逢简等 8 个特色古村落文化活化升级工作顺利完成；在 2017 年，又有北滘镇的桃村、勒流街道的黄连等 8 个村（社区）被列为推进古村落文化活化升级工作的示范村居。

新农村建设方面，2014 年，顺德有 13 个村（社区）纳入“五好”新农村计划，当时计划投入 21 148.9 万元，实施建设 268 个项目。如位于大门社区北村的上下塘，在工业发展时期已经变作死塘，臭味熏天，虫蚁丛生，但从 2014 年开始，该社区投入改造敬老院、幼儿园、各村停车场、公园、篮球场、排水渠等设施，短短一年时间就将之整治成为居民的新活动场所。同时，该村引入社工组织，为居民开展丰富多彩的文体活动和提供方便贴心的公共服务。经过几年努力，大门社区荣获了“广东省居务公开民主管理示范创建达标社区”、顺德区“全民健身示范社区”等多项荣誉。

美丽文明村建设方面，2015 年，顺德提出到 2017 年重点打造 31 个市级美丽文明村，遍布全区 10 个镇。北滘镇黄龙村过去是以脏乱差著称的农村，外来的租户经常抱怨“路上的垃圾没人清理，河水发黑，村子脏乱差”。对此，黄龙村实施了河涌垃圾清理、河道清淤、公共设施配套等村容村貌整治工作。如今黄龙村面貌已经焕然一新，被评为“广东省 A 级卫生村”“佛山市生态村”“佛山市四星级健康村”。

面向新时代，顺德提出了将乡风文明建设放在全区发展大局中进行谋划和推动的目标，于 2018 年制定乡村文明提升三年行动计划，从培育乡村文明风尚、繁荣发展乡村文化、建设优美乡村环境等方面做出系统部署。

在实践中，顺德创新性地组建乡村振兴促进会。这个促进会的会长由各村（社区）的党组织书记担任，成员由企业家、社会贤达、港澳台海外乡亲、离退休干部、村民代表等组成，条件成熟的村（社区）还可引入专业社工机构代表参与。一方面，将企业的资本、人才、信息、管理资源引入乡村，与乡村的文化、历史、环境、资源优势有机结合起来；另一方面，使乡村与优质企业、管理人才建立持久稳定的合作伙伴关系，促使各方社会精英参与乡村发展决策，发挥企业和能人的凝聚效应和骨干作用。这些创新举措将引领顺德乡村全面振兴。

易被忽视的高水平农业

作为广东省传统的经济作物产区，顺德清代以来就有“南国丝都”的美称。然而，改革开放之前的“以粮为纲”和“统购统销”两大政策，使得顺德的农业产业结构调整和农业现代化无法推进。20 世纪 80 年代开始，双包责任制改革和统购统销政策的取消，打开了顺德农业现代化的大门，推动了顺德农业结构的初步调整，花卉、塘鱼产业开始发展壮大。90 年代起，顺德开始大力发展“三高”农业和“外延”农业，并推动农业龙头企业和农业现代化园区建设，开创了现代化农业的新模式。

如今，顺德已形成花卉、水产两大优势主导产业，并成为国家现代农业示范区。在“工业反哺农业”的新趋势下，工业企业开始将高新技术和先进管理方式引入农业生产，为农业现代化注入了新的活力。

从花卉和塘鱼产业起步

作为传统的经济作物产区，顺德在“以粮为纲”的农业计划管理时代就已开始自发探索调整农业生产结构，并拥有许多成功经验。联产承包责任制改革后，顺德县委根据已有的成功经验，采取了一系列措施，更加积极地引导农民发展多种经营，消除了“以粮为纲”的错误倾向的影响。

1980 年 1 月，顺德县委召开全县三级干部会议，提出需要积极推进农村“农、工、副、商”综合发展。同年 7 月，县委和公社党委领导在拟定顺德农村的发展设想时，特别提出要调整农业布局，扩大多种经营。1985 年 1 月，中央取消农副产品统购派购任务，开始尝试在农村建立市场机制。为贯彻落实中央精神，县委提出了农业生产“向商品化、专业化、现代化方向发展”的方针，强调“什么经济效益高，就种植什么，养殖什么，适当减少低值作物，发展高值作物，搞开放型的农业”，进一步调整农业内部结构，摆脱计划经济的束缚。

经过县委、县政府的一系列部署和农民的努力，顺德的农业生产结构实现了两个方面的积极转变：一方面，农业逐步从以种植业为主转移到以养殖业为主（见表 6–2），到 1991 年，顺德养殖业收入为 12.35 亿元，占总收入的 64.21%，已超过种植业收入；另一方面，种植业逐步从以水稻、甘蔗、桑蚕为主转移到以多种经济作物为主，优质高值的水果、花卉种植面积和产值均增长迅速（见表 6–3）。

表 6-2　顺德县 1978—1991 年若干年份桑蚕与塘鱼生产情况

年份	桑蚕生产		塘鱼生产	
	桑地面积（亩）	蚕茧总产量（吨）	鱼塘面积（亩）	塘鱼总产量（吨）
1978	73 574	11 826.55	247 469	48 579.80
1980	77 358	9 631.45	248 001	52 313.85
1984	72 136	6 711.20	251 084	88 284.20
1985	40 110	2 909.25	253 979	111 766.70
1986	19 688	978.80	257 115	123 029.55
1987	5 043	251.80	261 194	131 641.75
1988	2 393	145.05	266 627	141 080.75
1989	2 606	187.00	266 694	145 096.00
1990	1 953	178.00	267 000	150 548.00
1991	1 423	97.00	266 694	154 016.00

数据来源：顺德市地方志编纂委员会，《顺德县志》，中华书局，1996 年。

表 6-3　顺德县 1980—1991 年若干年份稻谷、糖蔗、水果、花卉生产情况

年份	稻谷生产		糖蔗生产		水果生产		花卉生产		
	面积（亩）	总产（吨）	种植面积（亩）	入厂量（吨）	面积（亩）	总产（吨）	种植面积（亩）	花果场（个）	年出口额（万美元）
1980	116 865	93 232	156 193	931 141	8 663	5 254	4 000	115	30.10
1982	115 075	86 858	168 748	1 211 626	24 088	27 633	4 272	360	49.69
1984	120 292	95 607	164 307	965 367	16 485	16 926	8 712	773	100.20
1985	99 866	77 974	182 734	938 348	28 674	23 733	9 544	1 038	105.79
1988	103 534	83 312	118 697	614 250	44 250	51 300	8 767	1 387	91.51
1990	105 537	88 137	128 089	898 316	27 671	32 456	7 679	1 309	136.85
1991	104 349	88 189	128 170	930 620	33 696	49 272	8 157	1 150	123.80

数据来源：顺德市地方志编纂委员会，《顺德县志》，中华书局，1996 年。

顺德的花卉种植业正是在这种背景下发展壮大起来的。改革开放后，农业生产结构的调整使得花卉种植业迅速复苏，到20世纪80年代，花卉种植业已遍及顺德全县，以陈村、北滘、大良、伦教、勒流为主产区。80年代末90年代初，顺德花卉种植业形成种植普及化、生产基地化、品种多样化、销售国际化等四个基本特征。1991年，全县花卉种植面积达8 157亩，花果场达1 150个（见表6–3）。同时，花卉产业的壮大也带动了迎春花市。自1981年起，顺德开始在农历春节之前举办迎春花市，逐渐成为品牌，每年的档位数量达到1 200个，展出品种在3 000个以上，每年吸引国内外消费者达30多万人次。①

塘鱼生产也在蓬勃发展：20世纪90年代起，为适应发展“三高农业”的需要，顺德塘鱼养殖品种从“四大家鱼”转向优质高产鱼类，并实行科学饲养和集约化经营。到1991年，全县塘鱼总产量比1985年增加了4万多斤；到1996年，优质鱼养殖面积达17.8万亩；比上年增加1.3万亩。政府对“三高农业”的支持和广大农民的持续努力，使得顺德塘鱼养殖业在90年代中后期国际贸易壁垒风险加剧的危机中，经受住了原材料价格上涨和鱼类价格暴跌的打击。

进入21世纪以来，顺德的水产养殖业已经实现专业化生产、区域化布局和社会化服务。在专业养殖方面，顺德的养殖户不但积累了资本和技术，而且形成开放型的生产经济模式，能够随着市场环境的变化及时调整生产经营方向。近年来，顺德各农村地区池塘塘租高涨，在高成本倒逼之下，许多养殖户改养经济价值较高的鳗鱼。

---

① 顺德市地方志编纂委员会，《顺德县志》，中华书局，1996年。

例如勒流街道江义村的吴姓养殖户，在 2016 年末以 14~15 元 / 尾的价格购进苗种，以 3 000 尾 / 亩的放养密度投放到鱼塘中进行商品鱼养殖，该批鱼达到菜鳗规格，平均亩产超过 1 吨，塘头收购价格是 11.5 万元 / 吨，而综合养殖成本是 6 万元 / 亩，平均亩利润超过 5 万元，两年来的纯收入达到 200 多万元。

为了让出塘的鳗鱼增加附加值，顺德人还开发出配套产业。例如，勒流街道的稔海村创建了兴顺烤鳗厂，生产烤鳗制品，远销日本、新加坡等多个国家和地区。顺德作为全国最大的鳗鱼养殖、加工和出口基地，其鳗鱼、烤鳗产量如今占全国总产量的 1/3，产品出口量占全国的 1/5。2017 年，顺德区出口活鳗约 2 000 吨，产值约 4 696 万美元，出口烤鳗约 4 000 吨，创汇约 9 886 万美元。

在鳗鱼养殖行业盛传着一种说法："中国鳗鱼看广东，广东鳗鱼看顺德。"顺德凭借强大的企业实力、国际一流的设备以及科学完善的品质安全控制体系等优势，如今已经成为鳗鱼加工、物流的总部基地。"顺德总部 + 台山养殖基地"的养鳗新格局正影响着全球鳗鱼消费市场，成为牵动全球鳗鱼产业链条的重要一环。①

龙头企业引领外延农业崛起

改革开放后，土地承包制度的改革和完善使集约化和规模化利用土地成为可能，农业龙头企业应运而生。早在 20 世纪 80 年代中期，顺德农业开始从粗放生产低质、低值农产品向集约生产"一优

① 钟小庆，《为何广东顺德养鳗鱼养得风生水起，秘密就在这里？》，中国鳗鱼网，2018 年 1 月 24 日，http://www.chinaeel.cn/ShowInfo.aspx?Id=31672。

二高”[①]农产品转变时，“两户一体”的崛起就已为农业龙头企业的产生与发展打下了基础。进入新世纪之后，顺德农业龙头企业迅速发展起来。

2004年，顺德区委、区政府提出按照统筹城乡发展和率先基本实现现代化的要求，加快发展现代农业，并在接下来的十余年通过一系列政策引导，扶持发展了一批农业龙头企业，着力推动现代农业示范区的建设。

到2015年，顺德共有农业龙头企业29家，其中国家级2家、省级11家、市级16家。[②]农业龙头企业的经营领域不断拓宽，从以前的生产型转向加工型、流通型，贸工农一体的生产体系形成；企业规模迅速扩大，对顺德全区农业现代化发展起到明显的辐射和带动作用。

在农业大户及农业龙头企业引领下，顺德发展出成熟的、多种形式的外延农业。

“外延农业”又称“异地农业”，指的是农业生产经营者到本地区之外租地务农、兴办农场等跨区域农业生产方式。[③]顺德作为土地和耕地面积均相对较小的地区，无法长期利用本地土地资源扩大“三高”农产品的种植和养殖面积。因此，在1993年农村股份合作制改革后，顺德部分农业大户开始自发探索利用周边省市土地资源发展水产养殖和花卉种植业。随后，顺德政府将这种农业发展方式

---

① “一优二高”即优质、高产、高效。

② 佛山市顺德区地方志办公室、《顺德年鉴》编辑部，《顺德年鉴2016》，广东人民出版社，2016年12月，第136页。

③ 李丽雪等，《佛山市顺德区外延农业发展现状与对策》，载于《南方农村》，2012年第6期，第22页。

命名为“外延农业”，并将之列入政府扶持的“新兴产业”范畴内。1997年，市政府有关部门在做调整农业生产结构的工作部署时，特别提出要大力拓展外延农业。2004年，顺德政府第一次对“十大外延农业大户”进行奖励。

经过十几年的发展，到2012年，全市外延农业面积为38.6万亩，比1997年的10万亩提高了28.6万亩，[①]外延区域包括番禺、中山、惠州、江门、云浮、清远、韶关等邻近地市，以及距离稍远的福建、四川、广西等。外延农业的种养品种也从20世纪90年代以鳗鱼养殖业为主逐渐转变为优质水产、花卉、禽畜、林业等多品种并举；一批以顺大水产养殖有限公司、长江集团为首的农业龙头企业涌现。到2010年，顺德外延农业已发展出以总部经济型为主的四种模式。[②]

第一种模式是总部经济型。部分农业企业和农业大户把生产基地转移至外地，把加工、流通等高效益环节留在顺德，形成了“生产种养在外地，加工流通在顺德”的发展格局。如顺大水产养殖有限公司，总部位于勒流街道，主要从事培苗、饲料生产、产品加工销售等重要的控制性环节，1万多亩鳗鱼养殖基地则主要分布在台山多个镇。

第二种模式是“公司+农户”型。部分农业企业与农户签订协议，免费为农户提供优良品种或种苗，统一组织采购生产资料、药

① 佛山市顺德区地方志办公室、《顺德年鉴》编辑部，《顺德年鉴2012》，广东经济出版社，第265页。

② 顺德区人大常委会调研组，《关于我区外延农业发展情况的调查报告》，佛山市顺德区人民政府网，2010年7月，http://www.shunde.gov.cn/data/main.php?id=18950-30010。

品、饲料等，并做好技术跟踪服务，对达标的农产品以高于市场价格进行收购。如冠羽畜禽养殖有限公司通过向农户提供种苗、饲料、药物、技术服务和进行产品收购，在台山、新兴等地组织了100多名农户利用其土地、山头放养“乌洲鸡”。

第三种模式是大户带动小户型。部分农业企业或农业大户在外地承包连片土地，进行开发和完善配套设施后，再分包给顺德的中小型农户种养。如大峰水产养殖有限公司在台山开发连片鳗鱼养殖基地1.5万亩，带动了顺德十多家中小型农户进驻养殖。

第四种模式是科技导向型。部分投入大、效益高的科技领先型农业企业利用外地土地多、租金低、承包期长等优势，在区外承包土地进行农产品的环保种养试验或优质种苗培育，待技术试验成功后带回顺德推广应用。如乐从供销集团分别在高要、高明等地建设了大规模的万头猪场，试验干式无臭环保养猪技术。

位于陈村花卉世界的蝴蝶兰幼苗培育基地（摄影　戴嘉信）

外延农业作为顺德自发探索出的现代化商品农业发展的新模式，不仅成为顺德农业现代化发展的重要推动力，也为其他城市探索农业可持续发展提供了成功经验。

工业资本跨界进军现代农业

"工业反哺农业"指用工商企业创造的利润、提供的税收来支持农业和农村的发展。在20世纪80年代，顺德农村产业结构开始向"二、三、一"型转变，工业发展极大地推动了政府财政收入的增加。因此，从20世纪80年代开始，"工业反哺农业"主要通过政府政策投入机制来实现。

1985年，在县委县政府的鼓励下，顺德各镇开始在乡镇企业每年税前利润中划出20%，管理区在每年工业企业纯收入中划出40%，经济合作社在纯收入中划出60%，作为农业发展基金，以工补农。2005年，顺德下发了"工业反哺农业、城市支持农村"的一揽子政策，将各镇（街道）上交的税收进行再分配，用于补贴农业园区基础设施建设、农业信息网建设等。"工业反哺农业"的一系列政策效果显著，不仅促进了农民增收，也推动了顺德农业产业化进入新阶段：2015年，顺德被农业部认定为国家现代农业示范区；至2016年，顺德区内已有佛山市五星级农业园区2个，四星级农业园区5个。[①]

近年来，市场机制成为顺德"工业反哺农业"的另一个重要

---

① 佛山市顺德区地方志办公室、《顺德年鉴》编辑部，《顺德年鉴2017》，光明日报出版社，2018年。

实现途径：部分实力雄厚的本地企业通过成立农业公司，将相对先进的工业技术或管理方法引入农业生产，在实现“跨界经营”的同时，也革新了顺德农业的生产方式，进一步推动顺德农业现代化。

顺德上市企业德美化工就是“工业资本进军农业”的一个案例。2007 年，德美化工研发出新饲料，但经过调研发现，农户对新饲料的接受程度并不高。因此，德美化工决定“自给自足”，建立生猪养殖工厂，并配合研发出的新饲料构建循环生态系统，进行高端农业生产。与传统养猪场不同，德美化工的养殖工厂基本上不需要人工参与：生猪的送料、喂食都由德国最先进的自动化设备进行；选址、育种、育肥、宰割、冷鲜运输、连锁店销售均可实现全产业链管控。[①]

2018 年 6 月 15 日，顺德碧桂园宣布正式进军现代农业，成立碧桂园农业控股有限公司。碧桂园表示，将引进现代化农业科技、农业生产管理模式，构建包含现代化农业、人工智能智慧农业、物联网链接的生产流通全过程；同时，碧桂园还将与“杂交水稻之父”袁隆平院士以及开研资本有限公司合作，共同推动第三代杂交水稻的研究和推广。[②]

通过“工业反哺农业”，顺德农业现代化正在踏入新阶段。

---

① 蒋晓敏、欧阳少伟、罗湛贤，《上市公司养猪，五金工厂种青菜，顺德人这样跨界“玩”农业》，南方 Plus，2016 年 10 月 25 日，http://static.nfapp.southcn.com/content/201610/25/c157525.html。

② 庞静涛，《碧桂园宣布进军农业，将投资袁隆平第三代杂交水稻推广研究》，澎湃新闻，2018 年 6 月 15 日，https://www.thepaper.cn/newsDetail_forward_2197196。

第七章 — 人文生活

无论是经济的发展还是体制的改革，最终汇聚到人民身上的表现，便是文化生活日新月异的变迁。顺德是岭南文化的发祥地之一，传统文化积淀深厚而丰富，水乡文化特色明显。多年来，顺德在创造经济奇迹的同时，不断传承岭南文化要素，创新文化发展内涵，文化产业规模不断扩大，让传统文化与现代生活相互融合。朝气蓬勃的文化发展让更多的百姓得到文化滋养，为他们的幸福生活“加码”，营造出直抵内心的幸福感。

县域奇迹背后的文化传统

一方水土养一方人，顺德有着丰富而独特的历史文化传统，散发出经久不息的影响力。以珠玑移民为代表的先民文化，体现了不畏困难、积极拓展的精神；以桑基鱼塘为代表的生态农业文化，反映出因地制宜、善待自然的智慧；以缫丝业为代表的近代产业文化，展现的是面向市场，追求规模和科技力量的魄力；以龙舟民俗为代表的竞渡文化，显示出团结奋进、和衷共济的凝聚力。这些都深深熔铸于顺德人的生活中，并影响着顺德人的性格、心理结构和行为方式。

向海而生，领风气之先

人是自然的一部分，地理及气候等因素对当地人的文化心理有着基础性的制约和影响。跟其他临海地区不同，岭南地区背靠大陆，五岭横亘，面向大海，与中原较为隔远，具有鲜明的个性特质。

珠江口是中国出海的南大门，是世界贸易史上少有的历史悠久、影响巨大的河海交汇地，这使得广东在历史上的海外贸易相当发达。广州在明清时已形成一个商业大都会，广东的沿海城市与外国的商贸联系及人脉关系都非常密切。发达的对外贸易和人际交往，孕育了广东人的开放观念。

顺德地处珠江三角洲平原的中部，除了北部、东南部和南部一些零星小山岗之外，全境地势平坦，河涌纵横，水网交织，是珠三角水网最密集的地区之一。作为广州水陆运输的中转枢纽，顺德这种支流辽阔、地貌类海的地理情况，不但为海上交通和商业贸易的发展创造了有利条件，也为形成具有海洋特色的文化奠定了良好的自然环境基础。

从唐代开始，广东人就冒险犯难，乘风破浪，陆续前往南洋、大洋洲和南北美洲等地，建立家园，从事商业经营，使得广东成为全国侨胞最多的省份。即使在明清实行海禁的年代，岭南人也敢冲破“寸板不许下海”的禁令，出洋贸易。顺德为广东三大侨乡之一，顺德人侨居外国的历史，比顺德建县的历史还要长。黄萧养起义失败后，为逃避明王朝的缉捕，水藤乡的一群村民和义兵背井离乡，逃亡海外，成为顺德第一批真正的华侨。

到了抗日战争时期，顺德人更是成群结队涌向东南亚和东南非各国，这时期出国的顺德人数以万计。顺德现有 10 多万华侨华人分布在世界五大洲 56 个国家和地区，其中以东南非和东南亚为多；同时还有 30 多万港澳乡亲。

华侨将顺德文化传播到世界各地，同时又将世界各地的先进文化反哺到家乡，实现了“得风气之先”和“开风气之先”的理性衔接，从而形成了顺德兼容并蓄的侨乡文化气质。

顺德人沉潜在血脉里的不拘一格和容川纳海的特点，还来自由壮越楚民风构成的文化底色。越、壮、楚数个族群从 2 000 多年前就集居在这里，斑斓迥异的文化风俗深深渗透到这片土地之中，并形成浓郁的民族特色，自然也导致顺德人的生活习惯、思想方法、文化特征都带有明显的地方色彩。[①] 秦汉以来，中原人口不断迁入，迄至宋元，移民及其后裔占了顺德人口的大多数，这就使得顺德民风具备了吸纳兼容的特性。

顺德建县后，出外经商、做官的人不断增加，与外地的沟通交流进一步加强，一般小农经济社会画地为牢的畛域观念在这里相对淡薄，不同阶层的人士都善于吸取外界的长处以求发展进步。如早在清朝同治年间，就有 5 名顺德幼童远渡重洋留学美国。

来自外面的新思想、新观念、新技术，只要是合适的、可用的，顺德人都来者不拒，这种开放的文化心态，使得顺德在不同时期接受新思想、新观念都快人一步。

---

① 李健明，《顺德文化特质初探》，载于《顺德职业技术学院学报》，2008 年 6 月。

多干少说，实业兴邦

由于地处边陲，远离国家政治中心，加上对外贸易起步较早，在商品经济的刺激下，顺德形成了不尚玄虚、不空谈，以及趋利、务实的文化传统。这是一种偏于经验主义的实践理性，虽然有其狭隘性和局限性，但在应对不断变化的客观环境上有极强的灵活性和适应力。

千百年来，"实业兴邦"的基因根植在顺德这片热土。在古代，这种实用性表现为农业、手工业等的多元架构，以及整个经济生活方式都朝着有利于发展经济、满足大众的生活需要和享受的方向发展。

1872年，中国第一家近代民族资本工业企业——继昌隆缫丝厂在南海创办。随着近代民族资本工业在珠三角诞生，顺德人的工业禀赋就爆发出来了。两年后顺德第一家缫丝厂创办，到了1890年，顺德县就有200多家蒸汽缫丝厂。清末1900年左右，顺德的现代产业工人数超过6万人，超过当时上海与天津的总和。

到1925年，顺德的大型缫丝厂便达135家，占广东省总厂数的80.8%。当时面积不足顺德1%、人口只有6万的容奇堡，已成为工业发展、商贾云集的大市场。千人以上的大缫丝厂整个广东才4家，容奇就独占其三，成了全国第一个工业产品销售额超亿银圆的大镇。民族资本倡导的实业强国意识从此在顺德这片土地深深扎根。

第一批闻名全国的顺商之一薛广森就是以实业起家，成为中国近代民众工业的先驱性人物。薛广森是顺德龙江人，他很有发明天赋，而且是典型的顺德式发明思维——不求惊天动地，但求价廉物美、简单实用。薛广森本来是做碾米机生意的，曾对碾米机二号横磨做了改进，性能优于进口产品。消息传开，同行纷纷要求订造，于是他在次年将米机厂改为机器厂，大批承接加工。

薛广森之后又改进了柴油机。虽然柴油机刚刚问世，但动力强劲，前景广阔。借一次为停泊珠江的英国油轮“青龙号”检修机械的机会，他设法将船上的柴油机全面拆卸，绘出图纸，测得数据，经过反复试验改进，在 1915 年成功试制出第一台中国人自己生产的柴油机，不久就成批投产。经过多年的奋斗拼搏，薛广森创办了缫丝厂、柴油机、银号、碾米厂等多家实业公司，成为广东实业界举足轻重的人物。

此外，顺德还诞生了当代蚕丝巨商、曾任广州商会会长的岑国华，被称为广东军事机械工业创始人的温子邵等近代工业关键人物。

这种实用精神还深深影响了改革开放后顺德工业的起步发展。顺德的制造业是靠仿造香港地区和日本的产品起家的，第一台风扇、第一台空调、第一台冰箱，差不多都是把人家的产品买来拆开之后，发现自己也能生产，于是就自己加工或到处采购零部件组装出来。

所以，与虚名相比，顺德人历来就讲求实际，不逞口舌之快，而是多做少说，甚至埋头苦干。顺德人有句话：眼见为实，落袋为安。改革开放初期，顺德为了避免与旧体制、旧观念在公开层面发生冲突，以营造经济发展的有利氛围，将自己传统中的“求实”因素几乎发挥到极致，遵循“多干少说”“只干不说”“先干后说”等低调处世的原则。

商品农业与市场意识

知名策划人王志纲认为，以顺德为代表的珠江西岸，是经济作物区、桑基鱼塘，手工业发达，是小商品经济的海洋。这使得顺德人与生俱来就有很强烈的市场意识。这种基因优势在农耕文明时代不太突出，而一旦实行改革开放，市场经济来袭，顺德人立刻如鱼得水、如虎添翼，变成了百分之百的市场派、彻底的市场融入者。

王志纲认为，正是这种融入血脉的市场经济基因，决定了顺德至今仍是中国制造业重镇，是百强区之首。

说到商业意识，就不得不提顺德人创造的以“桑基鱼塘”为代表的基塘生产方式。顺德区域土地沙质大、偏酸性，并不是很适合稻谷等主要粮食作物的种植。顺德人很早就发现，种桑投入少，桑叶生长期短，劳动强度低，并且蚕丝制品的经济附加值远高于稻谷。因此，在宋代顺德就已经有了“桑基鱼塘”耕作格局的雏形。

到了明代，顺德根据围垦的土地低洼易涝的特点，因地制宜将低洼农田深挖成塘，而泥土覆于四周堆垒成基，塘用以养鱼，基面种果木，或种桑、蔗等。其中尤以“桑基鱼塘”最集中体现了基塘生产方式的优越性：桑叶养蚕，蚕沙蚕蛹喂鱼，鱼粪沉淀塘底，塘泥挖起肥桑，形成了一个独特的良性循环的人工生态生产系统。

这种由以种植业为主、生产单一产品的传统耕作方式演变成种养结合、多种类产出的先进耕作方式的农业耕作技术创新，极大促进了生产率的提高和商品经济的发展，为顺德发展专业化、商品化的农业经济打下了基础。

明清时期，由于政府关闭了泉州、宁波、漳州等港口，使广州成为全国唯一的外贸商港，加上国际市场对生丝需求的增加，丝价上升，蚕丝业经济效益高，大大推动了顺德商贸业的发展。当地形成了不少大型圩镇。顺德的商业气氛自此得以提升，顺德人的商业意识自此完全觉醒。人们善于寻找商机，有了商机就找资金，接着就大刀阔斧地干。

《广东省志·丝绸志》说："每年蚕丝上市的时候，由广州运往顺德各属的现银，平均每天达到30万元，全县每月有千万元的现款流动。"顺德也由此获得"南国丝都""广东银行"的称号。

乐从成为商贸重镇也得益于此。民国时期，乐从桑蚕交易活跃。当年的乐从河面商船往来、码头货物通达四海、镇面客商川流不息，人们甚至可以在乐从购买到港澳地区甚至东南亚、非洲、美洲的船票。

实际上，不只是乐从，当时缫丝以及相关的种植、航运、饮食、银行等产业遍及顺德城乡。由于河道运输的畅通，外地商人都愿意深入顺德乡村进行交易。因此这种悠久的商贸传统，孕育了顺德全民皆商的强烈商业精神。他们勇于开拓，敢于冒险，长于对外交往和从事商业贸易活动，讲究公平买卖、平等互利，这也是改革开放后顺德农民"洗脚上田"，发展乡镇企业的原动力。

"看经济，种作物"，是顺德农民流行的一句谚语。哪种作物经济效益好，他们就种植哪种作物，以市场价值为种植的导向。这是深入"顺德公"骨子里的商品意识，因此在改革开放摆脱体制束缚后，顺德农业很快就发展了起来。

龙舟竞渡，奋勇争先

顺德水网交织，人们普遍熟悉水性，极为推崇龙舟竞渡活动。

龙舟活动在顺德有2000多年的历史，这不仅仅是民俗活动，更是一种精神信仰。

据考证，龙舟竞渡是南方古越人的传统习俗，端午节是越人为祈求生命平安而进行图腾祭拜的节日。广东龙舟竞渡风气最盛的地方首推珠三角，珠三角之中又首推顺德。

过去，顺德的每一处村庄都会有龙船，每条龙船都是村社族群的精神支柱之一。迄今，顺德仍保留着十分完善的传统龙舟比赛活动，起龙、点睛、游龙、采青、吃龙舟饭等民俗依然不断上演。

龙舟是集体竞技项目，要求思想统一、目标统一、动作统一，才能步调一致。因此扒龙舟等一系列民俗习惯具有很强的社会维系功能，极大地增强了顺德地区民众在生产、生活、信仰、教育等方面的凝聚力。

一直以来，顺德官方与民间都非常珍惜这传承已久的民俗活动。民间各界都在为继承、弘扬这一宝贵的精神财富而做出种种努力，都把每年的龙舟文化活动当作一种凝聚亲和力的契机。龙舟活动中，锣鼓声不断，桡手的桨不停，大家同舟共济，奋力拼搏，劈浪前进。其场面宏大，激动人心，其中所蕴含的人文精神不禁令人为之赞叹。大家都知道，龙舟上的每一个人都必须动作一致，拼力向前划，才能取胜。如果当中有一人偷懒或注意力不集中，龙舟肯定就会落后了。

顺德人把龙舟文化所呈现出来的龙舟精神当作一种文化瑰宝，并积极整合其中所蕴含的神奇力量，使之促进当地民众的情感交流，并演变为顺德民众建设和谐社会的精神动力。

顺德经济的繁荣，综合实力的增强，其内在因素应该说是暗合了传统龙舟竞技活动中的某些文化内涵。顺德龙舟队于20世纪80

年代在国际比赛中取得好成绩，跟顺德的家电产品在广东稍有名气是发生在同一时期的事情。那时顺德家电产品在国内还没有什么名气，是龙舟宣传了顺德，顺德龙舟相当于一种外交活动，把顺德的名气带到其他地方去。龙舟所获得的诸多荣誉振奋了顺德人心，也使顺德人从此形成一种奋勇争先的地方文化品格。

2005年，顺德获得了“全国龙舟之乡”称号，屡屡在国内外大赛中勇夺桂冠。顺德龙舟从此享誉国内外，顺德人也为之精神振奋。此后，赛龙夺锦开始成为顺德一项具有国际影响力的文化品牌，成为顺德发展地方经济文化的特色资源。“同舟共济、团结拼搏，奋勇争先”的龙舟竞渡精神，逐步上升为一种人文理念——顺德精神。

祠堂文化与草根精神

从早期的沙田开发、水利兴修，到桑基鱼塘的开挖、管理及贸易，均需要众多人力，以家庭为基本单位的自给自足的小农经济是不能适应这种生产方式的，合作成为一种必然的理性选择。所以，自古以来顺德的缙绅组织、宗族组织就比其他地区更为发达。

“顺德祠堂南海庙。”顺德祠堂之多、规模之大，在岭南地区负有盛名。在顺德广大乡村，聚族而居形成的宗族村落占绝大部分，且宗族村落都建有祠堂。祠堂成为强化宗族势力，利于集团经营的手段，可提高一个人的社会地位，还能增强其商业信誉。

首先，祠堂推动顺德从以家庭血亲为中心依次扩散的人际伦理关系，发展成为以家庭为中心的商业活动和商业信用依次扩展网络。所以顺德人有很强的亲缘和地缘认同意识，宗族、家乡的观念十分强烈，固有的“乡谊观念”和“宗族意识”，使顺德人形成了团结协作、患难与共的意识，造就了商场竞争中的顺商集体优势。

其次，千百年来，顺德保留着宗族血统的文化传统，也使得在改革开放之后，顺德人可以很快跟海外和港澳的50多万宗亲建立联系，使之产生一种亲密感和责任感。顺德之所以能先行一步，就在于对传统的经济体制进行改革突围的过程中，启动了侨力资源的商业关系网络机制，打开市场经济扩展的土壤。这也是以港澳为基地的家族网络扩展到顺德的结果。

发达的祠堂文化和宗族网络，培育了强大的草根经济。草根，顾名思义，就是生长在最底层，同时也是最活跃、最繁杂、最基础、最重要的部分。位于草根的经济形态，因其根植于最基础层次而具有旺盛的生命力。

最早的乡镇企业，都是顺德本地人利用本地资源创办发展起来的，具有很强的本地联系，这种联系不仅是经济上的，还包括政治、社会、文化等各方面，形成了顺德的内源型经济发展模式。作为民营经济的代表，顺德企业家的本土性、根植性是区别于温商、徽商最大的精神特质。民营经济最大的特点是对环境的依附性，对文化的依附性。这种根植性、草根性、浓厚的乡土气息，和土地不离不弃，是顺德企业家最大的特点。

因此即使是像美的、碧桂园这样从乡镇企业做到世界500强的企业，它们的创始人也是一直扎根家乡谋求长远发展，有更多他们这样的企业家就有牢固的经济支撑点，产业就不容易消亡。

美食文化精益求精

“识做、搞掂、坚野”曾被用来概括顺德经验。“识做”就是指精工、巧做、机灵，懂得分析前因后果，巧妙地破解难题；“搞掂”是善于“创新”和“敏于行”；“坚野”就是品质过硬，体现一种精益求精的精神。

这种精神可以溯源到顺德人对美食的极致追求。在粤菜中，顺德菜之所以独树一帜，关键在于“食不厌精，脍不厌细”。顺德人烹饪美食，以清、鲜、爽、嫩、滑、真为特色，“五滋”（香、松、脆、肥、浓）“六味”（酸、甜、苦、咸、辣、鲜）俱佳，并坚持把五滋六味做到“骨子”里。

顺德厨艺还以鲜明的革新特色蜚声岭南。顺德是粤菜的发源地之一，顺德菜又区别于粤菜，粤菜中的名菜多以山珍海味做原料，而顺德菜却以当地最常见的日常食材为原料，粗料细做才是其精髓所在。顺德厨师到处挖掘人们弃之如敝屣的“废物”加以粗料精制，例如焗鱼肠、酿鸽嗉等等。

所以千百年来，顺德大厨在制作美食时总是保持着精益求精、精雕细琢、一丝不苟的工匠精神，他们的匠心独运往往令外界折服。在纪录片《寻味顺德》中，以一道“菊花水蛇羹”惊艳全国观众的“中国烹饪大师”谭永强就是其中的代表。谭永强严苛遵从着旧制，从暮春选种栽培菊花，到夏季花期时每日早晚精心护理，直到初秋选择鲜嫩舒展的花瓣，完成一道传统菜肴的制作。

这种追求极致的精神还不单单是大厨才有，普通的顺德人对美食一样追求臻于至善。长期以来，依傍水乡生活的顺德人对饮食色香味十分讲究，每个人都对“食”与“食材”有着深刻的理解，包括食物的生态环境、食物的成长规律、食物的新鲜度以及如何烹调等等，而且他们热衷于钻研烹饪技术，几乎每人都能炒上几种拿手菜，煲上几味可口的美味汤，将匠心融入一日三餐。

对品质的高要求也推动顺德人不断创新求变。顺德是很有创新传统的地区，以蚕丝业为例，顺德对广东丝绸业的科技贡献相当巨大。清朝中叶以来，顺德逐渐发展成为广东蚕丝业的中心，从植桑、养蚕到缫丝、织造等各个环节，顺德都不遗余力进行技术改造。

比如，1919 年，顺德人岑国华在葛岸率先试验，将原来的四角车丝改为六角括丝，推动蚕丝业生产率大大提高。不过要知道，当时这种新技术即使在日本也没有广泛应用，若要引进，不仅耗资巨大，还得冒风险，但岑国华勇于尝试，创出了新路，而且在岭南大学投资创办生丝研究所和试验场，其过人的气魄和胆色正是顺德创新求变的最佳写照。

顺德祠堂：顺德人的精神家园

“顺德祠堂南海庙”，顺德祠堂始于宋元，盛于明清。清代中后期，大小宗祠遍布城乡，鼎盛时期总数超万间。顺德祠堂的繁荣，不但展现出顺德的风土人情，见证了顺德古往今来的经济与文化繁荣，而且彰显了顺德深厚的文化底蕴和独具一格的地方精神。

传统社会里，顺德祠堂具有多种功能，既是年节时分祭祀祖先、团结族人的文化建筑，也是宗亲进行婚丧嫁娶寿诞、宴饮等人生礼仪民俗活动的首选场所，还承担着投资教育、启蒙教学的作用。

目前，顺德全区仍保留近 500 座完整的祠堂建筑，纳入省、市、区各级文物保护单位的共有 200 多个。近年来，当地政府大力支持传统宗祠修复和保护性开发，不仅传承了优秀传统文化，还把文物保护、地域文化的收藏与陈列、旅游观光、教育与文艺娱乐等有机结合起来，推动古老的祠堂变身公共文化新空间。

一村一庙宇，一姓一祠堂

顺德的祠堂绝大多数都是明朝以来建造的。到了清中期，顺德几乎是一村一庙宇，一姓一祠堂。祠堂如此兴盛的原因是宗族内三五代之后，关系疏松，需要宗族关系来调节。修建祠堂祭祀共同祖先，是整个宗族百世得以联系的纽带。

顺德人民一向注重祭祖，又称“拜太公”。除清明墓祭以外，春分、夏至、秋分和冬至，民众必在祠堂举行春、夏、秋、冬四祭。此外，逢年过节，各家各户还设供于祖先神位前焚香拜叩。

追祖德，报宗功，敦睦族谊，加强宗族凝聚力。祠堂对一个群体有着强有力的约束力和凝聚力，这种力量使得整个群体抱成一团，共同进退，通力合作，以求最大的发展。

明朝中期以降，在广州市场转型的推动下，顺德的商品经济已经十分发达，宗族机构控制着田产与墟市，四处发展有利可图的产业，以扩大宗族的经济实力，并用宗族的力量去规范和管理各种经济生产活动。当时，顺德即使是像卖桑卖蚕这样最纯粹的个体经营活动，也必须纳入宗族的管辖和监督范围。

不仅如此，祠堂作为宗族的重要标志，不但可以提高一个人的社会地位，还能增强其商业信誉。依靠宗族祠堂，就能识别一个人所在的宗族组织和经济条件。随着商品经济的发展，宗族以及个人在农工商业的巨大成功，自我意识的不断强化，也导致众多私伙祠堂的营造。如果说，原来宗族大宗祠所表现的是宗族实力与地位，那么私伙宗祠则强调个人在工商业的成功以及家族在周边的声威。

值得一提的是，顺德历史上科举鼎盛，人才辈出，在短短500多年间出了3名状元、300多名进士和2 000多名举人，一方面与其雄厚的经济基础密切相关，另一方面也是顺德乡村宗族保持办学习惯所致。不少私学是以祠堂的名义，或者直接在祠堂举办的。同时，祠堂祭田的田租收入除供族人祭祀外，其余作为族中男丁读书费用、童生应试卷金、会试（上京考试）路费。这对顺德人整体文化水平的提升、科举人才的辈出起到积极的推动作用。

建筑精美，见证当年繁荣富庶

顺德祠堂之所以出名，除了分布广、数量多，还在于用材考究、构筑宏丽、手工精美，具有较高的文物价值，也是顺德当年繁荣富庶的最好证明。顺德随处可见的祠堂，不但巍峨壮观，而且注入地方传统文化的精华，成为当地独特的人文景观。

在顺德，目前古祠堂较集中在杏坛、龙江、乐从等地。其中又以乐从沙滘陈氏大宗祠、沙边何氏大宗祠、杏坛右滩黄氏大宗祠、杏坛昌教黎氏大宗祠等最具有代表性，它们在布局、建筑规模、建筑装饰等方面各具特色，而且保存比较完整。

乐从沙滘陈氏大宗祠位于乐从镇沙滘村，坐南向北，占地4 000多平方米，有大、小、正、横、侧门18道，从公元1895年奠基开始，每日近千人开工，花了5年时间才落成，其工程之巨在祠堂建筑史上实属罕见。它也是顺德目前保存原貌最好、规模最大的祠堂。

陈氏大宗祠以精致的装饰著称，广泛采用木雕、石雕、砖雕、陶塑等装饰，各种工艺荟萃，集民间建筑装饰之大成，从一个侧面体现了顺德民众的审美观念与宗族情怀。该祠所用酸枝、花梨、菠萝格、柚木、坤甸等名贵木材全是从东南亚国家进口，经香港运回来的，其建筑中的“大、新、精、全”特色，堪称岭南祠堂的代表。

黄氏大宗祠是明代万历年间状元黄士俊的家族祠堂，至今已有300多年历史。祠堂占地近2 000平方米，共有3座建筑物，是三门五间三进砖木结构硬山顶式建筑。如今保留的主体建筑1 600多平方米，房梁、房顶、檐口精致的灰雕、砖雕、石雕、木雕和陶塑，完美体现出南粤明清时期祠堂建筑的典型艺术特点，2002年被评为广东省文物保护单位。

坐落在昌教村坛头巷的黎氏宗祠建于清朝末年，占地2万平方米以上，房门多达99道，所以当地人一般称其为“三宅门”，也称“九十九道门”。三宅共有3个大门，每个门口进去都是一条小巷，小巷两面都是房子，每间房子都不大，但都有两扇以上的门。因为每间房子都和相邻的房子相通，又和大院子相连，所以房门特别多。有当地村民曾仿效为卢沟桥数狮子的办法，每数一道门就用粉笔画个记号，贴上序号，最后数出来的结果是99道门，寓意“长长久久”。现在当地还流传着一句颇有地方特色的歇后语：“三宅门的房门——数不清。”

盛世修祠，重塑宗族共同体

改革开放以后，原来被收归国有或用作政府办公场所和建设厂房的祠堂归还到各个宗族，顺德的家族意识很快恢复起来，族人合捐资金，重新修缮，宗族共同体的观念逐渐恢复。

顺德是广东三大侨乡之一。20 世纪 80 年代以后，每年顺德都有许多海外华侨回乡认祖归宗，开展宗亲会、祭祀等“寻根”活动，不少人回到家乡重修或新建祠堂。宗族重建祠堂、新修族谱不仅能够吸引海外华人返乡祭祖、提升宗亲对地方的认同感，对于吸引投资、促进当地经济发展和扩大对外交流也具有积极的意义。

由于存在发展经济的共同目标，重修祠堂得到了地方政府的认同和许可。但在改革开放初期，地方政府忙于经济建设，祠堂修复属于宗族内部事务，受限于当时的农村财力，无法进行大规模的祠堂修缮。

20 世纪 90 年代，顺德经济快速发展，启动旧村居改造总体规划，改善村庄整体环境。一番改造之后，传统村落原以祠堂为中心的居住环境，也发生了较大变化。

进入 21 世纪，顺德重新高度重视文化事业的发展。政府和民间都意识到祠堂承载着许多历史文化内涵，是顺德传统民俗文化璀璨的结晶，也是宗族凝聚力、亲和力不断延续的精神纽带。因此各界开始努力修缮乡村中的各个主要祠堂建筑。

依靠区、镇、村、民间及海外乡亲，四方各出资 25% 的“四四一工程”，黄氏大宗祠得以开始修葺。动工后，宗祠大门前的荒草被清除干净，濒于坍塌的高墙被竹架撑起，灰雕、木雕、屋脊照原样修复，凹陷的地面重新铺就。而宗祠大门前曾竖有的 100 多块举人旗杆石，早已荡然无存。经多方打听才发现，这些旗杆石有的被抛入祠堂前边的水塘，有的被用去砌墙、铺路。村委会立即找人下塘打捞，并将已移作他用的旗杆石拆出后搬回宗祠。

明崇祯皇帝曾钦赐黄士俊家族一方“一品百龄”樟木牌匾，长期悬挂于祠堂内，“文革”时被人拆下，本来要被烧毁，却被勇敢的村民悄悄地钉在了村办粮食加工厂木楼梯背面，躲过一劫。后来，顺德进行文物普查时发现了这块牌匾，它随即被搬回宗祠。

由于顺德是广东状元数量最多的地区，而黄氏宗祠又是万历状元的家族祠堂，2008 年 1 月底，经过近 3 年的修葺后，黄氏宗祠成了状元博物馆，是广东首座以状元文化为主题的博物馆。

顺德区陈村镇仙涌村朱氏始祖祠，始建于明万历十三年（1585），至今仍保存完好（摄影 戴嘉信）

活化古祠，打造村居公共文化客厅

历经百年风雨沧桑后，即使经过修复，顺德祠堂原有的祭祀、宗族事务管理、书院等功能已不能完全复原。除了文化保护、承载历史之外，修葺一新的祠堂如何“活用”，是当下不得不面对的现实问题。

对此，部分祠堂开始了一些新的探索。如一些祠堂已有村史展馆、农家书屋、曲艺社、专题展览室、老人活动中心和健身娱乐区等多种身份，成为村民娱乐健身、学习知识、聊天休闲的重要场所，成为农村公共文化服务体系建设的重心。

也有一些村委会不失时机地引导祠堂活动，发挥祠堂文化“以德育人”功能，培育时代道德风尚，用先进文化占领农村祠堂阵地。比如在祠堂举办成年宣誓仪式及尊老爱幼、移风易俗教育等宣传教育活动，以实现对传统文化的扬弃；设立功德榜、能人榜、成才榜、好样榜、寿星榜等，评选表彰各类典型，见贤思齐；有条件的祠堂设置阅览室、电视室、棋牌室等活动场所，平时对居民开放，节假日可举办象棋赛和书画展等文娱活动。这些举措，在社会主义新农村建设中，特别是乡风文明建设中发挥出越来越大的作用。

目前陈氏大宗祠已“活化”成为国内稀缺的社区博物馆，这是顺德首个镇（街道）级历史文化博物馆。目前，2000 多件文物正在陈氏大宗祠对外开放，反映乐从的起源、社会发展、历史变迁，见证乐从人民的艰辛创业历程、本地各方面发展成果。

青年坊则是顺德祠堂“活化”工作的另一种鲜活成果，让祠堂有了“青春生机”。乐从沙边村练塘何公祠就是这样的一个例子。依托何公祠为活动空间，当地政府与民间共同注资，联合成立青少年活动中心，为生活在沙边及其周边的本地、异地青少年及其家庭提供专业的社工服务，提升本地村民与异地务工家庭的沟通及相互接纳程度，培育义工服务理念，促进社区各群体之间的共融。

北滘碧江村则系统地将一批祠堂打造成村民的公共文化客厅。北滘的古建筑历史遗址众多，仅各姓祠堂就有 120 多家，是最早一批被国家建设部、国家文物局颁发“中国历史文化名村”称号的珠三角古村落之一。

为了保护并活化历史古建筑，碧江村对碧江金楼、职方第、泥楼、见龙门、南山祠等 17 间省市保护文物祠堂进行活化，打造主题为“碧江金楼古建筑群”旅游景区。

其中，镇、村两级出台历史保护区的保护工作及政策引导，严格禁止对历史文物保护区范围内的建筑进行改建并慎重进行修复，引导保护区内的私人房屋统一建筑风格，以还原古朴建筑风貌为主。

修缮后的古建筑得到有效利用，成为村民休闲娱乐的好去处。例如，位于村心大街的苏氏私伙祠堂变身为顺德国兰协会，苏氏典型的宅第居室被活化成退休教师之家、农家书屋、廉政教育基地等。而清代初期祠堂建筑肖岩祠则作为碧江武馆，吸引了不少村内孩童在其中学习中华传统武术。碧江的振响楼原来是赵氏家族祠堂，始建于明代，现在变身为老人活动场所，每天都有精彩的粤剧曲目在这里唱响。

传统社会建立在血缘、地缘基础之上，有着极高的身份认同感与道德约束力。过去 40 年顺德的城市化进程将这一秩序打破，而宗祠有助于唤回失落的社区居民熟人社会。未来顺德将把祠堂文化的传承作为乡村精神复归的载体，作为传承和发展乡俗文化的平台，让传统宗祠文化在新时代的文明建设中继续发挥作用。

龙舟竞渡：传承千年的民俗活动

数百年来，顺德广大乡村的龙舟竞渡异常活跃，成为一个独具地方特色的民俗文化活动项目，每逢端午节前后及其他重大庆典，城乡经常举行龙舟表演或竞赛。

这与顺德的地理环境相关。作为典型的岭南水乡，顺德有数不清的小河水涌，且地势平坦，船自然成为运货代步的主要工具，长期的锻炼造就了众多的划桨摇橹高手。

顺德的龙舟竞渡讲求斗力气、斗技巧、斗精神。越是丰年，顺德的龙舟竞赛场面就越盛大。龙舟竞渡起到凝聚人心的作用，在发展经济的同时，顺德人又把龙舟文化作为地方文化遗产来加以呵护。

在转型升级的每一个关键关口，正是“同舟共济、团结拼搏、奋勇争先”的龙舟精神，激励着每一位顺德人奋勇前行，为高质量的发展、美好的生活而努力奋斗。

龙舟竞渡，古韵悠长

龙舟运动是一项具有 2 000 多年历史、深受广大群众喜爱的文化体育娱乐活动。地处珠三角水网地带的顺德，河网纵横交错，“开门见水，举步登舟”。在以桑基鱼塘、蔗基鱼塘为特色的农业耕作中，舟楫成为重要工具。人们以舟代步，到哪里都乘船，几只船碰到一起，互相招呼，高兴了便互相比试，任意划定一段距离，看谁划得快，这便是昔日顺德民间最初划艇比赛的一个缩影。

龙舟竞渡是一项历史最悠久、参与人数多、现场观众多的体育运动项目，昔日顺德在夏秋农闲时，县域内乡镇会举办规模各异的龙舟竞赛。据有关文献记载，顺德历代都有关于龙舟竞渡的习俗，在《顺德县志·梁元柱传》就记载了距今400多年的明朝万历年间，顺德籍良臣梁元柱小时候“尝观竞渡”的情况。改革开放后，顺德县委、县政府率先解放思想，对划龙舟这项历史悠久、群众喜闻乐见的传统体育项目予以大力支持，顺德成为当时广东省乃至全国最早恢复赛龙舟的县之一。

作为岭南地区的端午民俗，扒龙舟在顺德也颇为讲究，首先要进行“点睛”仪式。每年农历五月初三，顺德勒流龙眼村均会举行“龙眼点睛”仪式，珠三角地区的100多条龙舟会齐聚龙眼村太尉庙一齐点睛，由村中德高望重的老者手拈满蘸朱砂的新笔，点画龙睛，口中喃喃“万事胜意”，更笔点龙颈、龙牌、龙尾，再塞龙眼叶进龙口，场面热闹非凡。勒流龙眼村的“龙眼点睛”仪式有600多年的历史了，这种仪式被列为广东省非物质文化遗产，已经成为勒流乃至整个顺德引以为豪的文化符号。

伴随着龙舟竞渡的盛行，顺德人还始创了龙舟说唱这一流行于广东地区的著名传统曲艺形式，变传统民间说唱艺术木鱼歌腔调而来，始于清乾隆年间，内容涵盖了神话故事、民间故事及当时所发生的事情。新中国成立前不久，顺德还曾组建40人的“顺德龙舟粤剧团”到各地表演谋生。2005年底，龙舟说唱入选了第一批国家级非物质文化遗产名录。

全民齐心，扬威国际

龙舟竞渡寄托着顺德人民对美好生活的向往。据《龙腾顺德》

记载，在顺德，村与村比赛，赢了便带来明年丰收、百事顺意的好兆头，赢了的乡村、百姓们都会高兴一年，趾高气扬一年。因而在顺德，几乎村村都有龙舟队。

随着改革开放的深入发展，经济文化的繁荣兴旺，顺德人团结、拼搏、争先的精神更是在龙舟竞渡活动中展露无遗。

20 世纪 80 年代初期，顺德城乡就拥有大众龙舟 134 艘、五人小龙舟 1 200 艘，从村到镇，端午赛龙舟活动接连不断，锣鼓声声，此起彼伏，全民皆龙舟之盛况空前，竞赛规模大、跨度久、新造龙舟多，成为顺德龙舟运动在民间恢复的真实写照。

也正是这个时期，顺德龙舟开始走出家门，前往香港赛场去争金夺银。值得一提的是，“以港为师”在当时的顺德人心中正是改革开放的象征，能够在香港赛场与其他国家的龙舟队伍竞技交流，无疑让顺德人进一步打开了开放的格局。

1983 年，顺德组建起了我国第一支县级男子（农民）龙舟队，1985 年又组建起了女子龙舟队，成为全国最早建立县级龙舟队的县区。虽然是农民队伍，但当时的顺德各级党委、政府非常重视，委派时任县体委副主任郑家润担任教练，对龙舟队进行军事化的封闭管理，通过系统正规的训练来形成以技术为主的综合实力，提高整支队伍的战略战术水平。也正是在这一时期，郑家润带领着顺德龙舟队运用力学、运动学原理，创造出了一套把传统龙舟和现代赛艇技术融为一体的“顺德桡法”，成为顺德龙舟克敌制胜的法宝。

1983 年 6 月 19 日，顺德男子龙舟队首次登上了代表当时世界龙舟赛最高水平的香港赛场，与来自 20 多个国家和地区的专业队角逐，一举夺得了香港第八届市政杯赛和国际邀请赛冠军，扬威香港，震惊世界。

此后，顺德龙舟队数十次代表国家赴香港、澳门和国外参加国际赛事，战绩辉煌，享誉世界，成为世界上汇总夺得冠军最多的龙舟队。而在国内，顺德龙舟也日益走向兴盛，沿袭600年的传统习俗，文体部门会将每年的龙舟赛事活动固定在农历五月初四至初六这三天连续举行，每届观众多达100万人次。

2005年4月，顺德被国家体育总局和中国龙舟协会授予“全国龙舟之乡”称号。正是由于顺德龙舟竞技运动走在全国前列，当年8月，根据国家体委的安排，顺德决定组建新的顺德龙舟队，代表中国参加在德国举办的第七届世界龙舟锦标赛成人组比赛。由于起用了顺德龙舟这块“老底子”，中国龙舟军团在德国再创辉煌，在这次规格最高、规模最大的国际龙舟比赛中，以7金1银的成绩，摘下团体总分第一的桂冠。

探路现代职业化转型

龙舟运动是顺德的传统优势体育项目，龙舟蕴含着正道直行、团队合作、奋力拼搏的精神魅力，是顺德人的精神写照。然而，当发达国家的对手结合现代体育运动规律在奋起时，在国际赛场上披荆斩棘的顺德龙舟“农民军”在职业化、专业化方面的短板也在日益暴露。

在顺德农民男子龙舟队建队30年前后，顺德龙舟人发现，世界龙舟运动在发展过程中，竞技水平越来越高，继续沿袭过去那种临时组队的方式参加国内外大赛，已不合时宜。因为临时组队不但人员不稳定，而且没有固定的训练基地和完备的训练设施，既难以吸引青年人入队，更难以提高竞赛水平，严重制约着龙舟运动持续高水平的发展。

有鉴于此，顺德区和乐从镇两级政府于2010年4月共同成立了顺德龙舟俱乐部，建立龙舟训练基地，以走专业化之路来进一步促进龙舟运动持续发展。2011年9月，顺德乐从龙舟队顺利组建，并正式迈向职业化和规范化发展的道路。

乐从龙舟队自成立以来，努力践行“政府指导、社会支持、全民参与、社会共赢”的发展理念，不仅得到了各级政府的大力支持，还得到乐从家具协会、乐从家具城商会、罗浮宫家居集团的冠名赞助。每年投入俱乐部的运作经费为800万~1 000万元。

队伍建立之初，队员以本地农民为主，队员平均年龄43岁；经过职业化探索，目前队员以专业运动员为主，这些运动员主要是国家级别的皮划艇、激流划艇的退役运动员。

从建队第一天开始，顺德龙舟俱乐部男子龙舟队便在教练的带领下，进行理论联系实际的专业训练，队员们每天早上8:30开始，首先进行一小时的体能训练，晨跑2 000米是必修课，然后就是拉哑铃、举杠铃、做俯卧撑等，目的是锻炼上肢肌肉及腰腹部肌肉，提高肌肉的耐力和能量，以适应划龙舟的需要。从9:30开始则是两小时的水上训练，练桡法、协调、耐力、起动、冲刺以及迎风激浪的技巧，包括理论和技术上的探讨等；下午2:00—4:30，继续同样的训练。如此往复，不断增强队伍的专业竞技水平。

目前，顺德乐从龙舟俱乐部共有22名队员，配备1名教练、1名领队，在职业化的基础上，俱乐部正在努力探索专业化建设，包括配备队医、营养顾问、配餐等，在科研、食物、康复等方面帮助队伍提升综合竞争实力。经过龙舟运动工作者的刻苦钻研与多年实践，顺德龙舟不仅在技术规范上与国际接轨，组队至今，顺德乐从龙舟队在中国龙舟公开赛、中华龙舟大赛和国际龙舟赛事中均取得了辉煌战绩，包括勇夺中华龙舟大赛五连冠、蝉联国家级龙舟赛事十连冠，创造中国龙舟队参加亚洲龙舟锦标赛和世界龙舟锦标赛历史最好成绩，共赢得 291 个单项及总分第一名，被业内称为“冠军收割机”。在 2018 年 8 月举办的印尼雅加达亚运会上，以顺德乐从龙舟队为班底的中国男子龙舟队，更是创造了一金一银的战果，让顺德龙舟在国内外大赛舞台上发光发热。

顺德文化的典型符号

近年来，结合端午等传统节假日，顺德连续举办以龙舟竞渡为主体的欢乐龙舟文化节，大大小小的赛事在全区、各镇（街道）、村（社区）等遍地开花，群众喜爱程度颇高，并慢慢从端午假期扩展成一项几乎贯穿全年的文化品牌活动。

2018 年，作为“文明顺德 · 2018 基层文体嘉年华”的重头戏，顺德欢乐龙舟文化节系列精彩活动共包含 29 项赛事活动，从 4 月一直持续到 11 月，包含了国际性大赛、珠三角龙舟友谊赛、全区各镇（街道）和村（社区）的龙舟竞渡，以及传统节日与龙舟运动相结合的民俗文化活动等。容桂、勒流相继举办起龙仪式后，赛龙舟、夜龙汇游、吃龙舟饭、龙舟巡游、龙舟文化艺术展、端午文化体验、摄影摄像大赛等系列活动，为广大市民带来了独特的龙舟文化体验。

与此同时，均安镇村居五人龙舟赛、乐从镇村居标准龙舟赛、逢简五人龙舟竞渡、龙潭三人龙艇竞渡、大良村居龙舟文化节、“我们的节日——马冈村端午赛龙暨龙舟竞美活动”等村居系列活动也在每月持续上演，不仅极大地丰富了基层群众的文体生活，弘扬了龙舟文化，也为发展生态旅游、乡村振兴提供了肥沃的土壤。

在乐从，2018 乐从镇乡村旅游文化节以村居龙舟大赛为起点，开发出龙舟体验、龙舟文化展、龙舟宝贝、乌篷船、水上飘色等创意十足的文化活动，让参与的群众在一条长达 1.5 公里的水乡画廊中，淋漓尽致地感受着极具岭南水乡特色的元素。“舟行碧水上，人在画中游”，人与龙舟组成了一幅动人的水乡风情画，以此传承和展示本土传统文化，充实文化内涵，在城市化进程中保留历史文化的精粹，更好地规划和利用历史文化资源。

在国际舞台上，顺德龙舟也自然而然成为顺德传统文化的象征符号，被广泛用作各种国际交流时致赠的礼物。2017 年 4 月 25 日，顺德在汉诺威工业展览会现场举行全球路演。在此之前，扎根顺德的世界 500 强企业美的集团已成功并购德国机器人领军企业库卡集团。汉诺威路演活动现场，顺德区委政府赠予了库卡集团一份精致的礼物——龙舟竞渡模型，寓意着顺德和库卡同舟共济，合力闯全球。这份特别的“顺德龙舟”为库卡集团 CEO（首席执行官）蒂尔·罗伊特博士所珍藏。

还有，在世界顺德联谊总会历届恳亲大会上，龙舟说唱、彩龙巡游、龙舟竞渡等结合传统民俗活动的展示与艺术表演，更是勾起海内外乡亲浓浓的乡愁，恳亲大会成为全世界顺德人与家乡联谊的暖心平台。

“龙舟文化已成为顺德的一个文化符号。”顺德职业技术学院人文科学院院长陈建华认为，透过顺德龙舟文化，人们能更清楚地理解“顺德精神”、“顺德制造”和“顺德创造”的真正内涵。

顺商传奇：弄潮世界的顺德企业家

在研究企业成长和产业发展的时候，企业家作为一个组织者，作为核心与灵魂的角色，一直是人们关注的焦点。多年来，顺德在实践中孕育了何享健、杨国强、梁庆德等一大批享誉全国的杰出企业家。

从 20 世纪 80 年代初大批农民企业家“洗脚上田”和县域特色经济的强势突起，到 90 年代初期“快刀斩乱麻”的产权改革，顺德人给世人留下了另类而“可怕”的印象。敢为人先、勇于创新的顺德企业家，毫无疑问是其中让人感觉“可怕”而又可敬的一群人。由此形成的具有独特地域魅力的企业家精神，更是中国县域发展中一道亮丽的风景。今天，顺德的多个产业依然能够在国内独领风骚，与顺德企业家敢饮头啖汤的开创精神密切相关。

历史探源：从南国丝都到广东银行

企业家的成长，与一个地方的文化氛围有着密切的联系。顺德历史上涌现出一大批企业家，其成长不是偶然因素，而是一定社会文化作用下的必然结果。

早在宋代，顺德就以“鱼米花果之乡”闻名。明代，顺德凭借“桑基鱼塘”的种养模式，使缫丝业迅速兴旺起来。19 世纪末 20 世纪初，顺德缫丝业达到鼎盛期，并带动了民间金融业的蓬勃发展，成就了“南国丝都”和“广东银行”的美誉。可以说，这片热土很早就根植着“实业兴邦”的基因，并成为顺商传承百年的精神基石。

嘉靖元年（1522），朝廷关闭了福建泉州和浙江宁波两港，使得东南沿海的贸易集中在广州港口，广州作为明朝对外贸易中心的地位更加凸显。生丝和丝绸是外商采购的重点货物，刺激了广州城附近蚕桑、丝绸业的发展，其中以顺德最为显著。顺德率先弃稻种桑，创造发明“桑基鱼塘”的农耕模式，1873 年开始采用与普及蒸汽缫丝机生产蚕丝。“广东地区特别是顺德、南海等蚕桑主产区逐步普及了机器缫丝，使整个广东生丝质量和声誉得到提高，在海外丝绸市场竞争力大大增强。”[①]

研究表明，早在 20 世纪初，顺德就萌发了中国最早的民族资本，云集了 100 多家机械缫丝厂，产业工人多达 6 万人之多，超过当时上海与天津的总和。1919 年，岑国华在全省率先采用日本新式缫机，变四角车丝为六角括丝，产量、质量均显著提高。他及时集股扩大生产，属下丝厂发展至 18 家，年产生丝 4 万担[②]。岑国华在引进日本先进技术后，丝产量与销量大增，同行竞相效仿。于是，他又通过融资、持股等方式带动整个顺德机器缫丝业迅速发展，仅顺德一地的机器缫丝工厂数量就占到全省的 80% 以上，[③] 规模与产量曾一度领先于全国，被学者称为“清末广东首富县”。

顺德丝业的蓬勃发展，带来了各种商业和服务行业空前的繁荣。当时，容奇、桂洲作为桑蚕业的中心，还拥有专门为缫丝厂服务的茧栈以及发达的金融业。从清朝末年到民国初年，在广州经营丝业、银号业（相当于外省的钱庄）的商人大部分是顺德籍，他们几乎垄断了珠三角地区蚕丝的生产、运输、出口，以及工厂、工场、商店的资金往来。从各种记载中，可以清晰地看到，顺德的丝

---

① 广东省地方志编纂委员会，《广东省志 · 丝绸志》，广东人民出版社，2004 年。

② 1 担为 50 千克。——编者注

③ 杨湛，《广东人从赤贫到豪富的早期认证》，载于《南方都市报》，2008 年 8 月 29 日。

业是广东商业之命脉，执商界牛耳的也是顺德商人。[①]

清朝末年，中国经济进一步被卷进世界资本主义市场的背景下，顺德商人及时引进新技术和新的经营方法，发扬顺德本身的历史、地域优势，使顺德县在半个世纪内充当了广东经济发展的龙头，为广东早期现代化做出特别大的贡献。

顺德商人更早地置身于机器大生产的前沿，参与了世界分工与竞争的洗礼。顺德商人薛广森借英国亚细亚石油公司油船停泊于广州港口之机，观摩当时世界上最新发明的新式内燃柴油机，于1915年成功仿造出第一台国产柴油机，并获得合法专利权。

洗脚上田：顺商“杀出一条血路”

财富、知识、技术，这些显性的资源与能力都是很容易继承的。最难以传承的，是企业家精神。而以扎根实业、本土情怀等为代表的企业家精神，却在顺商的基因里代代相传。在外闯荡的顺德人中涌现了李兆基、梁銶琚、郑裕彤这样的商业巨子，也充分展现了顺德商业文化的传承，也正因为拥有这样的基因，这片土地才哺育了一代又一代企业家。

20世纪80年代，珠三角全面对外开放，顺德农民“洗脚上田”，短短几年就兴办了几千家家电厂，完成了向工业大县的转变，形成了庞大的制造业集群。潘宁、区鉴泉、何福文、张鸿强、何享健、黎刚、梁庆德、林伟雄、何根侣等成为顺德企业家的典型代表。

1984年，只有小学四年级学历的潘宁以零件代模具，用汽水瓶

---

① 林德荣，《可怕的顺德：一个县域的中国价值》，机械工业出版社，2009年。

做试验品，凭借手锤、手锉等简陋工具和万能表等简单测试仪器，在十分简陋的条件下打造出了中国第一台双开门电冰箱。到1989年，《经济日报》记者在对工厂的访问记中写道：“这家位于顺德容桂镇的乡镇企业拥有固定资产8 000万元，进口设备占45%，许多大中型国营企业都不具备如此好的条件。整条生产线长达6公里，全是由欧美、日本的最好设备配套组成的，这又是许多大中型企业望尘莫及的。”在珠江三角洲一带，容声冰箱成为最知名的家电品牌，在全国市场上，则形成了“北海尔、南容声”的双雄格局。

区鉴泉领导的裕华公司原是一间镇办小厂，为发展电风扇生产，他率先在企业内部实行合股联办，解决了企业发展资金。他还亲临销售前线，掌握市场动态，及时把握时机，于1984年研制出国内首创以塑料代替金属的无级调速座钟式鸿运扇，投放市场后，迅速形成规模生产，使企业产值由当年的3 200万元上升到1985年的超亿元，创造了全国乡镇企业年产值超亿元的纪录。

从潘宁到区鉴泉，改革开放初期的顺德企业家以披荆斩棘的胆识，在改革开放的历程中先行先试，带领企业打造出了冰箱、风扇、热水器、空调、微波炉等产品，风靡神州大地，极大地缓解了当时国家轻工领域物资商品匮乏的局面。这一代企业家，大多由乡镇企业起步，不少人虽然早已退出经济舞台，但是他们当初“杀出一条血路”的胆识与追求赢得了人们的敬重。

迈向现代化：加速构建现代企业制度

1992年，邓小平的南方谈话开启“改革开放的又一个春天”，何享健、杨国强、梁庆德、卢础其、陈国权等一大批顺德企业家顺势崛起，成为新一轮发展浪潮下的顺德企业家的典型代表。

这一阶段的顺德企业家拥有超强的整合各种资源的能力，对当时中国的创业方向有良好的感知，他们是现代企业制度的试水者，也是最早具有清晰、明确的股东意识的企业家的代表。

从比较优势和当前全球经济一体化的趋势看，现代企业制度是最科学、最有效、最能适应市场经济规律的企业制度。民营企业要在激烈的市场竞争中占有一席之地，保持长久的发展，最直接的途径就是进行股份制改造。

在“靓女先嫁”的政策支持下，比美的规模大、牌子响的企业还在观望时，美的集团创始人何享健主动争取到顺德的股份制试点名额。1992 年 4 月，广东美的电器企业集团开展乡镇企业股份试点，成为广东美的电器集团股份有限公司。这一年，美的销售收入已经超过 7 亿元。

何享健敏锐意识到“一个企业的进步、规范需要股份制改造这种代表未来方向的手段”。以何享健为代表的顺德企业家通过股份制改造，既保存了民营企业已有的经济实力，又在制度上实现科学的设计，民营经济由此驶入了市场发展的高速公路。

随后，何享健就大胆起用包括方洪波在内的一大批非顺德籍人才，并积极完善企业经营管理制度。在这 10 多年中，何享健以各个事业部为平台，让职业经理人得到充分锻炼，通过对比，筛选人才，而方洪波正是在这个过程中脱颖而出的。2012 年，何享健将董事长的职务交给职业经理人方洪波。

作为民营资本的聚集地，顺德企业最早涉足中国资本市场，通过公开透明的资本市场来倒逼民营企业建立现代企业制度。1993 年，美的电器就成为国内首家上市的乡镇企业；2006 年，中国证监会重启 IPO（首次公开募股），广东德美精细化工成为首家过会企业。顺德在 2010 年重新修订了企业上市的工作意见和扶持企业上市的政策措施，明确企业上市作为产业转型升级的系统工程，建立企业上市服务、引导、扶持体系。随着顺德上市政策密集出台，顺德企业上市更是进入高峰期。截至 2017 年，顺德全区境内外上市企业 24 家，区内企业控股区外上市公司 4 家，新三板挂牌企业 37 家，上市后备企业 160 多家，居佛山五区之首。

财经作家秦朔在撰文写到美的、碧桂园“从不起眼的镇办小企业到世界 500 强”的历程时，也感慨顺德企业家“在充分竞争的市场上造福消费者，显示的是中国民营经济和企业家的力量。洗脚上田的普通中国农民，只要给他们阳光雨露，有平等参与、自由进入的机会，就有可能创造出匪夷所思的成就，汇入推动国家富强的浩浩洪流”。

拥抱新经济：新企业家登场

21 世纪以来，新兴产业崛起，以体必康为代表的生物医药企业，以小冰火人、小熊电器、飞鱼等为代表的电商企业，以盈峰等为代表的环保企业，成为顺德新时期的企业代表。在这一阶段，一大批顺德企业家将互联网思维和佛山制造无缝对接起来，走出“互联网 +”产业的新业态。

广东小冰火人网络科技股份有限公司董事长兼 CEO 彭利民便是其中的典型代表，他因在电商领域的拓荒和创新而声名鹊起，有着“顺德电商拓荒者”等诸多美誉。短短 10 年时间，彭利民成为佛山电商领域创业的标杆性人物之一，把一家寂寂无闻的初创企业打造成新三板挂牌公司，把“佛山制造”卖向全球的同时，也打响多个制造企业的品牌，吸引了上市公司德美化工以及多家投资机构的关注与投资。

随着知识经济时代的到来，企业面临着复杂多变的环境。顺德企业家通过创新管理和组织模式，提升个体竞争力，进而再塑企业活力。

例如彭利民在企业内部设立500万元的创业基金，推行合伙人制度，通过当下流行的阿米巴管理模式，将大单位裂变成多个小单位，小单位独立运行，建立了和员工共同创业、共享收益的机制。合伙人公司涉及代运营、电商视觉、客服外包等业务，它们有很大的自主权，包括人事、财务、招聘等。公司本部是投资人和支持者的角色，小冰火人公司和合伙人各持有一部分股权，共同做好电商平台。而合伙人公司的负责人也因为角色的转换，有了自己的事业，主动控制成本，工作更加高效。这对企业组织活力的激发非常明显，一些新的项目拓展起来，人的主动性被充分调动。

自改革开放以来，以群状涌现的企业家队伍成为顺德经济发展的强劲动力。以常住人口近280万的统计口径计算，目前平均16个顺德人中就有一个“老板”，这个数值与直辖市之一重庆市（平均15个人）基本接近。可以说，人口少、面积小的顺德，其创业激情与中国准一线城市旗鼓相当。

代际传承：“创二代”企业家崛起

企业的传承关系着企业的长期发展，也是影响顺德未来经济的关键话题。在顺德，“创一代”逐渐退居幕后，大批“创二代”通过海外求学和历练快速成长，成为顺德企业家群体中的新生力量。这些年轻一代身上本土情怀和国际视野融合，他们普遍受过高等教育，有海外留学经历，除了父母强大的经济后盾和言传身教，更有自己的创新意识和拼搏精神。多种优势的有机组合，让他们的创业路走得有声有色。顺德“创二代”企业家群体有自己的创新思维和想法，同时又有与国际接轨的商业模式，目前正迅速成为各领域的风云人物，甚至成了新兴产业领域的主力军。

梁昭贤在2000年接棒父亲梁庆德，成为格兰仕集团执行总裁。接棒之初，梁昭贤就带领格兰仕做出让业界看来有些疯狂的举动——进军本已竞争惨烈的空调领域。走过10多年，格兰仕空调虽未跻身行业前三，但已经在三四级市场占据了一席之地。此举也被行业内解读为梁昭贤树立自身风格的一次出击。

美的集团创始人何享健之子何剑锋，没有选择按部就班接棒美的，而是专注于投资业务。美的电器上市之后的1994年4月，何剑锋开始创业，在美的总部北滘镇创办了顺德现代实业公司，主要给美的代工生产小家电。2002年，何剑锋的广东盈峰集团有限公司注册成立，其掌控的企业开始进入集团化运作时代。近年来，盈峰环境通过外延并购，业务囊括了水、土、气、危废、土壤修复等一系列环境施治领域。

2015年底，被万和电气创始人卢氏家族视为接班人的卢宇聪接任公司总裁一职，开始管理这家当时总市值超过80亿元的厨卫电器企业。智能化升级装备、数据化改革服务、精细化拥抱电商、多元化产业扩张、国际化进程加速……不同于父辈的沉稳与内敛，年轻一代的操盘思路更与时俱进，在行动上也更大胆、果断。

以梁昭贤、何剑锋、卢宇聪等为代表的顺德“创二代”，正在加快成长。2015 年发布的《顺德青年企业家成长调研报告》显示，在顺德青年企业家协会的 300 多位会员中，26~35 岁的青年企业家已占 16.6%，而且六成为“顺二代”，平均年龄仅为 32 岁，“顺二代”已在顺德经济舞台上逐渐崭露头角；73% 的“顺二代”和 89% 的职业经理人拥有大学及以上学历，两者中都有四成有留学经历。

江山代有才人出，一代新人换旧人。当前，顺德企业家群体面对的机遇和挑战已经发生了很大变化。相信伴随着顺德企业家精神的不断传承，在快速发展的全球化时代，面对粤港澳大湾区规划建设的新机遇，顺德的产业与企业将有新发展，空间与平台将有新依托。

“顺德好人”：树立榜样的制度化尝试

改革开放以来，顺德在取得巨大的经济成就的同时，也高度重视精神文明建设，为区域发展注入正能量。

从 2008 年起，顺德就启动了“顺德好人”评选活动，面向全区征集在助人为乐、见义勇为、诚实守信、敬业奉献、孝老爱亲、慈善公益、自强不息等方面做出突出成绩和贡献的先进个人。活动通过树立普通人身边的榜样，激励人行善向上，探索新时期彰显榜样力量的新制度。

截至 2018 年 4 月，顺德已连续举办了五届“顺德好人”评选和一次“最美顺德人”评选活动，一共选出 214 名“顺德好人”和 10 名“最美顺德人”，他们都来自普通的市民阶层，把平凡的事做得不平凡，有如一颗颗璀璨星辰，照亮顺德这座大爱之城。

表彰先进，激励各方

表彰先进，树立榜样，古已有之。评好人、颂好人，顺德也早有先例。南宋年间，龙江世埠乡人吴妙静捐出了自己的嫁妆为乡亲建桥，以弱女子的身躯始开顺德立桥先河。到了明代嘉靖年间，广东督学张希举建坊于桥上，旌表妙静，曰“贞女遗芳”。

改革开放以来，顺德在不断创造经济奇迹的同时，坚持物质文明和精神文明两手抓，用物质奖励和荣誉表彰来激励各行各业争创先进。

早在 1994 年 10 月 15 日，顺德就创立教育基金会，并在当年举办了第一届奖教奖学颁奖大会，向在教学工作中取得优异成绩的学校、师生和尊师重教的单位 362 个（次）、351 人（次）颁发了奖金共 111.5 万元。

1996 年 11 月，兢兢业业的原顺德市民政局局长梁洪炎因病倒在了工作岗位上。他的事迹随后在全国引起巨大反响，被誉为“满分公仆”“爱岗敬业楷模”，成为广东省第一位获国家民政部通报表彰的民政干部。

爱岗敬业的人物不单单涌现在民政系统，从 20 世纪 90 年代开始，顺德医疗系统就开展了优秀护士的评选，组织部门开展优秀共产党员、先进基层党组织评选，工会则开展先进劳动者个人、劳动模范的评选，团委开展“十大杰出青年”评选……各个系统都有自己的先进人物。

评选“好人”，树立身边的榜样

向好人致敬，对做好事行为进行颂扬，是顺德在新千年表彰先进的一次新尝试。在 2002 年，顺德宣传部门便推出“十大公德好事”评选、2006 年再推出“美德之星”评选，上述活动一脉相承，通过评选弘扬社会公德，传递正能量。

当时，随着国家加入世界贸易组织，融入全球市场，国内经济每年都保持迅猛发展，而人们的价值观取向也呈现更多样化的趋势，道德观念则呈现复杂多变的特征。对此，我国积极汲取发达国家的经验教训，避免在经济发展上升期出现诚信危机、人情危机和价值危机等问题。

2007 年，第一届全国道德模范人物评选活动举行，此次评选包括“助人为乐”“见义勇为”“诚实守信”“敬业奉献”“孝老爱亲”五个具体类别，这是新中国成立以来规模最大、规格最高、选拔最广的道德模范评选。这次活动的轰动效应，让顺德人感受到了系统表彰先进榜样的力量。

2008 年，顺德区文明办以培育和践行社会主义核心价值观为根本，以提升公民道德素质和文明素养为核心，积极号召各方大力挖掘推举身边的好人好事，弘扬主旋律，传播正能量，营造崇德向善的社会风尚，“顺德好人”评选活动由此拉开序幕。

在评选活动中，顺德区文明办通过传统媒体、新媒体（微信公众号）等线上、线下的宣传手段向社会广泛宣传，收集各镇（街道）及区各有关单位符合条件的人选和事迹。

完成候选人员资料收集后，组建“顺德好人”之星评审委员会，邀请专家评审团对所有候选人员进行认真仔细的审核和筛选，形成推荐人选名单，然后组织网络投票并将投票结果作为评审委员会综合评定的依据。

经综合评定后形成最终人选名单，顺德区文明办同时进行政审和社会公示，利用网站向社会公示名单，公示时间为 7 个工作日，市民如有异议可向主办方提出，待公示结束后，入选名单即敲定。

与时俱进，持续扩容“好人”标准

与全国道德模范人物评选活动评选类型为“助人为乐”“见义勇为”“诚实守信”“敬业奉献”“孝老爱亲”不同，“顺德好人”评选活动有自己的特色。

除上述类型外，在第一届评选中就增加了“自强不息”“慈善公益”两个类型，并一直延续至今，这无疑与顺德人敢为天下先的文化性质相契合。

在第一届“顺德好人”之星金星奖中，时年 16 岁的“独臂少女”、梁开中学学生刘海花自强不息的故事让人印象深刻。命运多舛的刘海花是不幸的，幼年的两场车祸让她相继失去双亲和左臂，也夺去了她童年的美好。然而她从不对生活轻言放弃，自强不息，生活自理并勤练游泳，每天坚持十几个小时的苦练，在磨难中结出硕果，在广东省第五届残运会上一举捧得 9 项大奖，并与队友赴香港参加“共创文明接力游”比赛，和队友合力打破了该项运动的吉尼斯世界纪录。

第一届“顺德好人”评选活动除设立金星奖、银星奖外，还设立了特别奖。在这一届评选中，旅港顺德乡亲李佘少鸿、罗景云、李伟强和何杰文四人因热衷家乡公益、造福桑梓而上榜特别奖；王文田、谢凤运、刘金行这三名在顺德的河南籍务工人员因在 2007 年 6 月 15 日的九江大桥事故中见义勇为、舍命救人而上榜特别奖。

在第二届的“顺德好人”评选活动中，“诚实守信”类型的好人首次入围，共有两位，分别是热心保安陈光明、好村姐梁桂珍。

陈光明是一名湖北籍的打工青年。2010 年 8 月的一天上午，一位私家车主在陈村新君悦酒店喝早茶时忘记关车窗，还将放有 6 万多现金和诸多证件的手袋遗落车内。幸运的是这一情况被酒店保安陈光明及时发现，他将财物妥善保管，并等候车主将其完璧归赵。车主后来想掏钱感谢他，但被陈光明婉拒，此事后来被媒体广泛报道，受到全社会的一致赞扬。

梁桂珍是北滘镇马龙村人，她从 1993 年开始经营一家名为现隆海鲜居的饭店。在饭店取得较好经济和社会效益的同时，梁桂珍不忘关爱员工，并引导全体员工爱店爱岗、敬业奉献，帮助员工及其家人解决生活困难。这位好村姐“守信经营”的故事，在第二届“顺德好人”评选活动期间，被广泛颂扬。

在第二届“顺德好人”评选活动中，特别奖除颁发给黎时煖、蔡伯励、韦应恒、李塔源等四位旅港顺德乡亲外，还颁发给了顺德宝林寺方丈住持释宏满法师（广东汕头人），并集中于“慈善公益”类别。

从 2008 年起，顺德就启动了“顺德好人”评选活动。图为活动表彰现场（摄影　梁卫红）

创新机制，让好人有好报

在物质富裕的县区，社会上也有一些片面自私的认识，比如“为善的受贫穷更命短，造恶的享富贵又寿延”“好人不一定有好报，还可能得恶果”等。面对这些隐忧与质疑，为鼓励更多的顺德人争做好人，顺德着手建立帮扶困难好人的长效机制。

2011 年，顺德出台了佛山市首个《帮扶生活困难道德模范实施办法（暂行）》，用实际行动帮助好人。该办法的帮扶对象为顺德区生活困难的区级以上（含区级）道德模范（提名奖获得者）。办法规定，道德模范（提名奖获得者）本人或家庭成员身患重大疾病或严重伤残，医疗费支出巨大，或遭受各类灾害、重大意外事故造成家庭生活困难的，顺德区文明委将组织有关成员单位以社会募捐、单位资助、费用减免等形式予以专项帮扶。

办法还提出，对于达全区低保线的道德模范（提名奖获得者），顺德有关部门要主动为其办理相关手续，优先予以办理低保，发放最低生活保障金；对有劳动能力而没有工作的生活困难道德模范（提名奖获得者），由区人力资源和社会保障局负责优先对其开展职业技能培训和就业推荐，解决其就业问题。

在此基础上，一支帮扶好人的基金也已成立。2012年7月10日，“粤韵爱心献顺德——黎子流暨粤剧名家文化公益慈善粤曲欣赏晚会”在顺德演艺中心举行，晚会筹集的善款用于振兴顺德曲艺品牌和推动顺德慈善事业发展，更特别表明，善款还要帮扶生活困难的“顺德好人”等道德模范。

2017 年 2 月 25 日上午，佛山市顺德区伦教街道和平手外科医院重症病房监护室内，63 岁的王文田因突发脑出血躺在病床上。

王文田是一名拦车救人英雄，曾获“顺德第一届好人之星特别奖”、2007 年“感动中国十大小人物”。

好人有难，多方相助。正当王文田的家人在为高额医疗费发愁之际，2017 年 2 月 26 日，佛山市、顺德区以及九江镇、伦教街道、伦教慈善会相关负责人先后前往医院慰问王文田，并送去慰问金和物品。

顺德帮扶困难好人基金也发挥作用，顺德区委宣传部、区文明办根据王文田老人的实际情况对其进行帮扶，助其一家渡过难关。经过近一年的治疗，王文田已重新站起来了，2018 年春节，他在顺德伦教的家中和儿孙们一起过年。

“好人精神”，激励行善向上

2008 年，顺德确定了要推出“顺德好人”评选后，大良街道就启动了名为“凤城凡星·情动你我”的寻找“凡星”行动。活动启动后，市民纷纷发来电子邮件，或在网站上发帖，甚至有热心的街坊直接将推荐信送到大良街道办事处。

和大良一样，顺德的其他镇（街道）也陆续开展了各具特色的全城寻找身边“好人”行动，比如“时代精神容桂人”“勒流身边好人”“小城故事·北滘好人”“感动陈村”。

这期间，也有网民提出异议，如“顺德好人”这个命题存在一定的商榷性，从逻辑上来说，评选上了的叫“顺德好人”，那没评选上的叫“顺德坏人”或“不好不坏的人”？也有网友提议，将“顺德好人”改为“顺德十佳道德风范人物”。

“我们开展‘顺德好人’评选，并不是要把它制造成一种精英现象，也不是要树立‘高大全’式的英雄人物，而是要通过打造‘顺德好人’品牌，推动‘顺德好人’成为一种普遍的社会现象。”曾大力推动“顺德好人”评选活动的顺德区老干部、原顺德区委宣传部部长梁惠英表示。

其实，对于好人的定义究竟是什么，没有一个人可以给一个确切的答案。但是从持续5届的“顺德好人”评选活动中不难发现，凡学习、生活、工作在顺德的各界人士，或旅居海外（港澳台）的顺德籍侨胞，不分职业、年龄、性别，都可列入“顺德好人”的推荐评选范围。

截至2018年4月，顺德区共举办了5届“顺德好人”评选，一次“最美顺德人”评选，共选出了214名“顺德好人”和10名“最美顺德人”。在顺德好人身上，我们不难看到，这些先进人物来自基层，来自我们的身边，他们大多在自己的工作岗位上将本职工作尽力做到最好，他们可亲、可敬、可学。

顺德通过“顺德好人”评选活动，将社会主义核心价值观宣扬出去，并引导着更多的人去做好事。现如今，“顺德好人”已经成了顺德城市文明的一个符号。

2015年，顺德区委宣传部、区文明办牵头，以“顺德好人”获评者为主体，联合顺德区演讲与口才协会，成立了顺德市民宣讲团。顺德市民宣讲团积极开展基层巡讲活动，让顺德的好人精神进机关、进乡村、进社区、进学校、进企业、进军营。宣讲团成员结合自身事迹，讲述自身故事，教育身边人，激励市民向上、行善，在全社会营造崇德向善氛围。

顺德还结合义工、社工工作，建立“义工 + 社工 + 好人”三位一体的便民利民服务机制，分别在大良街道和杏坛镇建立好人工作坊，并以此为依托，成立以道德模范或身边好人牵头的服务队伍，开展便民利民活动，影响更多人参与到当好人、做好事中。

目前，顺德已在杏坛镇逢简村和之梁公祠设立了“顺德好人馆”，好人馆里展示了顺德区 23 名区级以上好人的优秀典型事迹，11 件好人物品，包括第四届助人为乐“顺德好人”朱新民老师捐赠的家训画卷和书籍、助人为乐“中国好人”雷显添捐赠的拾荒物品和敬老院老人们给大良“一心”志愿者协会的感谢信等。

有学者指出，好人在顺德的出现是一种必然，因为顺德有这种人文基因。顺德先人开发蛮荒之地，自古形成了勇敢、拼搏、务实的精神；在经济社会的转型时期，顺德也没有迷失方向和道路，努力开创蓬勃发展的经济局面的同时，更注重塑造关爱与和谐的社会氛围，越来越多的人将做好事当作一种行为习惯。

好人的个体行为已升华出感染众人的“好人精神”，而“好人精神”则潜移默化地影响和改变着顺德的社会氛围。“好人”的高尚品德，既提升了顺德 250 万市民的精神风貌，也提升了顺德这座城市的精神品德，成为顺德城市软实力的重要组成部分，也是顺德的城市魅力所在。

侨乡资源：推动腾飞的另一股力量

顺德有 50 多万华侨华人和港澳乡亲，其中 30 多万人为港澳乡亲，侨力资源十分丰富。改革开放后，一方面，一大批港澳乡亲率先回顺德投资办厂，“三来一补”和“三资”企业在顺德迅速发展起来，旅外乡亲也纷纷回家投资兴办企业，推动现代工业、“三高”农业、食品加工业蓬勃发展；另一方面，港澳海外乡亲为顺德捐赠总额超过21亿元（截至2017年），涉及教育、文化、体育、卫生、敬老慈幼、扶助残疾人等方面，项目1 000多个，直接或间接地推动了顺德社会各项事业的发展。

乡亲50余万，遍布五大洲

顺德人侨居外国的历史，比顺德建县的历史还要长。15世纪中期，黄萧养起义失败后，为逃避明王朝的缉捕，水藤乡的一群村民和义兵背井离乡，逃亡海外，成为顺德第一批漂洋过海的乡亲。

自鸦片战争至新中国成立前，顺德出现过三次出国移民潮。第一次出国移民潮发生于鸦片战争之后，顺德人出国谋生、逃荒、避祸者日增。从19世纪40年代起，前往美洲、非洲和东南亚各国的顺德人络绎不绝。

第二次出国移民潮发生于20世纪30年代。当时，受世界性经济萧条的影响，顺德的缫丝业开始衰落，大批缫丝女工失业，她们纷纷转到东南亚国家如新加坡、马来西亚等地做家庭佣工。仅是到东南亚各地的顺德人就达两三千之众。

第三次出国移民潮发生于日军侵华期间。为避战乱，不少人相率出国，侨居异国的顺德人也千方百计帮助亲朋出国谋生。1939年顺德沦陷，顺德人更是联群结队涌向东南亚和东南非各国。这时期出国的顺德人数以万计。当时，马达加斯加有华侨3 000多人，其中顺德籍的占了近80%。

目前顺德现有华侨华人分布在世界五大洲56个国家和地区，其中以东南非和东南亚为多。近年来，顺德的华侨已有向欧美国家转移的趋势，如转向法国、加拿大、美国等。

人才荟萃，乡贤辈出

顺德人的创业精神在旅居海外的顺德人身上体现得淋漓尽致。祖籍乐从的著名作家岑桑认为，顺德华侨传承顺德精神，在不毛之地崛起，在腥风瘴雨中建功，展现出超群的创造力和坚韧的毅力，对居住国的开发、建设和繁荣功不可没。

在留尼汪岛，据说第一个开店铺的就是顺德人张昌满，顺德张氏家族成为留尼汪岛华侨中最大、最古老的家族。

17 岁就远渡重洋到马达加斯加谋生的陈福胜，勤恳创业，从商业到实业不断创新，同时积极参与当地社会公益事业，受到总统嘉奖，先后获得 6 枚国家勋章。

而凭借传统优势在海外开餐馆的顺德人更是数不胜数。在英国开快餐连锁店和旅行社的伍善雄，在南非开“同乐饭店”的马荣业，新加坡饮食四大天王之一、开“红星酒家”的刘育培……他们在繁荣居住国饮食文化的同时，也将顺德美食推向了世界。

有些顺德华侨在当地落地生根后，其后代逐渐在政坛和文艺界崭露头角，如塞舌尔共和国第一任总统陈文锦，澳大利亚墨尔本市市长苏震西，毛里求斯国会议员、首都路易斯港市市长霍恩祺，南洋地区的矿业巨子和大慈善家陈占梅，扬名全球的武打明星李小龙，等等。

顺德港澳乡亲中还诞生了全球知名的商业领袖，包括香港恒基兆业主席李兆基、香港新世界发展创办人兼首任董事会主席郑裕彤、周生生集团国际有限公司名誉董事长周君令及其兄弟等等。

李兆基原籍顺德大良，出生于一个书香世家。1948 年离开家乡独自到香港创业。20 世纪 60 年代，他与冯景禧、郭得胜携手创立新鸿基企业有限公司，扩展经营地产及金融投资，广购地皮，兴建屋宇，被誉为当时香港地产的“三剑侠”。1973年，李兆基独资成立恒基兆业有限公司，大举进军房地产界，成为香港地产巨擘，是香港地产界叱咤风云的杰出人物。1995年，李兆基在香港被授予“亚洲企业家成就奖”，并名列榜首，位列香港十大富豪。

郑裕彤原籍顺德伦教，出生于一个纱绸商人之家。日寇侵华期间，他才15岁，便独自离乡到澳门谋生。第二次世界大战结束后的1946年，他从澳门移居香港，在同乡周至元开设的周大福珠宝行打工。后被周至元选作东床快婿，从此得以施展才华，从“珠宝大王”变成地产巨子，从周大福到“新世界发展”。在郑裕彤的主持下，一个多元化、跨国型的商业集团脱颖而出，经营业务范围扩展至酒店、传播、电信、能源、交通、基础设施、百货零售等行业，投资分布除香港及北京、上海、广州各大城市外，还远至英、美及东南亚等地。

“銶伯”是顺德人对旅港乡亲、香港顺德联谊总会首席荣誉会长梁銶琚博士的亲切称呼。梁銶琚1903年出生于杏坛，20多岁就在广东及港、澳等地的银业及贸易界崭露头角，后与人一起创办大昌贸易行。后大昌贸易行成为香港地区可以与英资大行媲美的华资商行。1991年底，梁銶琚的恒昌集团出让股权时，资产净值已达70多亿港元，与创办时比较，增长逾1 500倍。他一贯主张“财物得之于社会，应当用之于社会”，荣居“香港十大慈善家”之列，不仅积极支持家乡的文化教育事业，对香港、内地的高等教育事业同样慷慨捐赠。他是香港大学和香港中文大学的主要捐赠人之一。他领衔捐建的广州中山大学梁銶琚堂，开创了港澳同胞支持内地高等教育事业的先河。后来，梁銶琚又把支持高等教育的善举延伸到北京大学和清华大学。

吴国宝，祖籍顺德容桂，曾任美国旧金山顺德行安善堂副主席、旧金山三邑总会馆董事。早年，他曾向桂洲中学捐资百万建设以他父亲名字命名的教学大楼。近年来，他致力于推动促进美国旧金山与顺德的教育、文化、经济等各项事业的交流与合作，连续10多年邀请美籍教授和专家于暑假期间义务到顺德培训当地中小学英语教师。

乡贤回家，投资建厂

改革开放后，顺德要从一个农业县变为工业化县，一没外汇，二没工业基础，三缺资金、设备、技术、人才。美国哈佛大学教授荣休、中国问题研究专家傅高义在《先行一步：改革中的广东》一书中指出，广东在改革开放进程中的优势，“首先是与港澳‘同声同气’，加上有许多华侨，有资金有技术，‘三来一补’很容易就开展起来”。

作为著名的侨乡，顺德历史上在海外有一批商业领袖，顺德人一直保持着与海外的沟通。因地理之便，血缘交融，又有文化认同和港澳人脉，顺德顺势而为，选择“以港为师”，这成为顺德先一步实现工业化的重要原因。

那时顺德人去港澳探亲，都带着任务：一定要带一件电器回来，之后消化、吸收、创新。1978年，香港牛仔裤大王杨钊与顺德容奇政府共同出资成立第一家“三来一补”企业——大进制衣厂，开启了顺德工业化加速的大门。随后“三来一补”企业在顺德成批涌现，既创造了外汇，又为当地乡村提供了就业机会，对顺德经济发展意义重大。

20 世纪 80 年代后，顺德充分利用引进华侨资金的优惠政策，推动海外侨胞和港澳同胞注资“三资”企业（中外合资、中外合作、外商独资经营企业），促成顺德形成全方位、宽领域的外商投资格局。

“风扇大王”、旅港乡亲翁佑凭一己之力带动了顺德电风扇和微波炉产业。1987 年 1 月，翁佑的蚬壳公司与顺德北滘镇经济发展总公司合作，兴办蚬华电器制造厂，把畅销全球的 SMC 牌吊扇厂搬到北滘新厂，进行为期 30 年的合作，成为亚洲最大的吊式电风扇制造厂。1990—1991 年，该厂荣获全国乡镇企业产销第一名，产品出口到 50 多个国家和地区，为顺德打造“家电王国”打下了良好的基础。1995 年翁佑又成功引入世界著名家电生产商——美国惠而浦有限公司，组成顺德惠而浦蚬华微波炉制品有限公司。

伴随着旅外乡亲纷纷回乡投资兴办企业，顺德现代工业、“三高”农业、食品加工业蓬勃发展，掀起了一个又一个热潮。旅外乡亲不仅自己回乡投资办厂，还利用见多识广、关系纵横的优势，积极穿针引线，促成众多企业家到顺德参与经济建设。

旅港乡亲梁尚于 1993 年牵头引进了顺德龙江生力啤酒有限公司，使龙江啤酒厂再现生机，重整雄风。1994 年，他又引进了顺德北滘日清食品有限公司。

祖籍勒流的汤国华曾任香港九龙总商会理事长，1992 年，汤国华促成其子汤伟立与台商合作，在勒流投资 8 000 万元兴办天任车料有限公司顺流自行车厂。该厂第一批产品 15 000 辆自行车全部出口美国，开创了顺德自行车出口的先河。开办当年，自行车产量 7 万多辆，产值 200 多万美元，随后顺流迅速成为彼时全球最大的自行车企业之一。汤国华亲赴台湾，以顺流自行车厂的成功经验和切身体会，鼓励台商到顺德投资设厂，为顺德引入了多家台资企业。在汤国华、汤伟立父子的共同努力下，勒流连杜村一带形成以顺流自行车厂为主体，颇具规模的台商工业村。

捐资捐物，热心公益

在顺德的大街小巷当中，以海外乡亲名字命名的学校、医院、广场比比皆是。这是因为除了到顺德投资，海外侨胞和港澳同胞还为顺德各项社会公益事业慷慨解囊。40 年来，他们的捐赠面覆盖区镇、乡村，涵盖了基础设施、教育、文化、体育、卫生、敬老等各个方面。

“入顺德无条好路”曾被用来形容顺德落后的城市面貌。20 世纪 90 年代初，顺德的经济得到高速发展，但道路的建设却远远跟不上经济发展的需要。境内的 105 国道和 325 国道，日车流量都超过 3 万辆，堵塞现象十分严重。105 国道不得不临时加宽 3 米，以作应急。

为解决道路堵塞问题，顺德决定用三年时间完成“五路八桥”的建设。而要完成这一“缓解性工程”，需要投入巨大的资金。旅港乡亲梁伟明请他多年合作的友人、香港合和实业有限公司总经理胡应湘到顺德考察，促成其与顺德交通结缘。合和实业有限公司投资 20 亿元人民币，建设广深珠高速公路顺德路段以及顺德的“五路八桥”，从根本上改善了顺德的交通道路设施。

对顺德教育事业捐资早、贡献大的首推旅港邑贤李兆基与郑裕彤。1978 年，李兆基与郑裕彤率先捐资为顺德兴教办学，各捐资

180 万元扩建顺德华侨中学，并在该校设立了维修基金。

1994 年，顺德华侨中学准备拆迁，李兆基又一次与郑裕彤各出资 8 000 万元人民币兴建两所甚具规模的高级中学——李兆基中学和郑裕彤中学。1996 年，顺德举行首届教育基金百万行活动，李兆基与郑裕彤各捐资 150 万元，并全程参加活动。1999 年，顺德筹建职业技术学院，广大旅外乡亲纷纷慷慨解囊，共为顺德职业技术学院捐资 1.9 亿多元，其中李兆基和郑裕彤就各占 5 000 万元。

顺德港澳乡亲热心家乡公益事业，图为改革开放后香港乡亲捐资扩建的华侨中学（摄影　黎尔宽）

“香港十大慈善家”之一的梁銶琚也倾情于文化教育事业。1979 年起，他先后为顺德捐建了杏坛北头小学、杏坛梁銶琚中学、顺德梁銶琚中学等教育项目。此外还有香港“皮鞋大王”李伟强，周生生珠宝的负责人周君令、周君廉、周君任三兄弟等等，均为顺德教育事业做出过重要贡献。

许多身居海外的顺德华侨华人同样关心和支持家乡各项事业的建

设。数据显示，1979—1991年，海外侨胞、港澳同胞对顺德捐赠兴办公益事业款项共3.75亿港元，捐款最多的梁銶琚、郑裕彤、李兆基、胡锦超、刘胜昭、梁开等乡亲，个人捐资金额均逾1 000万港元，所捐款项，除了用于兴办教育、卫生医疗事业外，还修筑乡村公路239公里、桥梁95座、会堂9座、康乐体育中心6家、敬老院16家。

恳亲大会，沟通全球

为更好地联络旅居世界各地的50多万顺德乡亲，顺德搭建了区域与海外乡亲的交流平台。1995年10月，世界顺德联谊总会成立。现已有遍布世界各国和地区（包含港澳）的团体会员及友好社团80多个。由此，世界顺德联谊总会恳亲大会也应运而生。从1998年开始至2018年，每两年举办一次的恳亲大会已经走过世界五大洲，每届恳亲大会都吸引了数百甚至上千乡亲和海外社团的代表参与。

随着经济全球化进一步深入，大批以新移民为主的“新顺商”拥有全新的国际视野与人脉资源，突破了以前华商从事的传统产业，大多从事现代服务业或投资科技型企业，能够成为顺德本土企业“走出去”的强大助力。

顺德决定进一步深化团结这股力量，加大人才扶持力度，积极主动吸引国际人才，海外华侨华人和港澳专业人才的“回流”态势明显。2016年，世界顺商联合总会在第十届恳亲大会成立，旨在团结引领全球顺德籍企业家及其合作伙伴，共享资源，促进顺德新一轮大发展。

近年来，世界顺商联合总会不断壮大，先后推动成立了马来西亚顺德商会、新西兰顺德商会和南非顺德商会等，截至2018年，已发展为拥有团体会员 26 家、境外商会 11 家，工作范围覆盖五大洲的综合性国际商会。

目前，顺德已在加拿大温哥华、多伦多，中国澳门，以及澳大利亚、英国、南非的 6 个顺德商会增设“顺德经贸联络处”，并签署经贸合作协议，充分利用海外资源，帮助顺德企业“走出去”，同时推动顺德对外招商引资和招才引智。

寻味顺德：世界美食之都的饮食文化

饮食习俗是顺德文化很有特色的一个分支。食在广州，厨出凤城。位于珠江三角洲腹地的顺德，是广府粤菜的重要发祥地之一。

顺德美食之风，萌芽于秦汉。早在清末就有人道：“顺德乳蜜之乡，言饮食，广州逊其精美。”根据记载，抗日战争前，全县仅茶楼就有 100 多家。顺德人识饮识食，不仅仅是一日三餐、解渴充饥，更是一种文化、一种精神。

改革开放后，顺德美食逐步走向产业化。从20世纪90年代开始，顺德政府就把饮食资源定位为顺德最有吸引力的旅游资源进行大力开发，餐饮业开始崭露头角，继而顺德被称为“中国美食之乡”“岭南粤菜之源”，并被联合国教科文组织授予“世界美食之都”称号。

顺德人常说：“走出顺德无啖好食。”这句话虽有点自傲，不过也反映了顺德人对自己饮食文化的自信和自豪。

食在广州，厨出凤城

作为粤菜的重要组成部分，顺德菜的发展整体上符合粤菜的发展轨迹，即“渊源来自古代岭南地区的越人，形成于秦汉至隋唐时代的‘汉越融合’，发展于明清之时”。

秦始皇统一岭南之后，汉越文化和生活习俗很快融合。顺德地处珠江三角洲平原的中部，河汊纵横，雨量充沛，盛产淡水塘鱼、禽畜和蔬果，饮食资源丰富，为美食文化发展提供了基础和条件。

明代，广州成为中国与东南亚及西洋的通商口岸，而邻近广州的顺德建制成县，并且以发达的鱼塘生产一跃成为珠三角重要的商品性农业区，大良、陈村、龙山等成为广州周围颇具活力的城镇，讲究饮食之风逐渐盛行。

到了清末民初，顺德大力发展机器缫丝产业，外贸发达，经济繁荣。商业的兴盛造就了巨大的饮食市场。

“食在广州，厨出凤城。”这指的就是广州是岭南美食的聚处，而顺德则是粤菜大师的重要出处。

在古代顺德，乡村厨师在民间清明祭祖宴、端午龙船饭、重阳敬老宴、联寿之典等大型宴饮活动以及农村各种家宴、寿宴、婚宴中大显身手，他们擅长用土产做出富有民间特色的农家菜。顺德也由此出现了不少厨师世家、厨师村。如勒流黄连村，目前在本地和外地工作的厨师达500多人，是名副其实的“厨师村”。

在18世纪末期，顺德厨师挟技出外闯世界。不少粤菜餐厅以“顺德名厨主理”“凤城小炒”作为招牌吸引食客。“凤城名厨”获得外界普遍公认，广州、香港、澳门和海外粤人聚居地的酒楼餐馆，大多乐于聘用顺德厨师。

2004年，顺德获得中国烹饪协会颁发的“中国厨师之乡”称号，这是顺德烹饪首次得到专业、官方承认。截至2018年，顺德辖区内餐饮从业人员超10万人，专业厨师2万人，拥有23位“中国烹饪大师”、22位“中国烹饪名师”、26位“广东烹饪名师”、19位“广东优秀青年烹饪师”和100位顺德名厨。

顺德的“全民皆厨”结构是金字塔式的，从顶层的专业厨师到最底层的普通市民都是烹饪高手。

长期以来，作为凤城厨师群众基础的“鱼塘公”（养鱼农民）不仅能切“轻可吹起，薄如蝉翼”的鱼片，而且“天下最会烹鱼”，他们的焖鱼绝活被命名为“鱼塘公焖鱼”。

清末民初及20世纪30年代前后，顺德妈姐，或称“顺德厨娘”作为中国最早的“家政助理”，精心煲炖老火靓汤，细致入微制作家乡菜点，成为广东妇女精通烹饪的楷模、广州西关美食的制作者、顺德饮食文化的传播者。

当今贤惠的顺德妇女继承了妈姐们精通烹饪的传统。即使是平凡的一日三餐，顺德人也孜孜不倦地追求味道的极致。每年，顺德各个镇（街道）都会举行私房菜大赛，每次都能吸引上千人参加，上至七八十岁的老人，下至几岁十几岁的孩子，顺德浑厚的美食源流就来自无数普通人的创造。

五味周全，六艺领鲜

“五味周全、六艺领鲜”是对顺德菜的味道和技艺精准的表达。

顺德菜取材广泛，兼容并蓄，其中以鱼、米、奶、禽、花五种食材最为突出。口味有几十种之变，五滋六味俱全，以清、嫩、爽、滑、真五种口味为代表，讲究清而不淡、鲜嫩不俗，保留、提升食材本味，突现美食清淡鲜美的至高境界。

顺德人一贯讲求“食出真味”，因此“鲜”是顺德菜最大的特点。顺德厨师擅长根据食材的不同特性，因地制宜地采用不同的烹饪技艺，创造出精妙奇巧、鲜味十足的特色顺德美食。顺德厨师的各种常用技艺有二三十种之多，但最能凸显顺德菜“以鲜为美”的地方特色，同时又能展现厨师水准的特色厨艺通常有六种，分别是蒸、炒、脍、灼、焗、酿。

顺德美食以蒸技见长的名菜颇多，蒸鱼、蒸猪、蒸鸡等品种丰富，蒸菜手法高超奇巧。顺德厨师第二项堪称绝活的烹调技艺，是炒。顺德厨师的炒技中，普及面最广、运用最多的是小炒。顺德厨师以细切鱼虾贝肉为美食的功夫之精深，在中华饮食技艺中独树一帜。顺德厨师还精通白灼之道，白灼原料、蘸料和工序的考究，在粤菜体系中达到了极高水准。顺德厨师用锅焗、炉焗、砂煲焗，均以味道鲜美为基本追求，极为讲究火候与调味搭配。酿菜技法由来已久，民间应用颇为广泛，而顺德酿菜在品种、酿料、口味、技巧等各方面拥有无所不在的美味创意。

最集中体现顺德厨艺的莫过于对鱼的处理。据不完全统计，顺德人吃鱼的方法已经超过 200 种，鱼肉、鱼头、鱼尾、鱼腩、鱼皮、鱼嘴、鱼泡（鱼鳔）、鱼骨、鱼肠、鱼子……鱼身上无一不可成佳肴，可做酿鲮鱼、鱼生、清蒸、拆鱼羹、鱼腐、鱼面、鱼肠煎蛋、桑拿鱼等等，一条普通的鱼在顺德厨师手里有着万般美味的变化。

酿鲮鱼是顺德一款地道的乡土菜。鲮鱼好吃但刺多，顺德人就创造性地把鲮鱼剥出皮囊，起去其骨，酿回其肉糜，保持其形，使鲮鱼“扬长避短”。而刀功精细则是酿鲮鱼的第二绝，鱼皮剥离至背鳍处，头尾与皮囊相连，不能有丝毫破损。第三绝则是酿馅煎熟或炸熟后的慢火焖。有美食家认为酿鲮鱼体现了顺德人超越时空的心思和手艺。

一道鲜美佳肴的制作，有赖于各个环节之间有条不紊的协作，顺德菜对配料、刀工、火候、烹饪时间、起锅、包尾、器皿、上菜方式等诸多环节都有着非常严格的要求。如做鱼讲究即杀即烹，这样才能保持鱼的鲜味；再如其拼盘的制作，必须注意配料的选择，以达到造型美观、口味丰富的效果。

正是顺德厨师对烹饪技艺的精准拿捏，几千年来对细节一丝不苟的坚持，才成就了远近闻名的顺德美食。

粤菜烹饪技法融合川菜口味的菜式“龙凤呈祥”（摄影　戴嘉信）

“饮和食德，顺其自然”

“饮和食德”是对顺德美食文化内涵的总结，讲述的是美食与人、与社会的关系，集中体现了顺德“开放包容、和谐共生”的伦理观和价值观。“全民皆厨、全民乐厨”充分展现了顺德人热爱生活、享受生活的乐观态度。

都说一个能把匠心融入一日三餐的地方，其生活必然也妙趣横生。千百年来，美食在顺德人的生活中一直占有重要位置。每于喜庆、年节，顺德都会举行规模盛大的宴会，广邀乡里亲朋、四方好友一同参与，气氛热烈、丰富多彩、规模盛大的乡间群众性餐饮集会，则是顺德的一道独特风景。

“顺其自然”是顺德美食在哲学层面的表达，讲述的是顺德美食与自然的关系，折射的是顺德人尊重自然、尊重规律、利用规律、创新进取的处事原则和生活态度。

顺德美食在长期的发展过程中，形成了与自然界春生、夏长、秋收、冬藏的季节时令变化相符合的特点——春则清之，夏则凉之，秋则润之，冬则温之。由于岭南地区高温潮湿的自然环境，顺德形成了食补同源、注重养生的饮食特点，以人为本，抚慰身心。

顺其自然的饮食规律还体现在食材的本土性方面，顺德美食大多以本地食材为原料，对本土食材的需求也极大地刺激了顺德人工养殖业的发展，形成了以桑基鱼塘、水乡特色为主的自然农业体系，这也是美食文化与农耕文化相互促进的结果。

顺德人在美食上的想象力和行动力，和他们专注实业的劲头如出一辙。而对美食的极致追求，也成为一种顺德精神，激励着许多顺德企业将匠心融入产品，尤其是与烹饪相关的家电产品。

美的集团电饭煲工程师曾花一年时间进行调研，最终绘制出一份完整的大米地图，为上百种米匹配最佳烹饪曲线。还有无数顺德企业围绕各种炊具进行研发和技术革新，带动了顺德小家电产品产业持续保持蓬勃发展。

餐饮 + 旅游，美食产业化

1979 年，顺德范围内的饮食业门店只有 237 家，从业人员 2 052 人，营业额仅 1 216 万元。顺德餐饮业从 1984 年后才真正开始复苏。国营和集体单位开办的饭店、酒家规模空前，先后有顺德饭店、桥珠酒家、贸易旅游中心、清晖园、园林宾馆、凤城酒店及北滘镇的小蓬莱、容奇镇南环酒店等较大的餐饮店开业。

20 世纪 90 年代以后，顺德经济腾飞，财政收入在 1991 年已经位于全国县级单位首位。1996 年，顺德政府把饮食资源定位为最有吸引力的旅游资源进行大力开发。顺德美食文化迎来黄金时代。

1997 年，顺德举办了首届凤城美食节，300 多家宾馆、酒楼、食店踊跃参与，拉开了弘扬顺德美食的序幕。2004 年起，顺德餐饮业进入高速发展期，营业额年增长超过 20%。

这个阶段，顺德餐饮业发展更加成熟，一批知名餐饮企业在外延发展的同时更加注重内涵文化建设，培育提升企业品牌。不过从单一美食、美味到产业经济的跨越，顺德美食产业之所以迅猛发展，原因还在顺德政府和民间合力，从产业政策、品牌打造、标准制定、人才培养等方面支持产业的壮大。

2006 年，“顺德美食”作为继家电、家具和花卉产业后的顺德第四张区域名片向海内外推广。2009 年，顺德区政府与中国烹饪协会建立合作关系，共同打响“顺德美食”国际品牌。

社会组织也为顺德美食产业的快速发展发挥了重要作用。顺德有饮食协会和餐饮协会两个餐饮业民间团队，两个协会组织的运作水平和效率逐步提升，引领业界定期研讨、交流和学习，形成了顺德厨师浓厚的学习氛围。

顺德餐饮的研究气氛日趋浓厚，在传统产品制造技艺的传承方面，顺德餐饮界进行了不懈探索和努力，在国内成立了地方菜机构——粤菜研究中心，重点开展了两项工作：一是制定顺德菜标准，主要是菜系标准，保证了顺德菜的生产规范和标准程序；二是推动非遗申报，挖掘面临失传的顺德菜技艺，将其保留和延续下来。

同时，顺德餐饮界的一批企业已经走出顺德，融入珠三角，在海内外遍地开花。顺峰餐饮 1990 年 1 月创建于顺德，1993 年在北京注册成立北京顺峰饮食娱乐有限公司，主营中高档粤菜海鲜食府，兼营食品制造、配送、农副产品等相关产业，迄今拥有分布在北京、上海、广东、辽宁、甘肃、山西以及澳大利亚的连锁高档餐馆 20 多家，年销售额超 5 亿元。

顺德一直是向国内乃至海外输送高素质粤菜厨师的摇篮，为了做好人才梯度建设，顺德以烹饪职业培训为重要抓手，培养美食产业生力军。在中职教育方面，梁銶琚职业技术学校开设的烹饪专业在行业内成为典范，众多全国一流的名厨都成了该校的顾问或实习指导老师。顺德职业技术学院则先后开设烹饪工艺与营养专业，成立中国烹饪学院和顺德厨师学院，全方位培养新一代粤菜厨师。

擦亮品牌，走向世界

从 2006 年起，顺德与中国烹饪协会连续成功举办了 9 届中国岭南美食文化节。中国岭南美食文化节每年举办一次，集美食品尝、休闲游乐、商贸旅游为一体，成为珠三角乃至整个华南地区最重要的美食文化活动。

2014 年，联合国教科文组织授予顺德“创意城市网络——美食之都”称号，这是继成都之后，国内第二个获此殊荣的城市。顺德美食产业发展从此进入品牌化、国际化的新阶段。

为建设成具有全球影响力的世界美食基地和以美食为特色的创意之城，顺德进行了大量探索。《寻味顺德》的热播是顺德美食发展历史上的一次里程碑事件。

2016 年五一期间，由中央电视台《舌尖上的中国》主力团队拍摄的《寻味顺德》纪录片热播。该片拍摄耗时一年，摄制组走遍顺德大街小巷，拍摄了 600 小时，用 36 000 分钟素材剪辑出 150 分钟的纪录片。

三集纪录片以美食为切入点，讲述食物的前世今生，记录创造美味的人们，整体关注顺德鲜明而厚重的地域文化特质、流变及其影响，从食材、风味、烹饪等视角出发，完成了一次对顺德千年文化全景式、深层次的人文解读。

之后，《寻味顺德》在央视多次重播，并通过网络平台播放，引发一波又一波“寻味效应”，真正打响了顺德美食在全国的知名度。

顺德美食也正在走向世界。除了赴加拿大、南非、塞舌尔等地开展美食推介活动，顺德还前往美国培训当地厨师，在加拿大、澳大利亚与当地大学合作开办烹饪学院。

后记

2018年，中国迎来了改革开放40周年。顺德是广东乃至中国县域改革开放的典型。甫一开春，当地党委政府就着手谋划如何纪念这一伟大的历史变革，其中就提出要撰写一本反映改革开放40年历程的著作。

行动是对改革开放的最好纪念。站在新时代新起点上，当地也同步着手研究如何进一步深化改革、扩大开放的课题。其间，有关部门邀请郑永年教授到顺德调研，为顺德改革发展把脉建言。他在与区委主要领导会谈时，双方都肯定了写这样一本书的必要性。

郑永年教授长期关注广东改革。大约10年前，广东启动大部制改革，顺德作为全省县域的重要试点，率先进行了以党政联动为特点的大部制改革，因而成为郑永年教授观察广东改革的一个重要样本。他多次到顺德调研，高度评价顺德改革模式，为顺德改革鼓与呼。后来，他又受聘担任顺德区决策咨询委员会委员，为顺德改革发展提供咨询建议。至今，他仍与顺德保持着各种联系。

基于这种情况，区委区政府向郑永年教授发出邀请，请他牵头主持书稿撰写等事宜。很快，他就答应了此事，并且说干就干，亲自到顺德，一起商量敲定全书的写作大纲，构建了整本书的框架和叙事脉络。

郑永年教授说，顺德是中国县域改革中一个难得的样本。40

年来，持之以恒坚持改革，一轮接着一轮，整个改革的故事非常完整，所以他愿意为这本书贡献力量。

我们深知，作为广东改革的一个老典型，已有不少人写过关于顺德的各种书籍。在和郑永年教授磋商后，我们确立了几个写作原则，希望能在前人的基础上增加一点特色：一是要摆脱传统西方话语体系的束缚，从顺德实践出发，把政治、经济、社会、文化有机融合，系统呈现顺德县域的发展路径；二是要融合学术的视野来记录顺德实践，解码顺德模式；三是要以史实为基础，对事不对人；四是用通俗化的语言表达出来，让没有来过顺德的人也能看得明白。

为实现这一目标，我们迅速整合华南理工大学公共政策研究院、广东财经大学、广州社科院、南方报业传媒集团等学术界、媒体界的骨干力量，组成写作团队，按主题分板块，深入顺德进行专题调研。我们之所以考虑这样的组合，是希望本书既有扎实的学术研究作为支撑，又有媒体的敏锐洞察和通俗化表达。

在调研和写作过程中，郑永年教授多次主持召开写作团队会议，指导各个章节的写作事宜，提出细致的修改意见。各团队成员也数易其稿，反复修改，形成初稿。在此基础上，我承担全书的统稿工作，初步统一了各章节的体例、风格，增强全书的整体性。之后，郑永年教授通读全书各个章节并作序。为进一步完善书稿，他又在广州再次召集写作团队举行会议，对全书各章节的深化和提升提出了具体的意见和建议，最终形成定稿。

各章节的执笔人如下：导读由张培发执笔，第一章由黄曦执笔，第二章由林辉煌执笔，第三章由袁纪琦、郑佳欣执笔，第四章由姚小林执笔，第五章由蒋余浩、吴璧君执笔，第六章由孙占卿、欧阳少伟执笔，第七章由蒋晓敏、欧阳少伟、郑佳欣执笔，图片由潘敏蝉和顺德区委宣传部、区档案馆等帮助整理。

在本书的成稿过程中，我们得到了顺德区委区府办、区委组织部、区委宣传部（文体局）、区委政法委（社工委）、区发展规划和统计局、区经济促进局、区财政局、区教育局、区卫生健康局、区民政和人力资源社会保障局、区国土城建和水利局、区环境运输和城市管理局、区市场监管管理局、区外事侨务局、区农业农村局、区编办、区法制办、区改革办、区村改办、区城市升级办、区三改办、区行政服务中心、区社会创新中心、区总工会、团区委、区妇联、区工商联，以及大良街道、容桂街道、乐从镇、陈村镇、北滘镇、部分村（社区）、部分老干部、部分社会人士的大力支持，他们为写作和调研提供各种便利和参考资料（以上机构采用 2019 年机构改革之前的名称）。在成稿之后，顺德区委宣传部又邀请了相关部门和社科界相关专家学者，对各章节提出了宝贵的修改意见，他们为书稿的进一步完善贡献良多。由于篇幅有限，恕不能一一列举，在此一并致谢！感谢你们在这个过程中提供的各种帮助！

事非经过不知难。于历史长河而言，数十年时光不过沧海一粟。但顺德大量的实践留下了丰富的材料、档案，对写作团队各成员来说，这是一件富有挑战的工作。尽管大家各尽所能对顺德发展历程进行了深入梳理，但由于时间仓促，书中难免有疏漏之处，恳请各位读者批评指正。

张培发